中国特色社会主义
法律体系精释与适用

《河北省生态环境保护条例》
精释与适用

孟庆瑜·主编

刘汉春　王晓平　解立虎　刘广明·副主编

中国民主法制出版社
全国百佳图书出版单位

图书在版编目（CIP）数据

《河北省生态环境保护条例》精释与适用/孟庆瑜
主编．--北京：中国民主法制出版社，2021.5
中国特色社会主义法律体系精释与适用
ISBN 978-7-5162-2590-5

Ⅰ.①河… Ⅱ.①孟… Ⅲ.①生态环境保护—条例—
法律解释—河北②生态环境保护—条例—法律适用—河北
Ⅳ.①D927.220.268.5

中国版本图书馆 CIP 数据核字（2021）第 086779 号

图书出品人：刘海涛
出 版 统 筹：乔先彪
责 任 编 辑：逯卫光

书名/《河北省生态环境保护条例》精释与适用
作者/孟庆瑜　主编
　　刘汉春　　王晓平　　解立虎　　刘广明　　副主编

出版·发行/中国民主法制出版社
地址/北京市丰台区右安门外玉林里 7 号（100069）
电话/（010）63055259（总编室）　63058068　63057714（营销中心）
传真/（010）63055259
http：// www.npcpub.com
E-mail：mzfz@ npcpub.com
经销/新华书店
开本/16 开　710 毫米×1000 毫米
印张/20.5　字数/288 千字
版本/2021 年 12 月第 1 版　2021 年 12 月第 1 次印刷
印刷/三河市宏达印刷有限公司

书号/ISBN 978-7-5162-2590-5
定价/82.00 元
出版声明/版权所有，侵权必究

本书编委会

主　任：周　英

副主任：孟庆瑜　陈金霞　赵根喜

成　员：刘汉春　王晓平　解立虎　刘广明

主　编：孟庆瑜

副主编：刘汉春　王晓平　解立虎　刘广明

撰稿人：陈　青　柴丽飞　李春凤　刘广明

　　　　刘　茜　申　静　徐　超　李汶卓

前　言

习近平总书记强调，环境就是民生，青山就是美丽，蓝天也是幸福。要像保护眼睛一样保护生态环境，像对待生命一样对待生态环境。党的十八大以来，河北省高度重视加强生态环境保护，坚持以习近平生态文明思想为指导，深入贯彻新发展理念，大力调整产业结构、能源结构、交通运输结构，坚决打好打赢污染防治攻坚战，用最严格制度最严密法治保护生态环境，生态环境发生历史性新变化，天更蓝、山更绿、水更清，人居环境得到改善。

守护绿水青山，打造优美生态环境离不开法治引领、推动和保障。2020年3月27日河北省第十三届人民代表大会常务委员会第十六次会议审议通过了《河北省生态环境保护条例》（以下简称《条例》）。这是深入贯彻习近平生态文明思想的重大法治成果，是提升生态环境治理能力和水平的重大法治举措，是一部在河北省生态环境保护领域起统领作用的重要法规。《条例》积极践行"绿水青山就是金山银山"的理念，以建设经济强省、美丽河北为目标，以改善生态环境质量为核心，以解决体制机制制约问题为重点，统筹山水林田湖草沙系统治理，实行最严格的生态环境保护制度，为推进生态环境治理体系和治理能力现代化以满足人民群众日益增长的优美生态环境需要提供了有力的法治保障。

为促进《条例》全面、准确地落地见效，加强宣传解读工作十分必要。河北省人大常委会法制工作委员会、河北省生态环境厅会同河北大学国家治理法治化研究中心共同编写了《〈河北省生态环境保护条例〉精释与适用》一书，纳入了《中国特色社会主义法律体系精释与适用》丛书。该书旨在精释《条例》，全面反映生态环境保护工作宗旨、原则，逐条准确阐释条款基本内容和具体要求，对长期以来取得的好经验、好做法进行梳理和总结，力促充分反映生态环境保护工作的最新研究成果和实践要求，以期成为全省生态环境保护立法、执法和守法工作的重要参考。本书编委会由河北省人大常委会法制工作委员会主任周英任主任，河北大学副校长孟庆瑜、河北省人大常委会法制工作委员会副主任陈金霞、河北省生态环境厅二级巡视员、总工程师赵根喜任副主任。本书由河北大学副校长孟庆瑜任主编，刘汉春、王晓平、解立虎、刘广明同志任副主编，陈青、柴丽飞、李春凤、刘广明、刘茜、申静、徐超、李汶卓等同志撰稿。

由于水平有限，书中难免有不足之处，恳请读者批评指正。

编者

2021 年 3 月 16 日

目　　录

第一章 总 则

【本章导读】

本章共由十个法律条文组成，分别对《河北省生态环境保护条例》（以下简称《条例》）立法目的与立法依据、适用范围与调整对象、保护方针与基本原则、地方政府与群众自治性组织法定职责、部门职责、社会保护、资金保障、科技支撑、宣传教育、奖励机制等问题进行了规定。作为《条例》首章，"总则"对整部法规的基础性、纲领性和全局性内容进行了系统规定，并在一定程度上实现了立法创新。例如，"总则"不仅明确规定，"生态环境保护应当坚持人与自然和谐共生、生态优先、绿色发展，贯彻节约优先、保护优先、自然恢复为主的方针，遵循预防为主、综合治理、公众参与、损害担责的原则"，而且着重指出，要"实行最严格的生态环境保护制度"，以"不断满足人民日益增长的优美生态环境需要"，进而对我国社会主要矛盾的转变进行了回应。

> **第一条** 为了保护和改善生态环境，防治污染和其他公害，保障公众健康，推进生态文明建设，促进经济社会可持续发展，根据《中华人民共和国环境保护法》等有关法律、行政法规，结合本省实际，制定本条例。

【条文主旨】

本条文是关于《条例》立法目的和立法依据的规定。

【条文释义】

目的的设定直接关系行为的结果，因此，目的的科学设定至关重要。

对法律制定而言，亦是如此。任何法律都有其立法目的，立法目的不仅是法律制度构建、法律规则创制的规范指引，而且是确保法律得以准确适用的基本遵循。法律制度、规则只有紧密结合并服务于其立法目的才能够被准确理解、才能被精准适用，法律条文的拟定和法律解释的开展亦不能与立法目的相背离。当对法律制度、规则的意旨发生认知分歧时，最好的办法就是回溯到该法律的制定目的和实现目标，以对法律制度、规则的创设和内涵进行更为深入的理解和把握。此外，更为关键的是，立法目的还能起到弥补立法漏洞的重要作用。从立法技术上讲，法律的制定应当具有一定前瞻性，即对未来经济社会发展及法律适用具有一定的预见，但是，受认识局限、条件欠缺等因素所限，在实践中，法律的制定往往难以做到尽善尽美，不可避免地会出现法律漏洞。这时，往往需要从探寻立法者的目的着手，以消除漏洞影响、弥补立法缺陷。

依据立法技术规范要求，关于立法目的的规定一般应当作为法律正文的第一条，并且在内容表述上要做到直接、具体和明确，本《条例》遵循了这一要求。从立法实践来看，一部法律的立法目的可以有多项内容和不同层次。依据本条文规定，《条例》立法目的包含以下层次。

1. 保护和改善生态环境。生态环境是人类生存和发展的根基，生态环境变化直接影响文明兴衰演替。"生态环境没有替代品，用之不觉，失之难存。"习近平总书记指出，"在生态环境保护建设上，一定要树立大局观、长远观、整体观，坚持保护优先，坚持节约资源和保护环境的基本国策，像保护眼睛一样保护生态环境，像对待生命一样对待生态环境，推动形成绿色发展方式和生活方式。"[1] 良好生态环境是实现中华民族永续发展的内在要求，是增进民生福祉的优先领域。党的十八大以来，以习近平同志为核心的党中央把生态文明建设作为统筹推进"五位一体"总体布局和协调推进"四个全面"战略布局的重要内容，谋划开展了一系列根本性、长远性、开创性工作，推动生态文明建设和生态环境保护从实践到认识发生了历史性、转折性、全局性变化，生态文明建设和生态环境保护制度体系加快形成，全面节约资源有效推进，大气、水、土壤污染防治行动

---

〔1〕《生态环境保护多重要，听习近平怎么说》，新华网，http://www.xinhuanet.com/politics/xxjxs/2018-05/17/c_1122844380.htm，最后访问时间：2020年8月31日。

计划深入实施，生态系统保护和修复重大工程进展顺利，生态文明建设成效显著，美丽中国建设迈出重要步伐，我国成为全球生态文明建设的重要参与者、贡献者、引领者。同时，我国生态文明建设和生态环境保护面临不少困难和挑战，存在许多不足，经济社会发展同生态环境保护的矛盾仍然突出，资源环境承载能力已经达到或接近上限[1] 生态环境是关系党使命宗旨的重大政治问题，也是关系民生的重大社会问题[2] 对河北而言，更是如此。因此，作为河北省生态环境保护的"基本法"，《条例》将"保护和改善生态环境"确立为首要立法目的。

2. 防治污染和其他公害。由我国的实际国情和经济社会发展的阶段性特点所决定，在很长一段时期内，"防治污染和其他公害"是生态环境保护工作的首要任务。因此，我国很早就以法律的形式对"防治污染和其他公害"进行了明确规定。例如，1982 年 12 月 4 日第五届全国人民代表大会第五次会议通过的《中华人民共和国宪法》第二十六条第一款就明确规定，"国家保护和改善生活环境和生态环境，防治污染和其他公害。"党的十八大以来，污染治理力度之大前所未有，发布实施了大气、水、土壤污染防治三大行动计划，污水和垃圾处理等环境基础设施建设加速推进，实施燃煤火电机组超低排放改造，累计淘汰黄标车和老旧车 1800 多万辆；超过 11 万个村庄完成农村环境综合整治，将近 2 亿农村人口从中受益[3] 但是，当前污染防治形势仍然不容乐观，新老环境问题交织，区域性、布局性、结构性环境风险凸显，重污染天气、黑臭水体、垃圾围城、生态破坏等问题时有发生，成为重要的民生之患、民心之痛，成为经济社会可持续发展的瓶颈制约，成为全面建成小康社会的明显短板[4] "防治污染和其他公害"仍是生态环境保护工作的核心任务之一。因此，《条例》将"防治污染和其他公害"明确为立法目的之一。

〔1〕 参见《中共中央 国务院关于全面加强生态环境保护 坚决打好污染防治攻坚战的意见》。
〔2〕 李永胜：《打好污染防治攻坚战的六大措施》，人民网，http：//opinion. people. com. cn/n1/ 2019/0222/c1003 - 30897435. html，最后访问时间：2020 年 8 月 31 日。
〔3〕 温源，张翼：《满足人民日益增长的优美生态环境需要——中央财经领导小组办公室、环境保护部负责人介绍践行绿色发展理念建设美丽中国情况》，人民网，http：//cpc. people. com. cn/19th/n1/2017/1024/c414305 - 29605595. html，最后访问时间：2020 年 8 月 31 日。
〔4〕 参见《中共中央国务院关于全面加强生态环境保护 坚决打好污染防治攻坚战的意见》。

3. 保障公众健康。健康是促进人的全面发展的必然要求，是经济社会发展的基础条件。实现国民健康长寿，是国家富强、民族振兴的重要标志，也是全国各族人民的共同愿望。党和国家历来高度重视人民健康。2017 年 10 月，习近平总书记在党的十九大报告中指出，"人民健康是民族昌盛和国家富强的重要标志"。〔1〕新中国成立以来，特别是改革开放以来，我国健康领域改革发展取得显著成就，城乡环境面貌明显改善，人民健康水平和身体素质持续提高，为全面建成小康社会奠定了重要基础。同时，工业化、城镇化、生态环境及生活方式变化等，也给维护和促进健康带来一系列新的挑战，健康服务供给总体不足与需求不断增长之间的矛盾依然突出，健康领域发展与经济社会发展的协调性有待增强。推进健康中国建设，是全面建成小康社会、基本实现社会主义现代化的重要基础，是全面提升中华民族健康素质、实现人民健康与经济社会协调发展的国家战略，是积极参与全球健康治理、履行《2030 年可持续发展议程》国际承诺的重大举措。为推进健康中国建设，提高人民健康水平，从国家战略层面统筹解决关系健康的重大和长远问题，中共中央、国务院于 2016 年制定并印发了《"健康中国 2030"规划纲要》（以下简称《纲要》）。该《纲要》对"加强影响健康的环境问题治理"予以了专章规定，包括深入开展大气、水、土壤等污染防治、实施工业污染源全面达标排放计划、建立健全环境与健康监测、调查和风险评估制度等，并再次强调，要"实施最严格的环境保护制度，切实解决影响广大人民群众健康的突出环境问题"。〔2〕因此，《条例》将"防治污染和其他公害"明确为立法目的之一。此外，"保障公众健康"亦是现行《中华人民共和国环境保护法》的立法目的之一。

4. 推进生态文明建设。"生态兴则文明兴，生态衰则文明衰"。生态文明建设是中国特色社会主义事业的重要内容，关系人民福祉，关乎民族未来，事关"两个一百年"奋斗目标和中华民族伟大复兴中国梦的实

---

〔1〕 《习近平：决胜全面建成小康社会　夺取新时代中国特色社会主义伟大胜利——在中国共产党第十九次全国代表大会上的报告》，共产党员网，http://www.12371.cn/2017/10/27/ARTI1509103656574313.shtml，最后访问时间：2020 年 8 月 31 日。

〔2〕 参见《"健康中国 2030"规划纲要》，中国政府网，http://www.gov.cn/xinwen/2016-10/25/content_5124174.htm，最后访问时间：2020 年 8 月 31 日。

现。党的十八大以来，以习近平同志为核心的党中央蹄疾步稳全面推进生态文明体制机制改革，改革全面发力又纵深推进、多点突破又突出主要矛盾，制度出台频度之密前所未有，执法督查尺度之严前所未有，生态文明建设系统性、整体性、协同性着力增强，重要领域和关键环节改革取得突破性进展，[1]推动生态文明建设取得积极成效。但总体上看，我国生态文明建设水平仍滞后于经济社会发展，资源约束趋紧，环境污染严重，生态系统退化，发展与人口资源环境之间的矛盾日益突出，已成为经济社会可持续发展的重大瓶颈制约。加快推进生态文明建设是加快转变经济发展方式、提高发展质量和效益的内在要求，是坚持以人为本、促进社会和谐的必然选择，是全面建成小康社会、实现中华民族伟大复兴中国梦的时代抉择，是积极应对气候变化、维护全球生态安全的重大举措。要充分认识加快推进生态文明建设的极端重要性和紧迫性，切实增强责任感和使命感，牢固树立尊重自然、顺应自然、保护自然的理念，坚持"绿水青山就是金山银山"，动员全党、全社会积极行动，深入持久地推进生态文明建设，加快形成人与自然和谐发展的现代化建设新格局，开创社会主义生态文明新时代。[2]因此，《条例》将"推进生态文明建设"明确为立法目的之一。

5. 促进经济社会可持续发展。理论和实践证明，我国经济社会发展必须要走可持续发展之路。2013年5月24日，中共中央政治局就大力推进生态文明建设进行第六次集体学习，中共中央总书记习近平在主持学习时强调，生态环境保护是功在当代、利在千秋的事业，要正确处理好经济发展同生态环境保护的关系，牢固树立保护生态环境就是保护生产力、改善生态环境就是发展生产力的理念，更加自觉地推动绿色发展、循环发展、低碳发展，决不以牺牲环境为代价去换取一时的经济增长。[3]"发展必须是遵循经济规律的科学发展，必须是遵循自然规律的可持续发展"。在前

---

[1] 黄承梁：《新时代生态文明建设的发展态势》，求是网，http://www.qstheory.cn/dukan/hqwg/2020-03/19/c_1125733655.htm，最后访问时间：2020年8月31日。

[2] 参见《中共中央 国务院关于加快推进生态文明建设的意见》，中国政府网，http://www.gov.cn/xinwen/2015-05/05/content_2857363.htm，最后访问时间：2020年8月31日。

[3] 《习近平主持政治局第六次集体学习》，中国经济网，http://www.ce.cn/xwzx/gnsz/szyw/201305/24/t20130524_24417883.shtml，最后访问时间：2020年8月31日。

进道路上，我们一定要坚持以科学发展为主题、以加快转变经济发展方式为主线，切实把推动发展的立足点转到提高质量和效益上来，促进工业化、信息化、城镇化、农业现代化同步发展，全面深化经济体制改革，推进经济结构战略性调整，全面提高开放型经济水平，推动经济持续健康发展。可持续发展，是既满足当代人的需求，又不损害后代人满足其需求的发展。它不是追求短期效益，而是注重长远发展。只有坚持可持续发展，我国的经济、文化、环境、社会等各项事业才能取得长足进步。[1] 因此，《条例》将"促进经济社会可持续发展"明确为立法目的之一。

除对立法目的进行规定外，本条文还对《条例》的立法根据进行规定。所谓立法根据，是指某项法律制定所依赖的法律和事实根据。其中，法律根据主要是指某项法律的上位法依据。在我国，除宪法外，各项立法一般都要写明其立法根据。法律的制定要以宪法为根据；行政法规的制定要以宪法、法律为根据；部门行政规章的制定要以法律、行政法规为根据；地方性法规的制定要以本行政区域的具体情况和实际需要为根据，并且不得同宪法、法律、行政法规和上级地方性法规相抵触；地方行政规章的制定要以法律和行政法规为根据。[2] 本条文明确规定《条例》的立法根据为"《中华人民共和国环境保护法》等有关法律、行政法规"。同时，本条文也明确了《条例》与《中华人民共和国环境保护法》等有关法律之间的关系。即《条例》属于地方性法规，而《中华人民共和国环境保护法》等法律则属于法律，《条例》在效力等级上低于《中华人民共和国环境保护法》等法律，二者之间是下位法与上位法的关系。同时，由于本《条例》系省级地方性立法，因此，"本省实际"是本《条例》的事实依据。从《条例》其他章节及相关条文的设计、主体制度的构建来看，确实全面落实了这一要求，准确定位于河北省省情，尤其是河北省生态环境保护的实际情况，进而极大地增强了法规的可适用性、制度的针对性。

---

〔1〕《对于可持续发展 习近平都说了啥》，中国日报网，http：//china.chinadaily.com.cn/2016
－08/24/content_ 26582833. htm，最后访问时间：2020 年 8 月 31 日。

〔2〕 周旺生：《立法学》（第二版），法律出版社 2009 年版，第 486 页。

第二条 本条例适用于本省行政区域内的生态环境保护及其监督管理活动。

【条文主旨】

本条文是关于《条例》适用范围的规定。

【条文释义】

适用范围是法律的核心要素，也是法律制定所必须解决的基本问题之一。本条文即是对《条例》适用范围的规定，其主要解决了以下两个问题。

1. 《条例》适用的地域范围。所谓法律适用的地域范围，是指法律在哪些地域有效力，适用于哪些地区。依据本条文规定，《条例》适用的地域范围为"本省行政区域内"，这与《条例》作为省级地方性立法的自身属性高度契合。其意味着《条例》在石家庄市、唐山市、秦皇岛市、邯郸市、邢台市、保定市、张家口市、承德市、沧州市、廊坊市、衡水市等11个设区的市和辛集市、定州市、雄安新区范围内全面适用。

2. 《条例》适用的行为范围。《条例》适用的行为范围，是指"生态环境保护及其监督管理活动"。一般认为，生态环境保护，是指人类为解决现实或潜在的环境问题，协调人类与生态环境的关系，保护人类的生存环境、保障经济社会的可持续发展而采取的各种行动的总称。生态环境保护是一项系统性工程，涉及方方面面。因此，在河北省行政区域内，《条例》适用于所有生态环境保护行为。就河北省生态环境保护实际情况来看，当前的核心内容是要打好打赢"蓝天""碧水""净土"三大保卫战。2018年8月，中共河北省委、河北省人民政府制定并颁布《关于全面加强生态环境保护 坚决打好污染防治攻坚战的实施意见》，提出坚决打赢蓝天保卫战，着力打好碧水保卫战，扎实推进净土保卫战，标志着河北省污染防治攻坚战全面打响。坚决打赢蓝天保卫战就是要开展强化散煤治理和燃煤锅炉整治、着力推进工业企业达标排放和重点行业超低排放改造、大力调整产业结构和空间布局结构、彻底整治"散乱污"企业、打好机动车（船）污染治理攻坚战、深化扬尘污染综合治理、开展秸秆和垃圾露天焚烧专项治理、实施国土绿化攻坚行动、有效应对重污染天气等活动；着力打好碧水保卫战就是要开展打好水源地保护攻坚战、开展城镇污水和黑臭水体专项治理、强化工业污水限期达标整治、打好农业农村污染治理攻坚战、加强河流湖库流域综合治理、深入推进地下水超采治理、打好渤海综合治理攻坚战、加快雄安新区及白洋淀流域水环境综合整治等活动；扎实推进净土保卫战就是要开展强化土壤污染管控和修复、开展土壤环境重点污染源整治、健全垃圾处理处置体系、加强固体废物污染防治等活动。此外，根据本条文的规定，《条例》还适用于与生态环境保护相关的监督管理活动。

> **第三条** 生态环境保护应当坚持人与自然和谐共生、生态优先、绿色发展，贯彻节约优先、保护优先、自然恢复为主的方针，遵循预防为主、综合治理、公众参与、损害担责的原则，实行最严格的生态环境保护制度，不断满足人民日益增长的优美生态环境需要。

【条文主旨】

本条文是关于生态环境保护根本遵循、总体方针、基本原则、核心要求和最终目标的规定。

【条文释义】

一、根本遵循

依据本条文规定，生态环境保护应当恪守以下根本遵循。

（一）人与自然和谐共生

"天育物有时，地生财有限，而人之欲无极。"人与自然的关系是人类社会最基本的关系。自然界是人类社会产生、存在和发展的基础和前提，人类可以通过社会实践活动有目的地利用自然、改造自然，但人类归根到底是自然的一部分，人类不能盲目地凌驾于自然之上，人类在开发自然中必须符合自然规律。人类对大自然的伤害最终会伤及人类自身，这是无法抗拒的规律。人与自然是生命共同体，人类必须尊重自然、顺应自然、保护自然。[1] 2017 年 10 月，习近平总书记在党的十九大报告中明确指出，要"坚持人与自然和谐共生"。[2] 坚持人与自然和谐共生就是指要维系人与自然和谐发展、共生共荣的存在状态，这是对人与自然关系的深刻认识和理论总结。坚持人与自然和谐共生这一基本方略对我们坚持和发展中国特色社会主义具有重要现实意义和深远历史意义。坚持人与自然和谐共生是习近平新时代中国特色社会主义思想特别是习近平生态文明思想的鲜明体现；坚持人与自然和谐共生是紧扣我国社会主要矛盾变化，满足人民日益增长的优美生态环境需要的迫切要求；坚持人与自然和谐共生是中华民族实现永续发展和伟大复兴的必然选择；坚持人与自然和谐共生是构建人类命运共同体、建设清洁美丽世界的方向指引。[3] 坚持人与自然和谐共生就是要坚持节约优先、保护优先、自然恢复为主的方针，形成节约资源和保护环境的空间格局、产业结构、生产方式、生活方式，还自然以宁静、和谐、美丽。人因自然而生，人类只有遵循自然规律才能有效防止在开发利用自然资源上走弯路。建设人与自然和谐共生的生态文明，关系人民福祉，关乎民族未来。

（二）生态优先

"环境就是民生，青山就是美丽，蓝天也是幸福。"生态环境是人类生存和发展的根基，生态环境变化直接影响文明兴衰演替。实践证明，经济发展不能以破坏生态为代价，生态本身就是经济，保护生态就是发展生产力。[4] 建设生态文明，关系人民福祉，关乎民族未来。习近平总书记多次强调，要

---

〔1〕《坚持人与自然和谐共生——九论深入学习贯彻党的十九大精神》，中国文明网，http：//www. wenming. cn/specials/zxdj/19/11a_ x/201711/t20171105_ 4476598. shtml，最后访问时间：2020 年 8 月 31 日。

〔2〕《习近平：决胜全面建成小康社会 夺取新时代中国特色社会主义伟大胜利——在中国共产党第十九次全国代表大会上的报告》，共产党员网，http：//www. 12371. cn/2017/10/27/AR-TI1509103656574313. shtml，最后访问时间：2020 年 8 月 31 日。

〔3〕李干杰：《坚持人与自然和谐共生》，求是网，http：//www. qstheory. cn/dukan/qs/2017 – 12/15/c_ 1122089560. htm，最后访问时间：2020 年 3 月 20 日。

〔4〕孙秀艳、赵贝佳：《生态优先、绿色发展成为共识和自觉行动 人不负青山青山定不负人》，《人民日报》2020 年 5 月 15 日，第 1 版。

"探索以生态优先、绿色发展为导向的高质量发展新路子"。生态优先，就是要摒弃先污染、后治理的老路，改变过多依赖增加物质资源消耗、过多依赖规模粗放扩张的发展模式[1] 走以生态优先、绿色发展为导向的高质量发展新路，要正确认识生态保护与经济发展的关系。人不负青山，青山定不负人。绿水青山既是自然财富、生态财富，又是社会财富、经济财富。保护生态环境就是保护自然增值自然资本，就是保护经济社会发展潜力和后劲[2]如何以生态优先为导向？就要保持加强生态文明建设的战略定力，不动摇、不松劲、不开口子，决不能突破生态保护红线；就要加大生态系统保护力度，坚持自然恢复为主的方针，因地制宜、分类施策；就要打好污染防治攻坚战，保持攻坚力度和势头，解决好人民群众反映强烈的突出环境问题[3]因此，《条例》将"生态优先"作为应当恪守的根本遵循之一。

（三）绿色发展

党的十八大以来，以习近平同志为核心的党中央把生态文明建设作为统筹推进"五位一体"总体布局和协调推进"四个全面"战略布局的重要内容，提出一系列新理念新思想新战略，形成了习近平生态文明思想，为推进美丽中国建设、实现人与自然和谐共生的现代化提供了方向指引和根本遵循[4] 其中之一，就是绿色发展理念的提出与确立。人类发展活动必须尊重自然、顺应自然、保护自然，否则就会受到大自然的报复。绿色发展是生态文明建设的必然要求，代表了当今科技和产业变革方向，是最有前途的发展领域。推动形成绿色发展方式和生活方式，是发展观的一场深刻革命。这就要坚持和贯彻新发展理念，正确处理经济发展和生态环境保护的关系，像保护眼睛一样保护生态环境，像对待生命一样对待生态环境，坚决摒弃损害甚至破坏生态环境的发展模式，坚决摒弃以牺牲生态环境换取一时一地经济增长的做法，让良好生态环

---

[1] 《坚持生态 优先践行绿色发展》，光明网，http：//guancha. gmw. cn/2019 – 03/07/content_ 32612108. htm，最后访问时间：2020 年 8 月 31 日。

[2] 谭敏：《让生态优先成为高质量发展优势》，光明网，http：//guancha. gmw. cn/2020 – 09/02/ content_ 34144523. htm，最后访问时间：2020 年 8 月 31 日。

[3] 纪帆：《以生态优先、绿色发展为导向》，《人民日报》2019 年 3 月 6 日，第 7 版。

[4] 万鹏：《习近平提出绿色发展"五个追求" 同筑生态文明之基》，人民网，http：//theory. people. com. cn/n1/2019/0429/c40531 –31056225. html，最后访问时间：2020 年 8 月 31 日。

境成为人民生活的增长点、成为经济社会持续健康发展的支撑点、成为展现我国良好形象的发力点，让中华大地天更蓝、山更绿、水更清、环境更优美。坚持绿色发展是发展观的一场深刻革命。要从转变经济发展方式、环境污染综合治理、自然生态保护修复、资源节约集约利用、完善生态文明制度体系等方面采取超常举措，全方位、全地域、全过程开展生态环境保护。[1] 绿色发展，是理念、是保护，更是发展。[2] 实行绿色发展，重点任务有二：一是要推动形成绿色发展方式，包括：构建并严守生态功能保障基线、环境质量安全底线、自然资源利用上线三大红线，建立三大红线硬约束机制；全面优化产业布局，壮大环保等战略性新兴产业和现代服务业，建立健全绿色低碳循环发展的经济体系；推进能源生产和消费革命，构建清洁低碳、安全高效的能源体系；推进资源全面节约和循环利用，实现生产系统和生活系统循环链接。二是要开展全民绿色行动，包括：构建政府为主导、企业为主体、社会组织和公众共同参与的环境治理体系；开展生态环境保护宣传，把生态环境保护纳入国民教育体系和干部教育培训体系；强化企业排污者责任，确保实现达标排放，开展自行监测并向社会公开；倡导简约适度、绿色低碳的生活方式，开展创建节约型机关、绿色家庭、绿色学校、绿色社区和绿色出行等行动。[3]

二、总体方针

依据本条文规定，生态环境保护工作还应当贯彻节约优先、保护优先、自然恢复为主的总体方针。2012 年 12 月，党的十八大报告明确指出，推进生态文明建设，要坚持节约优先、保护优先、自然恢复为主的方针。2017 年 10 月，习近平总书记在党的十九大报告中强调指出，"必须坚持节约优先、保护优先、自然恢复为主的方针，形成节约资源和保

---

〔1〕《习近平：坚持绿色发展是发展观的一场深刻革命》，人民网，http://cpc.people.com.cn/xuexi/n1/2018/0224/c385476 – 29831795.html，最后访问时间：2020 年 8 月 31 日。

〔2〕周宏春：《深入理解绿色发展理念》，求是网，http://www.qstheory.cn/laigao/ycjx/2019 – 05/20/c_ 1124518072.htm，最后访问时间：2020 年 8 月 31 日。

〔3〕李干杰：《坚持人与自然和谐共生》，求是网，http://www.qstheory.cn/dukan/qs/2017 – 12/15/c_ 1122089560.htm，最后访问时间：2020 年 3 月 20 日。

护环境的空间格局、产业结构、生产方式、生活方式，还自然以宁静、和谐、美丽。"[1] 这一方针充分体现了生态文明建设规律的内在要求，准确反映了我国生态文明建设面临突出矛盾和问题的客观现实，明确指出了推进生态文明建设的着力方向，为我们建设生态文明提供了重要指导。坚持节约优先、保护优先、自然恢复为主的方针，是由目前我们面临的资源环境状况决定的。面对资源约束趋紧、环境污染严重、生态系统退化的严峻形势，坚持节约优先、保护优先、自然恢复为主，这三个方面形成一个统一的有机整体，构成了我国生态文明建设的方向和重点。节约优先，就是要在资源上把节约放在首位，着力推进资源节约集约利用，提高资源利用率和生产率，降低单位产出资源消耗，杜绝资源浪费。保护优先，就是要在环境上把保护放在首位，加大环境保护力度，坚持预防为主、综合治理，以解决损害群众健康突出环境问题为重点，强化水、大气、土壤等污染防治，减少污染物排放，防范环境风险，明显改善环境质量。自然恢复为主，就是要在生态上由人工建设为主转向自然恢复为主，加大生态保护和修复力度，保护和建设的重点由事后治理向事前保护转变、由人工建设为主向自然恢复为主转变，从源头上扭转生态恶化趋势。要实施重大生态修复工程，增加生态产品生产能力，巩固和扩大天然林保护、退耕还林还草、退牧还草等成果，推进荒漠化、石漠化、水土流失综合治理，保护好林草植被和河湖、湿地，对天然林地、天然草场、天然湿地实行严格的生态保护，扩大森林、湖泊、湿地面积，保护生物多样性。对重点生态破坏地区实行顺应自然规律的封育、围栏、退耕还草还林还水等措施，生态恢复以自然恢复为主、减少人工干预。[2]

---

〔1〕《习近平：决胜全面建成小康社会 夺取新时代中国特色社会主义伟大胜利——在中国共产党第十九次全国代表大会上的报告》，共产党员网，http://www.12371.cn/2017/10/27/AR-TI1509103656574313.shtml，最后访问时间：2020 年 8 月 31 日。

〔2〕《坚持节约优先、保护优先、自然恢复为主的方针》，人民网，http://politics.people.com.cn/n/2013/0220/c70731-20539603.html，最后访问时间：2020 年 8 月 31 日。

三、基本原则

依据本条文规定，生态环境保护工作应当遵循如下基本原则[1]。

（一）预防为主

所谓预防为主，是指在生态环境保护中首先应当采取各种积极措施，以有效防治环境问题的产生和生态环境的恶化。我国很早就提出了预防为主这一理念，并通过修法的方式将其明确为环境保护法的基本原则之一[2]。这主要是基于以下考虑：生态环境受到污染后，消除其危害需要的时间长，有的甚至难以消除；自然环境和自然资源遭到破坏，恢复其导致的生态失衡十分困难；从经济损益情况看，环境遭受污染和破坏后再去进行治理付出的代价，与污染和破坏环境时所获得的经济利益相比，得不偿失；等等。预防为主原则明确了防与治的辩证关系，明确了科学不确定性与环境保护实际行动之间的关系。"污染容易治理难，破坏容易恢复难"。数十年的实践经验证明，生态环境保护必须以积极预防为基本前提，唯有坚持预防为主以有效防止环境问题的发生，并积极治理已经存在的环境问题，才有可能防止生态环境的继续恶化，才有可能实现生态环境的显著改善。总之，生态环境保护不能走先污染后治理的老路，而应当在坚持预防为主的基础上做到防治结合。

（二）综合治理

所谓综合治理，是指要采取包括经济、法律、行政等在内的各种手段，应用包括行政、技术、教育等在内的各种措施，以推动环境问题的解决，消除环境污染、生态破坏所带来的负面效应，进而实现生态环境的有

---

[1] 一般认为，所谓法律原则，是指集中反映法的一定内容的法律活动的指导原理和准则。较之于具体法律规范，法律原则能够更直接地反映出法的内容、法的本质。法律原则的作用体现于不同领域，在法律制定过程中，其直接决定了法律制度的基本性质、内容和价值取向，是法律制度内部和谐统一的重要保障，对法制改革具有导向作用；在法律实施过程中，其不仅能够对法律解释和法律推理起到指导作用、对法律漏洞起到补充作用，而且能够成为自由裁量权行使合理范围的确定依据。法律原则是法律纲领之所系，是法律所应坚持的最基本的东西，一部法律，有了原则就有了中心，全法就易于成为一个内在联系的整体。参见周旺生：《立法学》（第二版），法律出版社2009年版，第487页。

[2] 现行环境保护法第五条明确规定："环境保护坚持保护优先、预防为主、综合治理、公众参与、损害担责的原则。"

效治理、促进环境治理的不断改善。综合治理还要求将环境问题解决、环境污染消解与经济建设、社会发展相结合，实现"治""管"结合，做到相互促进、相得益彰。之所以将综合治理确立为生态环境保护的基本原则，主要是基于以下考虑：环境问题产生的原因复杂，唯有采取多种手段、多种措施，才能确保环境问题得以有效解决；环境问题的危害严重，唯有采取多种手段、多种措施，才能有效控制因环境问题而导致的危害后果；环境问题治理的成本较高，唯有采取多种手段、多种措施，才能找到高效的问题解决办法。

（三）公众参与

一般认为，所谓公众参与原则，是指所有公众均有权按照一定程序、通过相应途径参与生态环境保护工作，决策更加科学、措施更加合理、投入更具效率，进而促进生态环境保护目标的顺利实现、推动生态环境质量的不断改善。之所以将公众参与原则确立为生态环境保护工作的基本原则，主要是基于对环境问题公共性特征和生态环境保护特殊要求的考虑。一方面，生态环境是关涉每个人生存与发展的重大问题，保护生态环境是一项牵涉利益广泛的公益事业；另一方面，生态环境保护的范围和对象非常广泛，由此而产生的环境社会关系也十分复杂，关涉生产、流通、生活各个领域。总之，只有确保公众的广泛参与才能实现预期的生态环境保护目标。现行《中华人民共和国宪法》第二条第三款明确规定，"人民依照法律规定，通过各种途径和形式，管理国家事务，管理经济和文化事业，管理社会事务。"这为生态环境保护公众参与原则的确立提供了宪法依据。

环境保护，人人有责。公众不仅仅是生态环境保护、污染（公害）防治的推动者和受益者，更是身体力行参与生态环境保护、污染（公害）防治的关键主体。因此，要积极为公众参与生态环境保护、污染（公害）防治创造条件、提供支持，包括并不限于以下内容：要不断完善信息公开制度，及时准确披露各类环境信息，扩大公开范围，保障公众知情权，维护公众环境权益；要健全举报、投诉等社会监督机制，构建全民参与的社会行动体系；要健全环境公益诉讼制度，对污染环境、破坏生态的行为，支持有关组织提起公益诉讼；要不断引导各类环境公益组织健康有序发展，

充分发挥民间组织和志愿者在生态环境保护方面的积极作用。2014 年 11
月 28 日，河北省十二届人大常委会第十一次会议表决通过了《河北省环
境保护公众参与条例》，该条例是全国首个地方性（生态）环境保护公众
参与的法规，有效保障了公众在（生态）环境保护方面的知情权、参与
权、监督权，有助于广大公众依法有序参与生态环境保护、污染（公害）
防治。

（四）损害担责

在我国环境法治的发展过程中，损害担责原则在不同时期有着不同表
述，其内涵和要求也发生了相应变化。损害担责原则源于"谁污染，谁治
理"理念，与"污染者付费"原则存在密切联系，在由"谁污染，谁治
理"到"污染者付费"再到损害担责的变迁过程中，责任主体得以不断扩
大、责任形式亦渐趋多样。2014 年修订的环境保护法将损害担责明确为环
境保护的基本原则之一，[1] 这标志着我国生态环境保护工作的不断深入和
生态环境保护法治的逐渐完善。广义上的损害担责是指对生态环境可能造
成或已经造成损害的主体应当承担环境损害责任。其中，环境损害既包括
以环境为媒介导致的个人或特定少数人的人身、财产、精神等传统利益的
损害，也包括环境污染和生态破坏等对环境本身的损害。损害担责的内容
可以分为预防性责任和结果性责任。可能造成环境损害的主体为了防止环
境损害的发生，需要履行一定的预防性责任，而损害主体的行为已经对生
态环境产生不利影响的情况下，则需要承担一定的结果性责任。政府和政
府机关工作人员，已经造成或可能给环境造成不利影响的自然人、法人和
其他组织以及提供环境服务工作的机构都可能成为损害担责的主体。损害
担责的范围不仅包括对生态环境产生损害的情形和环境侵权的情形，可能
造成损害的主体为了防止损害的发生而承担一定的责任，同样应当被纳入
损害担责的范围之中。狭义上的损害担责是指对生态环境已经造成损害的
主体应当承担环境损害责任，只要有污染环境和破坏生态的行为，即为损
害，行为人就要承担责任。其中，"损害"是指对生态环境造成任何不利

---

[1] 2014 年 4 月 24 日，第十二届全国人民代表大会常务委员会第八次会议修订通过的《中华人
民共和国环境保护法》第五条明确规定："环境保护坚持保护优先、预防为主、综合治理、
公众参与、损害担责的原则。"

影响的行为，包括环境污染和生态破坏；而"担责"是指要承担恢复环境、修复生态或支付上述费用的责任。

作为一项环境法基本原则，损害担责原则需要一定的制度支撑，方能切实发挥作用。为预防性责任设置的制度支撑主要有环境标准制度、环境规划制度、环境影响评价制度和环境保护税制度等，而结果性责任的制度支撑主要体现为生态修复制度、生态环境损害赔偿制度和环境公益诉讼制度等。

四、核心要求

依据本条文规定，生态环境保护工作的核心要求在于，实行最严格的生态环境保护制度。

生态文明建设是关系中华民族永续发展的千年大计，必须有完善的制度体系做保障，为生态文明建设提供规范和监督、约束力量。[1] 2018年5月，习近平同志在全国生态环境保护大会上指出："用最严格制度最严密法治保护生态环境，加快制度创新，强化制度执行，让制度成为刚性的约束和不可触碰的高压线。"[2]

制度带有全局性、稳定性，管根本、管长远。"制度"这一手棋牵动着治国理政全局，制度创新不仅成为一项系统工程，更成为一项基础工程。利用制度保护生态环境，必须以法律法规为基础，推进深化改革和创新，从法律法规、标准体系、体制机制以及重大制度安排入手进行总体部署，使生态文明建设进入法律化、制度化的轨道。[3] 习近平同志指出："推动绿色发展，建设生态文明，重在建章立制，用最严格的制度、最严密的法治保护生态环境，健全自然资源资产管理体制，加强自然资源和生态环境监管，推进环境保护督察，落实生态环境损害赔偿制度，完善环境

〔1〕 卢艳玲：《实行最严格的生态环境保护制度》，新疆师范大学官网，https：//bwlj. xjnu. edu. cn/2019/1211/c11656a104067/page. htm，最后访问时间：2020年8月31日。

〔2〕《习近平出席全国生态环境保护大会并发表重要讲话》，中国政府网，http：//www. gov. cn/xinwen/2018 -05/19/content_ 5292116. htm，最后访问时间：2020年8月31日。

〔3〕《习近平：用最严格制度最严密法治保护生态环境》，中国新闻网，http：//www. chinanews. com/gn/2018/05 -23/8520663. shtml，最后访问时间：2020年8月31日。

保护公众参与制度。"[1]

2019 年 10 月 31 日，十九届四中全会通过的《中共中央关于坚持和完善中国特色社会主义制度 推进国家治理体系和治理能力现代化若干重大问题的决定》就"实行最严格的生态环境保护制度"专题作出如下规定："坚持人与自然和谐共生，坚守尊重自然、顺应自然、保护自然，健全源头预防、过程控制、损害赔偿、责任追究的生态环境保护体系。加快建立健全国土空间规划和用途统筹协调管控制度，统筹划定落实生态保护红线、永久基本农田、城镇开发边界等空间管控边界以及各类海域保护线，完善主体功能区制度。完善绿色生产和消费的法律制度和政策导向，发展绿色金融，推进市场导向的绿色技术创新，更加自觉地推动绿色循环低碳发展。构建以排污许可制为核心的固定污染源监管制度体系，完善污染防治区域联动机制和陆海统筹的生态环境治理体系。加强农业农村环境污染防治。完善生态环境保护法律体系和执法司法制度。"[2] 这标志着党的十八大以来初步完成的生态文明建设的制度设计正在内化为国家治理体系的重要组成部分。[3]

五、最终目标

依据本条文规定，生态环境保护工作的最终目标在于，不断满足人民日益增长的优美生态环境需要。

2017 年 10 月，习近平总书记在党的十九大报告中，不仅明确指出，"中国特色社会主义进入新时代，我国社会主要矛盾已经转化为人民日益增长的美好生活需要和不平衡不充分的发展之间的矛盾"，而且郑重提出，"我们要建设的现代化是人与自然和谐共生的现代化，既要创造更多物质财富和精神财富以满足人民日益增长的美好生活需要，也要提供更多优质

---

[1] 《习近平：推动形成绿色发展方式和生活方式 为人民群众创造良好生产生活环境》，人民网，http://env.people.com.cn/n1/2017/0601/c1010–29312487.html，最后访问时间：2020年 8 月 31 日。

[2] 参见《中共中央关于坚持和完善中国特色社会主义制度 推进国家治理体系和治理能力现代化若干重大问题的决定》，中国政府网，http://www.gov.cn/zhengce/2019–11/05/content_5449023.htm，最后访问时间：2020 年 8 月 31 日。

[3] 张孝德、何建莹：《实行最严格的生态环境保护制度》，人民网，http://theory.people.com.cn/n1/2020/0819/c40531–31827942.html，最后访问时间：2020 年 8 月 31 日。

生态产品以满足人民日益增长的优美生态环境需要。"[1] 人民美好生活需要日益广泛，不仅对物质文化生活提出了更高要求，而且在民主、法治、公平、正义、安全、环境等方面的要求也日益增长。随着我国社会主要矛盾的转化，生态环境在人民群众生活幸福指数中的权重不断提高，人民群众从过去"盼温饱"到现在"盼环保"、从过去"求生存"到现在"求生态"，期盼享有更加优美的生态环境。[2] "环境就是民生，青山就是美丽，蓝天也是幸福"。为更好满足人民群众日益增长的优美生态环境需要，"必须坚持节约优先、保护优先、自然恢复为主的方针，形成节约资源和保护环境的空间格局、产业结构、生产方式、生活方式，还自然以宁静、和谐、美丽。"

"良好生态环境是最公平的公共产品，是最普惠的民生福祉"。党的十八大以来，我国把生态文明建设作为统筹推进"五位一体"总体布局和协调推进"四个全面"战略布局的重要内容，提出一系列新理念新思想新战略，打出力道空前组合拳，按下绿色发展快进键。经过艰苦不懈努力，我国生态环境质量日益改善。"绿水青山就是金山银山"的理念日益深入人心，生态文明建设进入快车道，天越来越蓝了，山越来越绿了，水越来越清了，中华大地的"颜值"和"气质"不断提升，"美丽中国"的目标渐行渐近。与此同时，生态文明建设挑战重重、压力巨大、矛盾突出，还有不少攻坚战要打，还有不少硬骨头要啃。2019年12月，习近平在中央经济工作会议上强调："要打好污染防治攻坚战，坚持方向不变、力度不减，突出精准治污、科学治污、依法治污，推动生态环境质量持续好转。"推进经济高质量发展，污染防治、生态保护是绕不开的一道重要关口，必须坚定不移贯彻新发展理念，保持加强生态环境保护建设的定力，不动摇、不松劲，咬紧牙关闯关夺隘。特别是要打好打赢蓝天保卫战、柴油货车污染治理、长江保护修复、渤海综合治理、城市黑臭水体治理、水源地保护、农业农村污染治理等标志性战役，取得实实在在的战果。[3]

---

〔1〕《习近平：决胜全面建成小康社会 夺取新时代中国特色社会主义伟大胜利——在中国共产党第十九次全国代表大会上的报告》，人民网，http：//cpc.people.ccm.cn/n1/2017/1028/c64094-29613660.html，最后访问时间：2020年8月31日。

〔2〕陈润儿：《满足人民日益增长的优美生态环境需要》，《人民日报》2018年9月3日，第7版。

〔3〕刘毅：《满足人民日益增长的优美生态环境需要》，《人民日报》2020年1月7日，第14版。

第四条 各级人民政府对本行政区域的生态环境质量负责。

乡镇人民政府和街道办事处应当明确承担生态环境保护职责的机构，根据实际工作需要配备生态环境保护工作人员，落实生态环境保护相关要求。

鼓励和引导基层群众性自治组织通过村规民约等方式推进生态环境保护工作。

【条文主旨】

本条文是关于生态环境保护地方政府与群众性自治组织法定职责的规定。

【条文释义】

一、地方人民政府生态环境保护职责

理论和实践均证明，政府在生态环境保护、污染（公害）防治方面起到了不可替代的重要作用，从一定意义上讲，政府作用的发挥直接决定生态环境保护、污染（公害）防治的成效。一方面，因生态环境是典型的公共产品，市场在此方面往往呈现"失灵"状态，"公地悲剧"由此产生；另一方面，生态环境质量通常是由大气、水、生物、土壤等自然要素在一定时期内的综合作用所决定，并受产业结构、能源结构、人口结构等经济社会因素所影响。因此，唯有充分发挥政府作用，特别是有效发挥政府在资源统筹、综合治理方面的突出作用，才能实现生态环境的有效治理、生态环境质量的不断改善。鉴于政府在生态环境保护、污染（公害）防治方面的重要作用，现行环境保护法第六条第二款明确规定："地方各级人民政府应当对本行政区域的环境质量负责。" 2018 年 6 月发布的《中共中央 国务院关于全面加强生态环境保护 坚决打好污染防治攻坚战的意见》不仅再次强调，"政府积极发挥主导作用"，而且具体指出，"地方各级党委和政府必须坚决扛起生态文明建设和生态环境保护的政治责任，对本行政区域的生态环境保护工作及生态环境质量负总责，主要负责人是本行政区域生态环境保护第一责任人，至少每季度研究一次生态环境保护工作，其他有关领导成员在职责范围内承担相应责任"。[1] 作为地方性法规，《条例》对地方各级人民政府在生态环境保护方面法定职责的明确，有利于督促地方各级人民政府积极作为，全力推动生态环境保护、污染（公害）防治工作，切实提高地区生态环境质量。

需要强调的是，鉴于乡镇人民政府和街道办事处在生态环境保护、污染（公害）防治方面的重要作用以及目前的实际情况，本条文还规定，"乡镇人民政府和街道办事处应当明确承担生态环境保护职责的机构，根据实际工作需要配备生态环境保护工作人员，落实生态环境保护相关要求。"既是对乡镇人民政府和街道办事处生态环境保护职责的强调，也意味着要进一步加强乡镇人民政府和街道办事处在生态环境保护、污染（公害）防治方面的工作保障与相应支持。

二、基层群众自治性组织生态环境保护职责

作为建立在中国社会最基层，与广大人民群众存在直接联系、实现无缝衔接的社会治理组织，基层群众性自治组织在生态环境保护、污染（公害）防治工作中具有重要地位，是实现生态环境有效治理的关键一环。但是，从现行生态环境保护法律体系来看，生态环境基本法与专门法均未对基层群众性自治组织在生态环境保护、污染（公害）防治方面的职责予以直接、明确规定，并由此影响基层群众性自治组织在参与生态环境治理方面作用的更好发挥。《条例》对基层群众性自治组织生态环境保护职责的明确规定无疑是一个重要制度创新，必将推动基层群众性自治组织更好地参与生态环境保护和污染（公害）防治工作，进而促进生态环境质量的不断改善、生态环境治理目标的早日实现。但需要予以清楚认知的是，《条例》对基层群众性自治组织生态环境保护职责的规定与对地方政府生态环境保护职责的规定存在不同，后者的"刚性"

---

[1] 参见《中共中央 国务院关于全面加强生态环境保护 坚决打好污染防治攻坚战的意见》，新华网，http://www.xinhuanet.com/politics/2018-06/24/c_1123028598.htm，最后访问时间：2020年8月31日。

要显著强于前者。从一定意义上讲，《条例》对群众性自治组织生态环境保护职责的规定是一种"柔性"立法，格外强调群众性自治组织生态环境保护职责的"自治性"，与群众性自治组织的性质高度契合。依据《条例》规定，基层群众性自治组织应当"通过村规民约等方式推进生态环境保护工作"。此外，对群众性自治组织生态环境保护职责的履行，还应当予以"鼓励和引导"，而各级党委、政府无疑是承担"鼓励和引导"任务的关键主体。正如《中共中央 国务院关于全面加强生态环境保护 坚决打好污染防治攻坚战的意见》所指出的那样，"加强生态环境保护、坚决打好污染防治攻坚战是党和国家的重大决策部署，各级党委和政府要强化对生态文明建设和生态环境保护的总体设计和组织领导，统筹协调处理重大问题，指导、推动、督促各地区各部门落实党中央、国务院重大政策措施。"〔1〕

第五条 生态环境主管部门对本行政区域生态环境保护工作实施统一监督管理。

发展改革、公安、自然资源、住房城乡建设、交通运输、工业和信息化、水行政、农业农村、卫生健康、文化旅游、市场监督管理、林业草原、城市管理、行政审批、气象、海洋、邮政管理、海事管理机构等部门应当按照各自职责做好生态环境保护的相关工作。

【条文主旨】

本条文是关于生态环境主管部门与相关部门法定职责的规定。

【条文释义】

一、生态环境主管部门职责

依据本条文规定，"生态环境主管部门对本行政区域生态环境保护工

---

〔1〕 参见《中共中央 国务院关于全面加强生态环境保护 坚决打好污染防治攻坚战的意见》，中国政府网，http://www.gov.cn/zhengce/2018−06/24/content_ 5300953.htm，最后访问时间：2020 年 8 月 31 日。

作实施统一监督管理",与环境保护法的规定保持一致[1]。为全面贯彻落实习近平新时代中国特色社会主义思想和党的十九大精神,认真学习践行习近平生态文明思想,推动落实党政同责、一岗双责,坚决打好污染防治攻坚战,推进生态文明建设,改善生态环境质量,加快新时代全面建设经济强省、美丽河北,根据中央办公厅、国务院办公厅印发的《中央和国家机关有关部门生态环境保护责任清单》要求,按照生态环境保护法律法规有关规定,中共河北省委办公厅、河北省人民政府办公厅联合印发了《河北省政府职能部门生态环境保护责任清单》(以下简称《责任清单》)。

依据《责任清单》的规定,河北省生态环境主管部门承担的具体职责主要包括:(1)负责建立健全全省生态环境保护制度。会同有关部门贯彻执行国家生态环境方针政策和法律法规。会同有关部门拟订并组织实施全省生态环境政策、规划,起草地方性法规和规章草案。会同有关部门编制并监督实施重点区域、流域、海域、饮用水水源地生态环境规划和水功能区规划,组织拟订生态环境地方标准。(2)负责全省重大生态环境问题的统筹协调和监督管理。牵头协调全省重特大环境污染事故和生态破坏事件的调查处理,指导协调市县政府对重特大突发生态环境事件的应急、预警工作,协调解决有关跨区域环境污染纠纷,统筹协调全省重点区域、流域、海域生态环境保护工作。(3)负责监督管理全省减排目标的落实。组织制定全省陆地和海洋各类污染物排放总量控制、排污许可证制度并监督实施,确定全省大气、水、海洋等纳污能力,提出全省实施总量控制的污染物名称和控制指标,监督检查各地污染物减排任务完成情况,实施生态环境保护目标责任制。(4)负责提出生态环境领域固定资产投资支持方向、省级财政性补助资金安排的意见,配合有关部门做好生态环境领域固定资产投资项目的组织实施和监督工作。参与指导全省循环经济和生态环保产业发展。(5)负责全省环境污染防治的监督管理。制定全省大气、水、海洋、土壤、噪声、光、恶臭、固体废物、化学品、机动车等污染防治管理制度并监督实施。会同有关部门监督管理全省饮用水水源地生态环

---

〔1〕 现行《中华人民共和国环境保护法》第十条第一款规定:"国务院环境保护主管部门,对全国环境保护工作实施统一监督管理;县级以上地方人民政府环境保护主管部门,对本行政区域环境保护工作实施统一监督管理。"

境保护工作，组织指导城乡生态环境综合整治工作，监督指导农业面源污染治理工作。监督指导全省区域大气环境保护工作，组织实施区域大气污染联防联控协作机制。（6）指导协调和监督全省生态保护修复工作。组织编制全省生态保护规划，监督对生态环境有影响的自然资源开发利用活动、重要生态环境建设和生态破坏恢复工作。组织开展全省各类自然保护地生态环境综合执法监督。监督野生动植物保护、湿地生态环境保护、荒漠化防治等工作。指导协调和监督农村生态环境保护，监督生物技术环境安全，牵头生物物种（含遗传资源）工作，组织协调生物多样性保护工作，参与生态保护补偿工作。（7）负责全省核与辐射安全的监督管理。拟订有关政策、规划、标准，牵头负责辐射安全工作协调机制有关工作，参与核事故应急处理，负责辐射环境事故应急处理工作。监督管理核设施和放射源安全，监督管理核设施、核技术应用、电磁辐射、伴有放射性矿产资源开发利用中的污染防治。对核材料管制和民用核安全设备设计、制造、安装及无损检验活动实施监督管理。（8）负责全省生态环境准入的监督管理。受省政府委托对重大经济和技术政策、发展规划以及重大经济开发计划进行环境影响评价。按照国家和省规定审批或审查重大开发建设区域、规划、项目环境影响评价文件，拟订并组织实施生态环境准入清单。（9）负责全省生态环境监测工作。监督实施国家生态环境监测制度和规范。会同有关部门统一规划生态环境质量监测站点设置，组织实施生态环境质量监测、污染源监督性监测、温室气体减排监测、应急监测。组织对生态环境质量状况进行调查评价、预警预测，组织建设和管理省生态环境监测网和生态环境信息网。建立和实行生态环境质量公告制度，统一发布全省生态环境质量状况公报和重大生态环境信息。（10）负责全省应对气候变化工作。组织拟订全省应对气候变化及温室气体减排规划和政策。与有关部门共同牵头组织参加气候变化国际谈判省内相关工作。负责履行联合国气候变化框架公约省内相关工作。（11）组织开展省委、省政府生态环境保护督察。建立健全生态环境保护督察制度，组织协调省委、省政府生态环境保护督察工作，根据授权对各有关部门和各市县贯彻落实中央和省委、省政府生态环境保护决策部署情况进行督察问责。（12）统一负责全省生态环境监督执法。组织开展全省生态环境保护执法检查活动。负责跨区域、重大生态环境违法行为的现场调查、行政处罚和行政强制工作。指导全省生态环境保护综合执法队伍建设和业务工作。(13)牵头协调疫情防控期间生态环境保护支持保障工作,指导环境监测尤其是疫情地区饮用水水源地、空气环境应急监测,按职责指导做好医疗废物、医疗污水收集、转运、处理、处置过程中的环境污染防治工作。(14)组织指导和协调全省生态环境宣传教育工作,制定并组织实施省生态环境保护宣传教育纲要,推动社会组织和公众参与生态环境保护。开展全省生态科技工作,组织生态环境重大科学研究和技术工程示范,推动生态环境技术管理体系建设。(15)开展生态环境对外合作交流,研究提出国际、省际生态环境合作中有关问题的建议,组织协调有关生态环境国际条约的省内履约工作,参与处理涉外生态环境事务。

二、发展改革等其他部门职责

生态环境保护是一项系统性工程,与此相对应的是,除生态环境主管部门外,发展改革、公安等其他部门亦须承担生态环境保护相应职责。因此,《条例》明确规定,"发展改革、公安、自然资源、住房城乡建设、交通运输、工业和信息化、水行政、农业农村、卫生健康、文化旅游、市场监督管理、林业草原、城市管理、行政审批、气象、海洋、邮政管理、海事管理机构等部门应当按照各自职责做好生态环境保护的相关工作"。依据《责任清单》的规定,省发展改革等其他部门生态环境保护职责如下。

省发展改革部门生态环境保护职责包括:(1)负责优化重大生产力布局,组织协调钢铁、煤炭行业去产能,淘汰火电落后产能,严控钢铁、水泥、平板玻璃、焦化等行业新增产能,统筹推进战略性新兴产业发展。(2)负责调整能源结构,推进天然气供储销体系建设,发展风能、太阳能、生物质能、地热能,有序发展水能等可再生能源,清洁高效发展火电,安全高效发展核电。(3)负责组织拟订和实施有利于资源节约与综合利用和生态环境保护的产业政策,组织落实产业结构调整指导目录。(4)负责组织实施能源消费总量和强度"双控行动",推进煤炭消费减量替代,组织实施煤炭清洁高效利用。保障天然气、电等清洁能源供应,配合有关部门推进冬季清洁取暖工作。(5)负责组织拟订循环经济、资源节约和综合利用规划、政策并协调实施，协调清洁生产促进工作。（6）负责深化资源环境价格改革，完善体现生态价值和环境损害成本的资源环境价格机制。组织落实差别电价、差别水价政策，健全城镇污水处理、垃圾处理等收费政策，推进农业水价综合改革。（7）负责推动构建市场导向的绿色技术创新体系，发展壮大节能环保产业。（8）负责提出健全生态保护补偿机制的政策措施。（9）负责审核、审批生态环保领域省级政府投资项目，提出投资计划安排意见，并协调实施。（10）按照职责分工，推广、规范政府和社会资本合作模式，引导社会资本参与生态环境治理。

省公安部门生态环境保护职责包括：（1）负责组织指导依法侦查涉嫌生态环境犯罪案件，依法查处涉嫌生态环境违法适用行政拘留处罚案件，以及阻碍生态环境领域依法执行职务的犯罪行为，严厉打击海关监管区外洋垃圾走私犯罪。（2）负责指导对无定期排放检验合格报告的机动车不予核发安全技术检验合格标志。（3）负责指导严格查处逾期未检验、排放检验不合格或达到报废标准的机动车上道路行驶的违法行为。（4）负责指导、监督道路交通组织优化工作，减少道路拥堵导致的机动车污染排放，会同交通运输等部门监督落实重型柴油车辆绕行限行等措施。（5）负责依法打击猎捕、交易、运输野生动物等犯罪行为。（6）负责配合交通运输等有关部门推进老旧机动车淘汰工作。协助生态环境部门强化对机动车污染进行监督管理，实现机动车环保信息与生态环境部门的信息共享。（7）负责加强危险化学品的公共安全管理，严格核发剧毒化学品道路运输通行证，加强对危险化学品运输车辆的道路交通安全管理。（8）负责放射源安全保卫和道路运输安全的监管。负责丢失和被盗放射源的立案、侦查和追缴。参与放射源的放射性污染事故应急工作。（9）负责制定实施重污染天气应急响应专项方案，组织落实烟花爆竹限放管控措施。（10）配合有关部门妥善处置因交通事故、火灾、爆炸和泄漏等各类事故引发的突发环境事件。

省自然资源部门生态环境保护职责包括：（1）负责自然资源调查监测评价、统一确权登记、开发利用和保护，指导节约集约利用，建立源头保护和全过程修复治理相结合的工作机制。（2）负责全民所有自然资源资产核算，编制全民所有自然资源资产负债表。（3）负责建立国土空间规划体系并监督实施。推进主体功能区战略和制度，组织编制并监督实施国土空间规划。组织划定生态保护红线、永久基本农田、城镇开发边界等控制线，构建节约资源和保护环境的生产、生活、生态空间布局。（4）负责牵头组织编制国土空间生态修复规划并实施有关生态修复重大工程。负责国土空间综合整治、土地整理复垦、矿山地质环境恢复治理、海洋生态、海域海岸线和海岛修复等工作。整治对责任主体灭失矿山迹地修复绿化，减少扬尘污染。牵头建立和实施生态保护补偿制度，制定合理利用社会资金进行生态修复的政策措施。（5）负责建立健全耕地保护、修复、治理和补偿机制。配合农业农村等部门开展耕地土地污染治理修复工作，配合财政等部门建立耕地保护补偿机制。（6）负责基于土壤污染状况合理确定土地用途。将建设用地土壤环境管理要求纳入城市规划和供地管理，严格用地准入。（7）负责海洋开发利用和保护的监督管理工作。负责海域使用和海岛保护利用管理，会同有关部门负责无居民海岛及周边海域生态系统保护与管理。（8）负责监督、指导矿产资源合理利用和保护。加强矿产资源开发的管理，严厉打击无证勘查、开采矿产资源违法行为。（9）负责加强地热资源的统一管理，推进地热资源的科学有序开发利用。

省住房城乡建设部门生态环境保护职责包括：（1）负责加强城镇生活污水收集处理工作，加快城镇污水集中处理设施配套管网建设，推进雨污分流。推进城镇污水处理厂污泥无害化处理处置。指导监督城市黑臭水体整治。（2）负责加强城镇生活垃圾处理设施建设和运行管理，会同有关部门开展城镇生活垃圾分类工作，推动城镇生活垃圾清扫、收集、运输、处置，推进城镇建筑垃圾和餐厨垃圾处置，会同生态环境部门开展非正规生活垃圾堆放点整治。指导开展海洋垃圾综合治理，建立"海上环卫"工作机制。（3）负责拟定城管执法的政策规定，指导全省城管执法工作，开展城管执法行为监督。与生态环境部门会同有关部门指导监督市县政府确定由城管负责的社会生活噪声污染、建筑施工噪声污染、建筑施工扬尘污染、餐饮服务业油烟污染、露天烧烤污染、城市焚烧沥青塑料垃圾等烟尘和恶臭污染、城市露天焚烧秸秆落叶等烟尘污染、燃放烟花爆竹污染等行政处罚工作。（4）负责加强绿色社区建设、城市节水、建筑节能和绿色建筑工作，发展装配式建筑。（5）负责推进清洁取暖工作。编制全省集中供热规划，加快热力管网建设，推进集中供热工程建设。会同省发展改革委、省财政厅等有关部门推进"气代煤""电代煤"，科学合理布局，科学设定目标进度和改造数量，确保群众安全取暖过冬，确保安全施工、安全使用、安全管理。（6）负责城市建筑施工扬尘污染及道路保洁扬尘污染防治。制订实施重污染天气城市扬尘污染控制方案，组织落实城市扬尘污染控制措施。在施工工地同步安装视频监控设备和扬尘污染物在线监测设备，分别与建设主管部门、生态环境主管部门的监控设备联网。配合有关部门开展非道路移动机械的大气污染防治工作。（7）负责会同卫生健康、生态环境等部门做好疫情期间城镇生活污水处理工作、城镇生活垃圾收集运输和处理工作。

省交通运输部门生态环境保护职责包括：（1）指导公路、水路、地方铁路行业生态环境保护和节能减排工作。（2）负责优化省内公路网建设，推广高速公路不停车快捷收费，提升公路通行效率，减少道路移动源污染排放（3）负责指导各市、雄安新区落实公交优先发展战略，优化城市公共交通运输体系，鼓励市民低碳绿色出行和道路营运车辆使用清洁能源。推动城乡绿色低碳交通运输体系建设和绿色廊道建设。（4）按职责指导推进国家和省规定的国三及以下排放标准营运柴油货车淘汰工作。（5）指导运输结构调整工作，牵头运输结构调整联席会议，与发展改革等部门共同推动大宗货物公路运输转铁路运输，提高铁路货运能力和比例。（6）指导监督地方港航管理部门开展港口污染防治有关工作，落实船舶大气污染排放控制区方案，推进港口岸电设施建设和船舶污染物接收设施建设。推动集疏港铁路水路运输，落实集港煤炭铁路运输政策，督促地方海事机构依法对机动运输船舶在城市市区内的噪声污染进行防治。（7）按职责负责指导危险化学品道路、水路运输许可以及道路运输工具的安全管理，指导地方港航管理部门落实危险化学品港口作业监管职责。指导船舶污染内河水域事故的应急管理。（8）负责高速公路、普通国省干线公路路界内污染防治监督管理，制订实施重污染天气专项行动方案，防治道路扬尘污染。（9）指导做好医疗废物、医疗污水运输保障工作。依法指导运输经营者禁止为非法野生动物交易提供运输服务。

省工业和信息化部门生态环境保护职责包括：（1）负责拟订并组织实施工业节能、节水和资源综合利用促进政策、规划、标准，参与拟订工业污染控制政策。（2）指导推进工业绿色制造工作，推动产业优化升级。（3）负责指导和督促化解过剩产能工作，严控高污染、高耗能行业产能。牵头推动水泥、平板玻璃、焦化等行业去产能，严格执行国家和省产能置换政策。（4）负责组织推广应用节能和新能源汽车。（5）负责指导、推进城镇人口密集区危险化学品企业搬迁改造。推进城市重点污染工业企业退城搬迁。（6）负责推动环保装备制造业发展。（7）负责会同生态环境部门指导、督促工业企业加强料堆场管理，防治料堆场扬尘污染。

省水行政部门生态环境保护职责包括：（1）负责组织编制并实施水资源保护规划，指导河湖生态补水，指导河湖生态流量水量管理。负责节约用水工作。（2）负责组织编制全省河湖保护和治理规划、重要河湖、岸线保护利用规划。指导重要河湖、水域及其岸线的管理保护。（3）负责组织编制水土保持规划并实施，负责水土流失综合治理、生产建设项目水土保持监督管理和水土流失动态监测。（4）指导地下水资源管理保护，组织协调地下水超采区综合治理。（5）负责查处河道非法采砂、侵占河道阻碍行洪的违法行为。配合有关部门编制水功能区划。（6）指导饮用水源保护工作，组织指导农村饮水安全工程建设与管理。（7）牵头推进河长制、湖长制落实，协助省级总河湖长、河（湖）长对各市、雄安新区和省直有关部门履行河长制湖长制相关职责进行指导、协调、监督和考核。

省农业农村部门生态环境保护职责包括：（1）牵头组织改善农村人居环境，对农户厕所的改造同步进行粪污处理。（2）负责农业植物新品种保护，牵头管理外来入侵物种，指导农业生物物种资源的保护和管理。（3）负责动物防疫以及动物有关的实验室及其实验活动的生物安全监督等工作。（4）负责耕地及永久基本农田质量保护。指导农产品产地环境管理，组织落实耕地土壤分类管理制度，会同有关部门对优先保护类、安全利用类和严格管控类耕地采取分类管理措施。（5）指导农产品产地环境管理和农业清洁生产，推进农药、化肥合理使用和农作物秸秆资源化利用、废弃农膜回收利用。会同生态环境部门组织开展农药包装废弃物回收处理。（6）负责指导生态循环农业、节水农业发展以及农村可再生能源综合开发利用、农业生物质产业发展。（7）负责禽畜粪污资源化利用和病死禽畜无害化处理。负责编制畜牧业发展规划，合理规划生猪定点屠宰企业布局，加强对生猪定点屠宰活动的监督管理。（8）负责水生生物资源养护管理，指导渔业水域生态环境及水生野生动植物保护。指导各地开展水产健康养殖。（9）推进农业机械报废更新工作，加快淘汰老旧农业机械。（10）会同生态环境、自然资源部门认定职责范围内的耕地、园地土壤污染责任人。按职责指导耕地土壤污染风险管控和治理修复。（11）负责协调涉渔工程建设对渔业资源影响评价及补偿工作。

省卫生健康部门生态环境保护职责包括：（1）负责指导和监督医疗废弃物在医疗机构内的分类、收集、运送、暂存、交接。指导和监督医疗机构污水收集处理和消毒。加强医用辐射设施设备管理，参与辐射污染事故应急工作，负责辐射污染事故的医疗应急。（2）负责与人体健康有关的实验室及其实验活动的生物安全监督管理。（3）负责饮用水卫生监督管理，开展饮用水水质监测、卫生学评价和标准研究。负责生活饮用水污染事故的卫生应急工作。（4）负责开展环境污染对人群健康影响研究和评价，在职责范围内推动环境与健康工作。开展环境与健康监测、调查及风险评估，做好与生态环境污染有关疾病的预防和控制。组织协调突发环境事件中的伤亡人员救治工作。（5）负责环境与健康宣传教育，普及科学健康和防护知识。

省文化旅游部门生态环境保护职责包括：（1）按职责推动旅游发展规划与生态保护红线相关规划、生态环境保护规划的衔接，科学合理利用旅游资源，防止环境污染和生态破坏。（2）按照职责指导做好各类旅游景区景点、旅游住宿业的生态环境保护和生态旅游基础设施建设。强化旅游经营者生态环境保护意识。（3）负责推动生态环境保护文化产业发展，推进生态环境保护文化建设。（4）指导督促营业性文化娱乐场所落实生态环境保护措施。

省市场监督管理部门生态环境保护职责包括：（1）负责打击生产质量不合格洁净型煤、销售质量不合格煤炭，打击生产、销售不合格油品、润滑油添加剂、车用尿素和假冒铅蓄电池等行为。（2）负责检验检测机构资质认定，完善相关管理制度。（3）指导各有关部门健全节能、低碳、节水、节地、节材、节矿标准体系，推动制定化肥农药、燃煤、生物质燃料、涂料等含挥发性有机物的产品、烟花爆竹以及锅炉等产品的质量标准。组织制定生态环保类地方标准。（4）负责开展高耗能特种设备节能审查和监管，对锅炉生产、进口、销售环节执行环境保护标准或要求的情况进行监督检查。（5）负责依法打击商品交易市场、网络交易平台为野生动物交易提供交易服务以及发布违法广告的行为。（6）指导各级企业登记机关对因违反环境保护法律、法规被吊销环境许可证的市场主体，依法办理经营范围变更登记。（7）按照相关部门提供的情况，将相关企业涉及生态环境保护的行政许可、行政处罚信息，依法通过国家企业信用信息公示系统（河北）向社会公布。（8）指导药品流通领域企业规范处置过期失效药品。

省林业草原部门生态环境保护职责包括：（1）负责林业和草原及其生态保护修复的监督管理。（2）组织林业和草原生态保护修复和造林绿化工作。（3）负责森林、草原、湿地资源的监督管理。（4）负责荒漠化防治工作的监督管理。（5）负责陆生野生动植物资源的监督管理。负责对非食用性利用陆生野生动物活动实行严格审批，指导监督陆生野生动物猎捕、人工繁育和经营利用。（6）负责各类自然保护地的监督管理。（7）负责推进林业和草原改革相关工作。（8）负责组织实施林业和草原生态补偿工作。（9）负责组织开展对涉及森林、草原、湿地、陆生野生动植物，以及所管理的国家公园、自然保护区、森林公园、地质遗迹、地质公园等生态环境损害赔偿有关工作。

省气象部门生态环境保护职责包括：（1）负责生态环境气象条件探测观测、预报、分析，做好突发生态环境事件气象服务保障工作。（2）配合建立重污染天气预测预警体系。与生态环境部门建立重污染天气会商机制，联合开展空气质量预报和空气污染天气预警。（3）负责调查研究典型重大气象灾害对生态环境的影响，指导和推进气象灾害防治。（4）负责气象防灾减灾体系建设，组织开展人工影响天气作业等应急措施。

省海事管理机构生态环境保护职责包括：（1）负责所辖港区水域内非军事船舶和港区水域外非渔业、非军事船舶污染海洋环境的监督管理，承担污染事故的调查处理和应急处置工作。（2）负责对在管辖海域航行、停泊和作业的外国籍船舶造成的污染事故登轮检查处理。（3）负责组织开展防治船舶及其有关作业活动污染监督管理。加强船舶使用燃油达标监管。组织实施重大海上溢油应急处置。负责危险化学品运输船舶的安全管理。

省邮政管理部门生态环境保护职责包括：（1）负责组织和推动快递行业使用符合标准的包装物，推进快递包装减量化，促进快递包装废弃物回收和综合利用。（2）负责监督邮政业，禁止为野生动物非法交易提供寄递服务。

> **第六条** 一切单位和个人都有保护生态环境的义务。
>
> 企业事业单位和其他生产经营者应当防止、减少环境污染和生态破坏，对所造成的损害依法承担责任。
>
> 公民应当增强生态环境保护意识，践行绿色消费理念，采取低碳、节俭的生活方式，自觉履行生态环境保护义务。

【条文主旨】

本条文是关于生态环境全社会保护的规定。

【条文释义】

生态环境是人类赖以生存的物质基础，必须通过全社会的共同努力，才能保护好我们美丽的家园。2014 年 4 月 24 日，第十二届全国人民代表大会常务委员会第八次会议通过了新修订的环境保护法，此次修法的亮点之一，就是人人参与环保理念得以全面体现，如环境保护法第六条第一款明确规定，"一切单位和个人都有保护环境的义务。"2017 年 10 月 18 日，习近平总书记在党的十九大报告中明确指出，要"构建政府为主导、企业为主体、社会组织和公众共同参与的环境治理体系。"[1]《条

---

〔1〕《习近平：决胜全面建成小康社会 夺取新时代中国特色社会主义伟大胜利——在中国共产党第十九次全国代表大会上的报告》，共产党员网，http：//www.12371.cn/2017/10/27/AR-TI1509103656574313.shtml，最后访问时间：2020 年 8 月 31 日。

例》修订因循了环境保护法的做法、落实了党的十九大报告关于生态环境治理的要求，其不仅明确规定，"一切单位和个人都有保护生态环境的义务"，而且对企业事业单位和其他生产经营者、公民的生态环境保护义务进行了具体规定。

依据本条文规定，企业事业单位和其他生产经营者生态环境保护义务主要体现为"防止、减少环境污染和生态破坏，对所造成的损害依法承担责任"。企业事业单位和其他生产经营者是生态环境保护、污染（公害）防治的责任主体，实现生态环境的切实保护、污染（公害）的有效防治需要上述主体的积极行动和全力配合。依据本条文规定，企业事业单位和其他生产经营者首先应当"防止、减少环境污染和生态破坏"，具体举措包括：健全生态环境保护管理制度，落实岗位责任制；如实向社会公开环境信息，自觉接受生态环境主管部门和其他职能部门的依法监督管理；自觉履行社会责任、接受社会监督；加强清洁生产管理，采取有效措施，防止和减少环境污染；按照生态环境保护要求，加强内部管理，增加资金投入，采用先进的生产工艺和治理技术，确保污染物依法依规排放，尽可能减少对生态环境的破坏。此外，依据本条文规定，企业事业单位和其他生产经营者还应当"对所造成的损害依法承担责任"，包括民事、行政和刑事责任等。

保护环境，人人有责，也应人人尽责。生态环境保护和每个人的生活密切相关，生活性污染是环境污染的重要来源。每个人都是优美生态环境的享有者，也是生态文明的建设者和参与者。全民参与是推进国家生态环境治理体系和治理能力现代化的重要组成部分。只有广大民众切实履行应尽的环境责任，才能实现美丽中国的美好愿景。依据本条文规定，公民生态环境保护义务主要体现为"增强生态环境保护意识，践行绿色消费理念，采取低碳、节俭的生活方式，自觉履行生态环境保护义务"。据此，全社会应大力培育生态文化和生态道德，积极开展多种形式的宣传教育，普及生态环境保护科学知识，倡导文明、节约、绿色的消费方式和生活习惯，引导人们正确树立环境责任意识，自觉践行节俭适度、绿色低碳的生活方式，推动公众从自身做起、从点滴做起、从身边的小事做起，使保护生态环境成为一种生活时尚，充分发挥人民群众的积极性、主动性、创造性，凝聚民心、集中民智、汇集民力，实现生活方式的"绿化"。

> **第七条** 各级人民政府应当加大保护和改善生态环境、防治污染和其他公害的财政投入，提高财政资金的使用效益。
>
> 推进绿色金融发展，鼓励和引导社会资本参与生态环境保护，建立健全多元化生态环境保护投资融资机制，推行有利于生态环境保护的经济、技术政策和措施。

【条文主旨】

本条文是关于生态环境保护资金保障的规定。

【条文释义】

一、生态环境保护的财政保障

理论与实践均证明，财政资金支持对于生态环境的保护、污染（公害）的防治十分必要，尤其是生态修复、生态治理更有赖于财政资金的必要支持。2019 年度在河北省生态环境治理领域，财政投入逾百亿元，主要体现在以下 3 个方面：（1）支持打好蓝天保卫战。争取中央大气污染防治资金 67.5 亿元，占全国总规模的 27%，连续 7 年位列第一。继前两批 9 个城市成功申报国家冬季清洁取暖试点后，2019 年又争取将定州、辛集 2 市纳入试点。省级统筹资金 95 亿元，重点用于冬季清洁取暖等，$PM_{2.5}$ 平均浓度下降 5.8%，全省大气质量持续改善。（2）支持开展水环境治理保护。统筹中央水污染防治资金 8 亿元，优先支持水环境质量改善工程项目实施。投入省以上资金 7.3 亿元，支持开展中小河流治理 360 公里。统筹省以上资金 54 亿元，开展地下水超采综合治理，压减地下水超采量 7.3 亿立方米。（3）支持加强生态治理修复。积极推进山水林田湖生态保护修复试点工作。统筹省以上资金 6.76 亿元，支持全省废弃露天矿山环境修复治理。筹集省以上资金 28.1 亿元，支持营造林 1026 万亩。同时，争取中央资金

2.9亿元，开展重点行业企业用地调查，推动历史遗留污染场地治理修复。[1] 但是，不容回避的是，在财政资金支持方面还存在不足，突出体现为财政资金支持稳定性不够且力度尚须加强。由此可见，"各级人民政府应当加大保护和改善生态环境、防治污染和其他公害的财政投入，提高财政资金的使用效益"这一规定意义重大：第一，《条例》以法律形式明确了政府在保护和改善生态环境、防治污染和其他公害方面加大财政投入的法定职责，提高了财政资金支持的稳定性；第二，《条例》将财政资金投入的责任主体明确为各级人民政府，强化了政府的法定职责；第三，《条例》明确规定，应当加大财政投入，有助于确保生态环境保护、污染（公害）的防治方面财政资金投入的稳定持续增长；第四，《条例》明确规定，应当"提高财政资金的使用效益"，有助于充分发挥财政资金对生态环境保护、污染（公害）的支持作用。

二、生态环境保护的社会融资

除明确并强化政府财政资金投入的法定职责外，《条例》还规定，应当"推进绿色金融发展，鼓励和引导社会资本参与生态环境保护，建立健全多元化生态环境保护投资融资机制，推行有利于生态环境保护的经济、技术政策和措施。"这一规定十分重要。其原因在于，财政资金投入具有稳定、高效等优势，但同时存在规模受限等局限，尤其是对处于经济发展落后地区的基层政府而言，更是如此。对于落后地区的基层政府，虽《条例》明确规定政府承担生态环境保护财政资金投入的法定职责，但受地方政府财政实力所限，往往无法全面履行这一职责，进而影响生态环境保护工作的推进。与财政资金存在显著不同的是，社会资本规模庞大、实力雄厚，其如果能够顺利进入生态环境保护领域，必能极大地弥补财政投入资金不足的问题。不过需要予以清楚认识的是，社会资本有其特殊性，且往往以经济效益为重要考量因素，因此，必须通过政策创新、机制改革等努力以鼓励和引导社会资本进入生态环境保护领域。从一定意义上讲，社会资本对生态环境保护的参与度将直接决定生态环境保护的前景和水平。从

---

〔1〕《河北财政2019年工作概况》，河北财政信息网（河北省财政厅官网），http://czt.hebei. gov. cn/root17/zfxx/202005/t20200529_ 1230314. html，最后访问时间：2020年8月31日。

实际情况来看，县级以上人民政府应当据此制定相应的具体办法以"鼓励和引导社会资本参与生态环境保护"。依据本条文规定，加大生态环境保护社会融资的关键环节在于推进绿色金融。一般认为，所谓绿色金融，是指为生态环境改善、气候变化应对和资源节约高效利用提供金融服务和支持的一种特殊金融形式，主要表现为对生态环境保护项目投融资、项目运营、风险管理提供金融服务。绿色金融的重要使命在于促进生态环境保护、污染（公害）防治，运行机理在于引导资源从高污染、高能耗产业流向理念、技术先进的部门。与传统金融相比，绿色金融最突出的特点就是，它更强调人类社会的生存环境利益，它将对环境保护和对资源的有效利用程度作为计量其活动成效的标准之一，通过自身活动引导各经济主体注重自然生态平衡。它讲求金融活动与环境保护、生态平衡的协调发展，最终实现经济社会的可持续发展。依据本条文规定，加大生态环境保护社会融资的基本要求就是要"鼓励和引导社会资本参与生态环境保护"，以推动"建立健全多元化生态环境保护投资融资机制"。

> **第八条** 县级以上人民政府及其有关部门应当推进绿色技术创新，支持生态环境保护科学技术研究、开发和应用，鼓励和支持生态环境保护产业发展，促进生态环境保护信息化建设，提高生态环境保护科学技术水平。

【条文主旨】

本条文是关于生态环境保护科技创新的规定。

【条文释义】

"科技是国之利器，国家赖之以强，企业赖之以赢，人民生活赖之以好。"[1] 党的十八大提出实施创新驱动发展战略，强调科技创新是提高社会生产力和综合国力的战略支撑，必须摆在国家发展全局的核心位置。

---

[1] 《"平语"近人——习近平谈科技创新》，新华网，http：//www. xinhuanet. com//politics/2016 - 06/03/c_ 129039031. htm？38313/index. html，最后访问时间：2020 年 8 月 31 日。

2013 年 3 月 5 日，习近平总书记在参加十二届全国人大一次会议上海代表团审议时指出，"要突破自身发展瓶颈、解决深层次矛盾和问题，根本出路就在于创新，关键要靠科技力量。"[1]科技是国家强盛之基，创新是民族进步之魂。科技创新是核心，抓住了科技创新就抓住了牵动我国发展全局的"牛鼻子"。[2] 2020 年 9 月 11 日，习近平总书记在科学家座谈会上的讲话中指出，当今世界正经历百年未有之大变局，我国发展面临的国内外环境发生深刻复杂变化，我国"十四五"时期以及更长时期的发展对加快科技创新提出了更为迫切的要求，加快科技创新是推动高质量发展的需要、是实现人民高品质生活的需要、是构建新发展格局的需要、是顺利开启全面建设社会主义现代化国家新征程的需要。现在，我国经济社会发展和民生改善比过去任何时候都更加需要科学技术解决方案，都更加需要增强创新这个第一动力。[3]

科学技术是第一生产力，生态环境保护事业的发展亦离不开科学技术进步的重要支撑。当前，生态环境保护工作面临"攻坚期、关键期、窗口期"三期叠加的形势。总体上我国生态环境质量持续好转，出现了稳中向好趋势，但成效并不稳固。生态环境问题呈现复杂化、多样化，出现点面复合、多源共存、多型叠加的难控局面。生态环境形势的复杂性和艰巨性需要新的理论、方法、技术作为指导和支撑，也需要创新管理体制机制，提升生态环境治理的能力、效率和水平，同时要用最小的经济代价实现最大的治理效果。在污染防治攻坚战，部分地方政府处于"有想法、没办法"的困局，迫切需要环境科技支撑，解决环境治理技术、设备、材料等关键问题，促进创新成果转化支撑管理服务，实现科学治污、精准治污。鉴于此，我们必须大力开展科技创新，以生态环境质量改善为目标做好科

---

〔1〕《习近平谈科技创新：抓科技创新就抓住了发展全局的"牛鼻子"》，中国网，http://guo-qing.china.com.cn/2019zgxg/2019-08/14/content_75098326.html，最后访问时间：2020 年 8 月 31 日。

〔2〕《科技强国，创新很重要！习近平这十句话振奋人心！》，中国网，http://guoqing.china.com.cn/xijinping/2018-05/30/content_51531836.htm，最后访问时间：2020 年 8 月 31 日。

〔3〕《习近平：在科学家座谈会上的讲话》，人民网，http://cpc.people.com.cn/n1/2020/0911/c64094-31858756.html，最后访问时间：2020 年 9 月 12 日。

技支撑。[1] 依据本条文规定，强化生态环境保护科技创新的责任主体在于县级以上人民政府及其有关部门，而核心要义为：一是支持生态环境保护科学技术研究、开发和应用；二是鼓励和支持生态环境保护产业发展；三是促进生态环境保护信息化建设；四是提高生态环境保护科学技术水平。

第九条　各级人民政府和有关部门应当加强生态环境保护宣传和普及工作，鼓励基层群众性自治组织、社会组织、生态环境保护志愿者开展生态环境保护法律法规和生态环境保护知识的宣传，营造保护生态环境的良好风气。

教育行政部门和学校应当将生态环境保护知识纳入学校教育内容，培养学生的生态环境保护意识。

干部教育培训机构应当将生态环境保护法律法规和生态环境保护知识作为干部教育培训的重要内容，提高国家工作人员生态环境保护意识。

报刊、电视、广播、网络等媒体应当开展生态环境保护法律法规和生态环境保护知识的宣传，褒扬生态环境保护先进典型，并对环境违法行为进行舆论监督。

【条文主旨】

本条文是关于生态环境保护宣传教育机制的规定。

【条文释义】

理论与实践均证明，生态环境保护是一项系统性工程，需要走社会共治的道路。但是，从目前来看，无论是企业还是民众，甚至是部分地方政府，其生态环境保护意识还有待强化，而生态环境保护知识也远未普及。由此决定，针对生态环境保护的宣传工作仍然十分必要，生态环境保护的宣传力度还有待加强。生态环境保护宣传工作不力所造成的负面效应十分

---

[1] 李海生：《生态环境保护要依靠科技创新》，新华网，http：//www. xinhuanet. com/energy/2019 - 09/16/c_ 1124999073. htm，最后访问时间：2020 年 8 月 31 日。

显著：于部分企业而言，生态环境保护意识的滞后导致其对生态环境保护投入不足，环境污染防治效果不好；于部分民众而言，生态环境保护知识的欠缺导致其无法有效参与生态环境保护工作，不仅无法为生态环境保护作出应有贡献，甚至会给生态环境保护造成不利后果。

依据本条文规定，"各级人民政府和有关部门"是生态环境保护宣传教育的"第一责任人"，其"应当加强生态环境保护宣传和普及工作"。此外，"基层群众性自治组织、社会组织、生态环境保护志愿者"亦是生态环境保护宣传教育的"责任人"，其亦应"开展生态环境保护法律法规和生态环境保护知识的宣传"，以"营造保护生态环境的良好风气"。但需要予以说明的是，较之于"各级人民政府和有关部门"而言，"基层群众性自治组织、社会组织、生态环境保护志愿者"宣传教育责任的"柔性"更为突出，因此，《条例》将其定位于"鼓励"，即"鼓励基层群众性自治组织、社会组织、生态环境保护志愿者开展生态环境保护法律法规和生态环境保护知识的宣传"。

在对"各级人民政府和有关部门"和"基层群众性自治组织、社会组织、生态环境保护志愿者"之生态环境保护宣传教育法定职责予以明确规定的基础上，本条文还对特定主体的宣传教育职责进行了专门规定，主要体现在以下方面：（1）教育行政部门和学校的宣传教育职责。依据本条文规定，"教育行政部门和学校应当将生态环境保护知识纳入学校教育内容，培养学生的生态环境保护意识"。（2）干部教育培训机构的宣传教育职责。依据本条文规定，"干部教育培训机构应当将生态环境保护法律法规和生态环境保护知识作为干部教育培训的重要内容，提高国家工作人员生态环境保护意识。"（3）媒体的宣传教育职责。依据本条文规定，"报刊、电视、广播、网络等媒体应当开展生态环境保护法律法规和生态环境保护知识的宣传，褒扬生态环境保护先进典型，并对环境违法行为进行舆论监督。"之所以对上述主体的宣传教育职责予以专门规定，一是考虑到教育行政部门、学校和干部教育培训机构所面临的对象（学生、干部）较为特殊，对生态环境保护工作的顺利推进具有十分重要的作用；二是考虑到报刊、电视、广播、网络等媒体在宣传教育方面的独特地位和突出作用，对生态环境保护宣传教育的社会影响巨大、深远。

第十条　各级人民政府应当对在保护和改善生态环境中作出显著成绩的单位和个人，依法给予奖励。

【条文主旨】

本条文是关于生态环境保护奖励机制的规定。

【条文释义】

一般认为，作为正向激励措施，奖励能够通过焕发特定对象的荣誉感和进取心以充分调动其积极性、最大限度挖掘其潜在能力。奖励机制的作用突出，因此在管理活动中应用较多。对于推动生态环境保护、污染（公害）防治而言，奖励机制亦十分必要。唯有给予相应奖励，才能有效激发相关主体参与生态环境保护的热情，才能切实增强污染（公害）防治的原动力，才能充分调动相关主体积极投身于生态环境治理工作之中，进而实现生态环境质量的不断改善。正是基于这方面的考虑，《条例》第十条确立了生态环境保护奖励机制，明确规定，"各级人民政府应当对在保护和改善生态环境中作出显著成绩的单位和个人，依法给予奖励。"从该规定来看，生态环境保护奖励的主体为"各级人民政府"，奖励的对象为任何符合规定的"单位和个人"，奖励的条件为"在保护和改善生态环境中作出显著成绩"，奖励的依据为"依法给予"。需要解释的是，本条文对生态环境保护奖励机制的规定虽稍显概括，但也意味着其灵活性更高，进而更有利于该机制在具体工作中的更好适用。

第二章　监督管理

【本章导读】

完善有效的监督管理制度对于保障政府依法履行生态环境保护职责，推进生态文明建设具有重要意义。本章结合河北省生态环境保护的工作实际，构建包含规划、监测、综合执法等在内的监管管理制度。本章共由十二个法律条文组成，分别对生态环境保护规划、环境质量标准和污染物排放标准、环境影响评价制度、生态环境监测、生态环境保护综合行政执法、监督检查、生态环境信用管理制度、督察机制、约谈制度、挂牌督办制度、责任清单、目标考核评价制度、离职审计和责任终身追究制度、向人大及常委会报告制度进行了规定。

> 第十一条　县级以上人民政府应当将生态环境保护工作纳入国民经济和社会发展规划。
>
> 生态环境主管部门应当会同有关部门，根据国家生态环境保护规划的要求，编制本行政区域的生态环境保护规划，报同级人民政府批准后公布实施。因保护和改善生态环境确需修改或者调整生态环境保护规划的，应当按照法定程序报批。修改或者调整的内容不得降低上级人民政府批准的生态环境保护规划的要求。
>
> 生态环境保护规划的内容应当包括生态保护和污染防治的目标、任务、保障措施等，并与国土空间规划相衔接。

【条文主旨】

本条文是关于生态环境保护规划的规定。

【条文释义】

生态环境保护工作不能仅着眼于当前，应当从源头抓起，规划先行。制订科学完备、具有前瞻性的生态环境保护规划，可以有效引领生态环境保护工作。生态环境保护规划作为环境监督管理的重要内容，是各级生态环境保护部门开展工作的前提、依据和行动指南，为生态环境保护工作提供了遵循和方向。

一、将生态环境保护工作纳入国民经济和社会发展规划

在我国，国民经济和社会发展规划具有重要地位和作用，是全国或者某一地区经济、社会发展的总体纲要和具有战略意义的指导性文件，用以统筹安排和指导全国或某一地区的社会、经济、文化建设工作。就其内容而言，国民经济和社会发展规划旨在确定一定时期内国民经济和社会发展的重大事项以及需要配套实施的具体政策，反映国家和地方的发展战略部署，明确政府在一定时期内的工作重点，是特定时期内经济社会发展的宏伟蓝图，集中体现全国各族人民的共同愿景。国民经济和社会发展规划具有宏观性、前瞻性和导向性，是政府履行职责的重要依据、市场主体的行为导向[1]。

将生态环境保护工作纳入国民经济和社会发展规划具有重要意义。一是有利于从宏观层面推动环境保护工作。将生态环境保护工作纳入国民经济和社会发展规划，凸显该项工作的重要地位，有效回应日益严峻的生态环境保护现状，有利于国家从全局和整体的高度，高屋建瓴地统筹谋划和积极推进该项工作。二是将其纳入国民经济和社会发展规划能够实现规划的完整性和系统性。生态环境保护事关生态文明建设，将其纳入国民经济和社会发展规划，能够确保规划内容的完整性。

我国高度重视生态环境保护工作，在制订国民经济和社会发展规划时将其作为重要内容予以规定。2016年实施的《中华人民共和国国民经济和社会发展第十三个五年规划纲要》设加快改善生态环境专篇。该规划以"加快建设主体功能区""推进资源节约集约利用""加大环境综合治理力度"

---

[1]　参见《中华人民共和国国民经济和社会发展第十四个五年规划和2035年远景目标纲要》。

"加强生态保护修复""积极应对全球气候变化""健全生态安全保障机制""发展绿色环保产业"7个专章的篇幅，对改善生态环境作了部署，提出"以提高环境质量为核心，以解决生态环境领域突出问题为重点，加大生态环境保护力度，提高资源利用效率，为人民提供更多优质生态产品，协同推进人民富裕、国家富强、中国美丽"的工作目标。"十三五"规划针对上述工作目标，提出一系列具有执行性和可操作性的制度。如建立国家空间规划体系，以主体功能区规划为基础统筹各类空间性规划，推进"多规合一"；切实落实地方政府环境责任，开展环保督察，建立环境质量目标责任制和评价考核机制；实行省以下环保机构监测监察执法垂直管理制度，推行全流域、跨区域联防联控和协同治理模式。《中华人民共和国国民经济和社会发展第十四个五年规划和2035年远景目标纲要》设"提升生态系统质量和稳定性"和"持续改善环境质量"专章，对生态环境保护提出了更加明确具体的要求，有利于构建生态文明体系，对推进生态环境保护意义重大。

二、生态环境保护规划的编制和修改

（一）生态环境保护规划的编制

本条规定生态环境主管部门应当会同有关部门，根据国家生态环境保护规划的要求，编制本行政区域的生态环境保护规划，报同级人民政府批准后公布实施。

1. 生态环境保护规划的编制主体。生态环境部作为国务院组成部门，具有会同有关部门拟订国家生态环境保护规划并组织实施的职责。各级生态环境主管部门应当会同有关部门编制本行政区域的生态环境保护规划。生态环境主管部门负有编制规划的职责，但是仅凭生态环境保护部门的力量，无法单独完成编制规划的任务，需要各部门通力合作。为此，生态环境主管部门应当会同农业农村、自然资源、住房城乡建设、水利、卫生健康、林业草原等部门共同编制规划。

2. 生态环境保护规划编制的具体要求。国家生态环境保护规划已经为地方生态环境保护规划提供了依据和框架，明确了规划的重点内容。编制本行政区域的生态环境保护规划应当结合本行政区域生态环境保护的实际，全面贯彻落实国家生态环境保护规划的要求，将国家生态环境保护规划的内容予以细化，在此基础上突出本区域规划重点和特色，增强可操作性和可执行性。此外，编制生态环境保护规划应当坚持绿色发展理念，将经济社会发展与生态文明建设统筹规划。

3. 生态环境保护规划的编制程序。鉴于生态环境保护规划的重要性，编制生态环境保护规划应当遵循法定程序。本行政区域的生态环境保护规划报同级人民政府批准后公布实施；报同级人民政府批准是规划对外公布实施、产生效力的必经程序；未经同级人民政府批准，生态环境保护规划不得公布实施。

（二）生态环境保护规划的修改程序和要求

修改或者调整生态环境保护规划需要遵循严格的前提条件。只有因保护和改善生态环境的需要这一理由才可修改或者调整规划。该规定旨在防止政府和有关部门出于经济建设等考虑随意变更或者调整规划。

因保护和改善生态环境确需修改或者调整生态环境保护规划的，应当按照法定程序报批。规划一经作出，即具有了法定效力，非经法定程序不得变更和修改。不仅规划的编制需要遵循法定程序，规划的修改或者调整系对规划的变更，同样需要遵循法定程序，这是由规划的法定性和刚性所决定的。

修改或者调整的内容不得降低上级人民政府批准的生态环境保护规划的要求。下级人民政府修改或者调整规划时，可以根据本行政区域环境保护工作的实际，制订比上级人民政府的生态环境保护规划更为严格的规划，但是不得以修改或者调整规划为由，降低上级人民政府确定的生态环境保护规划要求。

三、生态环境保护规划的内容

（一）生态环境保护规划的内容一般包括生态保护和污染防治的目标、任务、保障措施等

1. 生态环境保护规划首先要确定生态保护和污染防治的目标，为本行政区域内一定时期内的环境保护工作指明方向。"十四五"规划明确规定推动绿色发展，促进人与自然和谐共生的目标。坚持绿水青山就是金山银山理念，坚持尊重自然、顺应自然、保护自然，坚持节约优先、保护优

先、自然恢复为主，实施可持续发展战略，完善生态文明领域统筹协调机制，构建生态文明体系，推动经济社会发展全面绿色转型，建设美丽中国。

2. 生态环境保护规划需要确定生态保护和污染防治的任务。为了实现目标，需要明确规定更为细化和具体的任务。"十四五"规划明确指出，深入开展污染防治行动，坚持源头防治、综合施策，强化多污染物协同控制和区域协同治理。

3. 生态环境保护规划需要确定生态保护和污染防治的保障措施。规划能否实现在一定程度上取决于保障措施是否完善，一般而言，保障措施包括法治保障、责任体系、环境经济政策等。生态环境保护规划的落实离不开法治保障措施。严格环境执法监管、健全完善网格化的环境监管体制、加强联合执法、建立执法联动长效机制等措施可以为落实生态环境保护规划提供法治保障。生态环境保护规划的落实需要创新一系列环境经济政策，这对生态环境保护具有刺激和激励作用。

（二）生态环境保护规划应当与国土空间规划相衔接

中共中央、国务院专门出台《中共中央　国务院关于建立国土空间规划体系并监督实施的若干意见》，用以指导和规范国土空间规划编制工作，提高编制的针对性、科学性和可操作性。生态环境保护规划与国土空间规划密不可分，应将二者相衔接。

国土空间规划是国家空间发展的指南、可持续发展的空间蓝图，是各类开发保护建设活动的基本依据。"十三五"规划提出，建立国家空间规划体系，以主体功能区规划为基础统筹各类空间性规划，推进多规合一。"十四五"规划指出，强化国土空间规划和用途管控，划定落实生态保护红线、永久基本农田、城镇开发边界以及各类海域保护线。将国土空间作为空间规划的基础和逻辑起点，具有科学性和合理性。各级各类空间规划在支撑城镇化快速发展、促进国土空间合理利用和有效保护方面发挥了积极作用，但也存在规划类型过多、内容重叠冲突，审批流程复杂、周期过长，地方规划朝令夕改等问题。建立全国统一、责权清晰、科学高效的国土空间规划体系，整体谋划新时代国土空间开发保护格局，综合考虑人口分布、经济布局、国土利用、生态环境保护等因素，科学布局生产空间、生活空间、生态空间，是加快形成绿色生产方式和生活方式、推进生态文明建设、建设美丽中国的关键举措，是坚持以人民为中心、实现高质量发展和高品质生活、建设美好家园的重要手段，是保障国家战略有效实施、促进国家治理体系和治理能力现代化、实现"两个一百年"奋斗目标和中华民族伟大复兴中国梦的必然要求[1]。

> **第十二条** 省人民政府对国家环境质量标准和国家污染物排放标准中未作规定的项目，可以制定本省地方标准；对国家环境质量标准和国家污染物排放标准中已作规定的项目，可以制定严于国家标准的地方标准。本省环境质量标准和污染物排放标准应当报国务院生态环境主管部门备案。

【条文主旨】

本条文是关于地方环境质量标准和污染物排放标准的规定。

【条文释义】

环境质量标准和污染物排放标准作为技术标准，在生态环境治理中处于基础性地位。环境质量标准是衡量环境是否受到污染的重要尺度，也是制定污染物排放标准的重要依据。污染物排放标准是决定排污单位排放污染物重要标尺。我国幅员辽阔，各地经济发展水平差异较大，环境污染的状况、类别也相应存在较大的地区差异，加之环境污染具有地域性特点，故河北省可以结合本省污染现状、地理特点、经济发展水平、环境治理目标、技术条件、产业结构等因素，科学合理设定地方环境质量标准和污染物排放标准。具体内容如下。

一、国家未作规定的，可以制定本省地方标准

（一）制定地方环境质量标准

本条规定，省人民政府对国家环境质量标准中未作规定的项目，可以

---

[1]《中共中央 国务院关于建立国土空间规划体系并监督实施的若干意见》，北大法宝网，https：//www. pkulaw. cn，最后访问时间：2020 年 9 月 1 日。

制定本省地方标准。

环境质量标准，是指国家为了保护生态环境，在一定时间和空间范围内，对环境中各种污染物（有害物质）的容许含量（浓度）所作的规定。环境质量标准随着环境问题的日益严峻应运而生，各国纷纷颁布环境质量标准以应对环境污染。环境质量标准作为评价环境质量的标杆，是制定污染物排放标准的依据，也是执法部门实施环境管理的重要依据。环境质量标准充分体现和反映出政府有关环境保护的政策和要求。环境质量标准依据不同的环境要素可以分为水环境质量标准、大气环境质量标准、土壤环境质量标准等类别；依据不同的行政区域，可以分为国家环境质量标准和地方环境质量标准。各地对环境质量要求和目标不尽相同，为了更好地解决本行政区域的环境问题，如果没有国家标准，河北省可以结合本省实际科学合理设定地方环境质量标准。

（二）制定污染物排放标准

本条规定，省人民政府对国家污染物排放标准中未作规定的项目，可以制定本省地方标准。

污染物排放标准是国家对人为污染源排入环境的污染物的浓度或总量所作的限量规定，是实现环境质量标准的重要保障，旨在通过控制污染物排放量来控制污染源，实现环境治理目标。不同种类和形态的污染物需要制定不同的污染物排放标准。如大气污染物排放标准是为了控制污染物的排放量，使空气质量达到环境质量标准，对排入大气中的污染物数量或浓度所规定的限制标准。如果国家对该项污染物排放尚未作出规定，河北省人民政府可以根据本省生态环境治理的实际需求，制定符合本省的地方标准。

此外，需要注意，地方环境质量标准和污染物排放标准中的污染物监测方法，应当采用国家环境保护标准。国家环境保护标准中尚无适用于地方环境质量标准和污染物排放标准中某种污染物的监测方法时，应当通过实验和验证，选择适用的监测方法，并将该监测方法列入地方环境质量标准或者污染物排放标准的附录。适用于该污染物监测的国家环境保护标准发布、实施后，应当按新发布的国家环境保护标准的规定实施监测。

二、国家已作规定的，可以制定更严格的地方标准

本条规定，对国家环境质量标准和国家污染物排放标准中已作规定的项目，可以制定严于国家标准的地方标准。换言之，河北省人民政府可以在既有国家环境质量标准和国家污染物排放标准的基础上，结合本省环境保护工作实际需要，设定更为严格的标准。"严于国家标准"指对于同类行业污染源或者同类产品污染源，采用相同监测方法，地方污染物排放标准规定的污染物项目限值、控制要求，在其有效期内严于相应时期的国家污染物排放标准[1]。如前所述，由于各省的经济发展水平、产业结构与布局、环境自净能力等因素各异，执行国家质量环境标准和国家污染物排放标准未必能够满足本省环境治理和污染防治工作的需求。因此，各省可以因地制宜地制定地方环境质量标准和污染物排放标准。

实践中，河北省按照河北省地方标准制订计划编制《水泥工业大气污染物超低排放标准》《平板玻璃工业大气污染物超低排放标准》《锅炉大气污染物排放标准》等地方标准，为科学治污、精准治污、依法治污提供了新支撑，为持续改善大气环境质量增添了新保障[2]。这些地方标准对于进一步减少污染物排放量，提高企业污染治理水平具有重要作用。

制定地方标准时应当坚持以下原则：一是目标导向。制定地方标准应当对标先进省市，积极学习借鉴先进省市的经验，推动产业结构优化调整和污染防治技术的进步。二是差异化分类管理。以上述标准为例，河北省针对不同类型的燃料确定不同的大气污染排放限值；遵循差异化分类管理制定地方标准，实际上体现出科学性特点。三是可行性和可操作性。制定地方标准时需要立足河北省实际，针对标准的可行性进行调研和论证。可行性包括技术上的可行性和经济上的合理性，科学技术水平是制定地方标准的技术保障，经济条件是制定并实施地方标准的经济基础。因此，制定地方标准时需要统筹分析技术、环境效益和经济成本等因素，确保地方标准的可行性和可操作性。

---

[1] 信春鹰主编：《中华人民共和国环境保护法释义》，法律出版社 2014 年版，第 58 页。

[2] 《河北制定三项大气污染物排放地方标准》，人民网，http://he.people.com.cn/n2/2020/0316/c192235-33880546.html，最后访问时间：2022 年 1 月 20 日。

三、环境质量标准和污染物排放标准备案规定

本条规定，本省环境质量标准和污染物排放标准应当报国务院生态环境主管部门备案。为了加强对地方环境质量标准和污染物排放标准的监督，确保地方标准的科学性和合理性，本条专门规定了向国务院生态环境保护主管部门备案制度。依据《地方环境质量标准和污染物排放标准备案管理办法》的相关规定，省人民政府应当在地方环境质量标准和污染物排放标准发布之日起45日内，向生态环境部备案。向生态环境部报送备案，应当提交以下资料：报送备案的函；省人民政府批准地方环境质量标准和污染物排放标准的文件，以及地方环境质量标准和污染物排放标准的发布文件；地方环境质量标准和污染物排放标准文本的纸质文件和电子文件；地方环境质量标准和污染物排放标准编制说明的纸质文件和电子文件。

报送备案的地方环境质量标准应当符合下列要求：已经省、自治区、直辖市人民政府批准；对国家环境质量标准中未规定的污染物项目，补充制定地方环境质量标准。

报送备案的地方污染物排放标准应当符合下列要求：已经省人民政府批准；地方污染物排放标准应当参照国家污染物排放标准的体系结构制定，可以是行业型污染物排放标准和综合型污染物排放标准。行业型污染物排放标准适用于特定行业污染源或者特定产品污染源；综合型污染物排放标准适用于所有行业型污染物排放标准适用范围以外的其他各行业的污染源；对国家污染物排放标准中未规定的污染物项目，补充制定地方污染物排放标准；对国家污染物排放标准中已规定的污染物项目，制定严于国家污染物排放标准的地方污染物排放标准。

第十三条 编制土地利用有关规划和区域、流域、海域建设和开发利用规划以及有关专项规划，新建、改建、扩建对环境有影响的项目，应当依法进行环境影响评价。未依法进行环境影响评价的开发利用规划，不得组织实施；未依法进行环境影响评价的建设项目，不得开工建设。

建设单位应当依法编制环境影响报告书、环境影响报告表或者填报环境影响登记表，并按照国家规定报有审批权的生态环境主管部门审批或者备案。建设项目发生法定变动情形的，其环境影响评价文件应当依法重新报批或者审核。

在项目建设、运行过程中产生不符合经批准的环境影响评价文件的情形的，建设单位应当依法组织环境影响后评价，采取改进措施，并报原环境影响评价文件审批部门和建设项目审批部门备案；原环境影响评价文件审批部门也可以责成建设单位进行环境影响的后评价，采取改进措施。

【条文主旨】

本条文是关于环境影响评价的规定。

【条文释义】

环境影响评价，是指对规划和建设项目实施后可能造成的环境影响进行分析、预测和评估，提出预防或者减轻不良环境影响的对策和措施，进行跟踪监测的方法与制度。环境影响评价制度具有前瞻性、预测性、科学性和综合性特点，充分体现了预防原则。目前，环境影响评价在生态环境保护实践中得以广泛应用。为此，本条专门对该制度进行规定。

一、环境影响评价的范围

本条规定，编制土地利用有关规划和区域、流域、海域建设和开发利用规划以及有关专项规划，新建、改建、扩建对环境有影响的项目，应当依法进行环境影响评价，这与环境影响评价法的规定相一致。依据环境影响评价法规定，环境影响评价的对象包括应当进行环境影响评价的规划和建设项目两大类。

（一）规划环境影响评价

规划处于整个决策链的前端，从规划阶段进行环境评价有利于从源头保护环境，进而为规划和政策的制定指明正确的方向。2009 年，国务院出台《规划环境影响评价条例》，以加强对规划的环境影响评价工作，提高规划的科学性，从源头预防环境污染和生态破坏，促进经济、社会和环境的全面协调可持续发展。

规划环境影响评价包括综合性规划和专项规划。综合性规划是政府有关宏观、长远发展提出的具有指导性、预测性规划，专项规划则更为具体，可操作性更强。依据本条规定，综合性规划是指编制土地利用有关规划和区域、流域、海域建设和开发利用规划；专项规划涉及各经济活动领域，是指国务院有关部门、设区的市级以上地方人民政府及其有关部门，对其组织编制的工业、农业、畜牧业、林业、能源、水利、交通、城市建设、旅游、自然资源开发的有关专项规划。

（二）建设项目环境影响评价

对环境可能产生影响的新建、改建、扩建项目都应当进行环境影响评价。国家根据建设项目对环境的影响程度，对建设项目的环境影响评价实行分类管理。可能造成重大环境影响的，应当编制环境影响报告书，对产生的环境影响进行全面评价；可能造成轻度环境影响的，应当编制环境影响报告表，对产生的环境影响进行分析或者专项评价；对环境影响很小、不需要进行环境影响评价的，应当填报环境影响登记表。

二、未依法进行环境影响评价所产生的法律后果

本条规定，未依法进行环境影响评价的开发利用规划，不得组织实施；未依法进行环境影响评价的建设项目，不得开工建设。实践中，建设项目"先建设后环评"，未批先建的情况屡禁不止。为此，《中华人民共和国环境影响评价法》专门规定，国务院有关部门、设区的市级以上人民政府及其有关部门，对其组织编制的土地利用的有关规划，区域、流域、海域的建设、开发利用规划，应当在规划编制过程中组织进行环境影响评价，编写该规划有关环境影响的篇章或者说明。规划有关环境影响的篇章或者说明，应当对规划实施后可能造成的环境影响作出分析、预测和评估，提出预防或者减轻不良环境影响的对策和措施，作为规划草案的组成部分一并报送规划审批机关。未编写有关环境影响的篇章或者说明的规划草案，审批机关不予审批。专项规划的编制机关在报批规划草案时，应当

将环境影响报告书一并附送审批机关审查；未附送环境影响报告书的，审批机关不予审批。建设项目环境影响评价属于事前预防性措施，应当置于建设项目开工建设之前。建设项目的环境影响评价文件未依法经审批部门审查或者审查后未予批准的，建设单位不得开工建设。

三、建设单位进行环境影响评价的义务

（一）建设单位编制环境影响报告书、环境影响报告表或者填报环境影响登记表

本条规定，建设单位应当依法编制环境影响报告书、环境影响报告表或者填报环境影响登记表，并按照国家规定报有审批权的生态环境主管部门审批或者备案。建设项目发生法定变动情形的，其环境影响评价文件应当依法重新报批或者审核。

国家根据建设项目对环境的影响程度，对建设项目的环境影响评价实行分类管理。

《建设项目环境影响报告书（表）编制监督管理办法》规定，建设单位可以委托技术单位对其建设项目开展环境影响评价，编制环境影响报告书（表）；建设单位具备环境影响评价技术能力的，可以自行对其建设项目开展环境影响评价，编制环境影响报告书（表）。建设单位应当对环境影响报告书（表）的内容和结论负责；技术单位对其编制的环境影响报告书（表）承担相应责任。编制单位和编制人员应当坚持公正、科学、诚信的原则，遵守有关环境影响评价法律法规、标准和技术规范等规定，确保环境影响报告书（表）内容真实、客观、全面和规范。编制单位应当建立和实施覆盖环境影响评价全过程的质量控制制度，落实环境影响评价工作程序，并在现场踏勘、现状监测、数据资料收集、环境影响预测等环节以及环境影响报告书（表）编制审核阶段形成可追溯的质量管理机制。有其他单位参与编制或者协作的，编制单位应当对参与编制单位或者协作单位提供的技术报告、数据资料等进行审核。建设单位应当将环境影响报告书（表）及其审批文件存档。编制单位应当建立环境影响报告书（表）编制工作完整档案。档案中应当包括项目基础资料、现场踏勘记录和影像资料、质量控制记录、环境影响报告书（表）以及其他相关资料。开展环境

质量现状监测和调查、环境影响预测或者科学试验的，还应当将相关监测报告和数据资料、预测过程文件或者试验报告等一并存档。建设单位委托技术单位主持编制环境影响报告书（表）的，建设单位和受委托的技术单位应当分别将委托合同存档。

（二）按照国家规定报有审批权的生态环境主管部门审批或者备案

为了规范建设项目环境影响报告书和环境影响报告表编制工作，加强监督管理，保障环境影响评价工作质量，建设单位应当将环境影响报告书、环境影响报告表报有审批权的生态环境主管部门审批或者备案。建设项目的环境影响评价文件未依法经审批部门审查或者审查后未予批准的，建设单位不得开工建设。

（三）建设项目发生法定变动情形的，其环境影响评价文件应当依法重新报批或者审核

所谓"法定变动情形"，是指建设项目的性质、规模、地点、采用的生产工艺或者防治污染、防止生态破坏的措施发生重大变动的情形。

四、环境影响后评价

本条规定，在项目建设、运行过程中产生不符合经批准的环境影响评价文件的情形的，建设单位应当依法组织环境影响后评价，采取改进措施，并报原环境影响评价文件审批部门和建设项目审批部门备案；原环境影响评价文件审批部门也可以责成建设单位进行环境影响的后评价，采取改进措施。

环境影响后评价是指编制环境影响报告书的建设项目在通过环境保护设施竣工验收且稳定运行一定时期后，对其实际产生的环境影响以及污染防治、生态保护和风险防范措施的有效性进行跟踪监测和验证评价，并提出补救方案或者改进措施，提高环境影响评价有效性的方法与制度。建设项目环境影响后评价应当在建设项目正式投入生产或者运营后三年至五年内开展。原审批环境影响报告书的生态环境主管部门也可以根据建设项目的环境影响和环境要素变化特征，确定开展环境影响后评价的时限。建设单位或者生产经营单位可以对单个建设项目进行环境影响后评价，也可以对在同一行政区域、流域内存在叠加、累积环境影响的多个建设项目开展

环境影响后评价。建设单位或者生产经营单位负责组织开展环境影响后评价工作，编制环境影响后评价文件，并对环境影响后评价结论负责。

依据《建设项目环境影响后评价管理办法（试行）》的规定，建设单位或者生产经营单位可以委托环境影响评价机构、工程设计单位、大专院校和相关评估机构等编制环境影响后评价文件。编制建设项目环境影响报告书的环境影响评价机构，原则上不得承担该建设项目环境影响后评价文件的编制工作。建设单位或者生产经营单位应当将环境影响后评价文件报原审批环境影响报告书的生态环境主管部门备案，并接受生态环境主管部门的监督检查。建设单位或者生产经营单位完成环境影响后评价后，应当依法公开环境影响后评价文件，接受社会监督。对未按规定要求开展环境影响后评价，或者不落实补救方案、改进措施的建设单位或者生产经营单位，审批该建设项目环境影响报告书的生态环境主管部门应当责令其限期改正，并向社会公开。

第十四条 省人民政府生态环境主管部门应当组织开展生态环境质量监测、调查评价和考核工作，及时将生态环境质量现状及变化趋势向省人民政府报告，并会同有关部门建设生态环境监测网络和生态环境监测数据库，建立健全监测数据共享机制，完善生态环境监测预警机制。

设区的市人民政府应当加强县域生态环境监测机构的能力建设，建立完善的生态环境监测体系，加强生态环境监测工作。

设区的市人民政府生态环境主管部门负责本行政区域的污染源监督性监测、环境执法监测、突发环境事件监测等生态环境监测工作。

生态环境监测机构应当依法取得检验检测机构资质认定证书，使用符合国家标准的监测设备，加强监测人员生态环境保护法律法规和专业知识培训，遵守监测规范，建立质量管理体系，按照规定保存监测原始记录和监测报告，接受生态环境等部门的监督管理。生态环境监测机构及其负责人对其出具的监测数据的真实性和准确性负责，不得违规操作或者篡改、伪造监测数据，不得出具虚假监测报告。

【条文主旨】

本条文是关于生态环境监测的规定。

【条文释义】

真实、准确的生态环境监测数据能够客观评价生态环境质量状况，并作为政府生态环境管理的基本依据。生态环境监测体系的现代化，是国家生态环境治理体系和治理能力现代化的重要保障。本条规定了各级生态环境主管部门加强生态环境监测工作的职责以及生态环境监测机构实施生态环境监测的具体要求。

一、省级生态环境主管部门有关生态环境监测的职责

（一）监测、调查评价和考核

省人民政府生态环境主管部门作为本省生态环境保护工作的主管部门，在生态环境监测中负有重要职责。为此，本条第一款规定，省人民政府生态环境主管部门应当组织开展生态环境质量监测、调查评价和考核工作，及时将生态环境质量现状及变化趋势向省人民政府报告。

（二）生态环境监测网络、数据库建设

生态环境监测网络和生态环境监测数据库建设对于实现生态环境监管目标来说至关重要。长期以来，我国生态环境监测网络缺乏统一规划、合理布局，导致各地发展不均衡，存在重复设置、重复建设等问题。由于生态环境监测数据具有区域性、可共享等特点[1]，因此国家规定，各级生态环境主管部门按照统一组织领导、统一标准规范、统一网络布局、统一数据管理、统一信息发布的要求，落实统一监测评估职责。推动建立部门合作、资源共享工作机制，加大对有关行业部门监测工作的统筹力度，在统一的制度规范与网络布局下，开展各自职责范围内的监测工作[2]。省人民政府生态环境主管部门应当会同有关部门统一规划、整合优化环境质量监测点位，建设涵盖大气、水、土壤、噪声、辐射等要素，布局合理、功能

---

〔1〕 信春鹰主编：《中华人民共和国环境保护法释义》，法律出版社2014年版，第62页。
〔2〕 生态环境部《关于推进生态环境监测体系与监测能力现代化的若干意见（征求意见稿）》。

完善的全省生态环境质量监测网络，按照统一的标准规范开展监测和评价，客观、准确反映环境质量状况。

（三）　生态环境监测预警机制

生态环境监测预警机制在生态环境保护工作中处于哨兵的位置，只有建立有效的预警机制，才能在第一时间发现风险和隐患，从源头控制风险。这要求监测机构在监测过程中一旦发现环境潜在风险、环境质量变差等情况，及时向各级生态环境部门进行通报、预警。根据国家有关规定，现阶段生态环境监测预警工作重点如下：提高空气质量预报和污染预警水平，强化污染源追踪与解析；加强重要水体、水源地、源头区、水源涵养区等水质监测与预报预警；加强土壤中持久性、生物富集性和对人体健康危害大的污染物监测；提高辐射自动监测预警能力[1]。

二、设区的市人民政府有关生态环境监测的职责

本条第二款专门规定，设区的市人民政府应当加强县域生态环境监测机构的能力建设，建立完善的生态环境监测体系，加强生态环境监测工作。县域生态环境监测机构处于生态环境监测一线，其监测能力建设对于实现生态环境监测目标而言至关重要。实践中，各级生态环境监测机构呈现出发展不均衡态势。例如，高学历的环境监测专业人员大多集中在中央和省级环境监测站，县级环境监测站的专业技术人员偏少[2]。为此，市级政府要采取多种方式加强队伍建设，支持多元化、社会化、开放式人才培养与使用模式，完善生态环境监测"三五"人才、技术大比武等人才遴选机制，不断提高监测队伍数量和质量[3]。

三、设区的市人民政府生态环境主管部门的职责

设区的市人民政府生态环境主管部门作为本市生态环境保护工作的主

---

〔1〕　《国务院办公厅关于印发生态环境监测网络建设方案的通知》（国办发〔2015〕56号）。

〔2〕　蒋火华：《构建新时代生态环境监测体系》，人民政协网，http://www.rmzxb.com.cn/c/2018-08-21/2147632.shtml，最后访问时间：2022年1月20日。

〔3〕　生态环境部《关于推进生态环境监测体系与监测能力现代化的若干意见（征求意见稿）》。

管部门，在生态环境监测中负有重要职责。为此，本条第三款专门规定，设区的市人民政府生态环境主管部门负责本行政区域的污染源监督性监测、环境执法监测、突发环境事件监测等生态环境监测工作。

四、生态环境监测机构的职责

（一）资质认定证书和监测设备要求

生态环境监测机构依法取得检验检测机构资质认定证书是其开展环境监测的前提。生态环境监测机构应当具有与监测活动相匹配的监测场所、人员，使用符合国家标准的监测设备。监测人员作为监测活动的实际操作者，其业务水平直接决定了监测结果是否准确。监测设备是监测结果的物质保障，如果监测设备不符合国家标准，有可能导致监测数据错误，监测质量将无从保障。为此，河北省专门规定，在河北省开展生态环境监测服务的社会监测机构应当按要求对从事环境监测的人员进行能力确认并授权上岗；配齐符合国家标准的各项监测设备，包括测试和采样、样品保存运输和制备、实验室分析及数据处理等监测工作各环节所需的仪器设备，其中，现场测试和采样仪器设备在数量配备方面必须满足环境监测标准或技术规范对现场布点和同步测试采样要求，鼓励使用具有实时定位及实时数据上传功能的现场监测设备，使用有证标准物质（样品）或者具有计量溯源性的标准物质（样品）开展监测活动。

（二）监测具体要求

本条第四款规定，加强监测人员生态环境保护法律法规和专业知识培训，遵守监测规范，建立质量管理体系，按照规定保存监测原始记录和监测报告，接受生态环境等部门的监督管理。生态环境监测机构及其负责人对其出具的监测数据的真实性和准确性负责，不得违规操作或者篡改、伪造监测数据，不得出具虚假监测报告。

（三）接受监督管理

河北省规定，社会监测机构及其监测人员环境开展生态监测服务中存在弄虚作假行为的，由负责调查的省、市生态主管部门依法依规进行处理，并及时移交省市场监督管理局，省市场监督管理局依法撤销其资质。唯有如此，才能有效遏制监测数据弄虚作假问题，确保生态环境监测机构和人员独立公正开展工作，营造依法监测、科学监测、诚信监测的环境和氛围，确保监测数据真实、准确、客观。

第十五条 本省推进生态环境保护综合行政执法改革，统筹配置行政执法职能和执法资源，加强对生态环境保护领域行政执法源头治理，推进行政执法标准化，完善执法程序、严格执法责任，逐步形成可量化的综合行政执法履职评估机制，提高生态环境保护综合行政执法效能和依法行政水平。

生态环境主管部门和其他负有生态环境保护监督管理职责的部门应当加强联动和协调配合，创新环境监管模式，推行检查事项合并，依照法定程序和权限规范监督检查行为，严格规范公正文明执法。

【条文主旨】

本条文是关于生态环境保护综合行政执法的规定。

【条文释义】

推进生态环境保护综合行政执法改革，建立生态环境保护综合执法队伍，能够有效整合相关部门生态环境保护执法职能，统筹执法资源和执法力量，更好地实现生态环境保护目标。2018年，中共中央办公厅、国务院办公厅印发《关于深化生态环境保护综合行政执法改革的指导意见》，该意见对于生态环境保护综合行政执法改革的指导思想、总体目标、基本原则、主要任务、规范管理等内容进行规定。整合后，生态环境保护综合执法队伍以本级生态环境部门的名义，依法统一行使污染防治、生态保护、核与辐射安全的行政处罚权以及与行政处罚相关的行政检查、行政强制权等执法职能，对于明确各部门职责、防止部门间互相推诿、制止和惩处破坏生态环境行为以及实现生态环境保护目标而言具有重要作用。2020年，中共中央办公厅、国务院办公厅印发《关于构建现代环境治理体系的指导意见》中进一步强调，"（十五）完善监管体制。整合相关部门污染防治和生态环境保护执法职责、队伍，统一实行生态环境保护执法。全面完成省以下生态环境机构监测监察执法垂直管理制度改革。实施'双随机、一公开'环境监管模式。推动跨区域跨流域污染防治联防联控"。

一、生态环境保护综合行政执法改革

本条第一款规定，本省推进生态环境保护综合行政执法改革，统筹配置行政执法职能和执法资源，加强对生态环境保护领域行政执法源头治理，推进行政执法标准化，完善执法程序、严格执法责任，逐步形成可量化的综合行政执法履职评估机制，提高生态环境保护综合行政执法效能和依法行政水平。

（一）推行生态环境保护综合行政执法改革的指导思想、总体目标

生态环境保护综合行政执法改革以习近平新时代中国特色社会主义思想为指导，全面贯彻党的十九大和十九届二中、三中、四中、五中全会精神，认真落实党中央、国务院决策部署，坚持新发展理念，统筹推进"五位一体"总体布局和协调推进"四个全面"战略布局，以建立权责统一、权威高效的依法行政体制为目标，以增强执法的统一性、权威性和有效性为重点，整合相关部门生态环境保护执法职能，统筹执法资源和执法力量，推动建立生态环境保护综合执法队伍，坚决制止和惩处破坏生态环境行为，为打好污染防治攻坚战、建设美丽中国提供坚实保障[1]。

生态环境保护综合行政执法改革的总体目标为有效整合生态环境保护领域执法职责和队伍，科学合规设置执法机构，强化生态环境保护综合执法体系和能力建设。基本建立职责明确、边界清晰、行为规范、保障有力、运转高效、充满活力的生态环境保护综合行政执法体制，基本形成与生态环境保护事业相适应的行政执法职能体系。

生态环境保护综合行政执法改革的基本原则包括：一是坚持党的全面领导。坚决维护习近平总书记的核心地位，坚决维护党中央权威和集中统一领导，自觉在思想上、政治上、行动上同党中央保持高度一致，把加强党对一切工作的领导贯穿生态环境保护综合行政执法改革各方面和全过程。二是坚持优化协同高效。整合相关部门污染防治和生态保护执法职

---

[1] 2018年，中共中央办公厅、国务院办公厅印发《关于深化生态环境保护综合行政执法改革的指导意见》。

责、队伍，相对集中行政执法权；全面梳理、规范和精简执法事项，推动行政执法队伍综合设置，大幅减少执法队伍种类，着力解决多头多层重复执法问题，统筹配置行政处罚职能和执法资源；减少执法层级，推动执法力量下沉，提高监管执法效能。三是坚持全面依法行政。完善权责清单制度，明确综合执法机构职能，厘清职责边界，实现权责统一；着力解决执法不严格、不规范、不透明、不文明和不作为、乱作为等问题，建立健全执行、监督、协作机制。加快推进机构、职能、权限、程序、责任法定化，强化对行政权力的制约和监督，做到依法设定权力、规范权力、制约权力、监督权力。四是坚持统筹协调推进。与相关领域机构改革同步实施，与"放管服"改革、省以下生态环境机构监测监察执法垂直管理制度改革等有机衔接，落实生态环境保护"一岗双责"，统筹安排，协调推进，提升改革整体效能[1]。

（二）统筹配置行政执法职能和执法资源

河北省推进生态环境保护综合行政执法改革，加强对生态环境保护领域行政执法源头治理，推进行政执法标准化，完善执法程序，严格执法责任，逐步形成可量化的综合行政执法履职评估机制，提高生态环境保护综合行政执法效能和依法行政水平。

根据中央改革精神和现行法律法规，生态环境保护综合行政执法应当整合环境保护和国土、农业、水利、海洋等部门相关污染防治和生态保护执法职责。生态环境保护执法包括污染防治执法和生态保护执法，其中，生态保护执法是指生态环境保护综合执法队伍依法查处破坏自然生态系统水源涵养、防风固沙和生物栖息等服务功能和损害生物多样性的行政行为。根据原相关部门工作职责，具体整合范围包括：环境保护部门污染防治、生态保护、核与辐射安全等方面的执法权；海洋部门海洋、海岛污染防治和生态保护等方面的执法权；国土部门地下水污染防治执法权，对因开发土地、矿藏等造成生态破坏的执法权；农业部门农业面源污染防治执法权；水利部门流域水生态环境保护执法权。整合后，除法律法规另有规定外，相关部门不再行使上述行政处罚权和行政强制权。河北省各地贯彻、落实中央

---

〔1〕 2018年，中共中央办公厅、国务院办公厅印发《关于深化生态环境保护综合行政执法改革的指导意见》。

的改革精神，因地制宜制订生态环境综合行政执法改革方案。

（三）加强对生态环境保护领域行政执法源头治理

行政执法的源头、过程和结果三个环节属于有机联系、密不可分的整体。法律、法规、规章作为行政执法的依据，属于行政执法的源头，其合法与否直接影响行政执法的合法性评价。行政执法源头治理能够从源头上杜绝、制止执法乱象，对于实现公平公正行政执法具有前提性和基础性作用，有助于推进国家治理体系和治理能力现代化。因此，加强对生态环境保护领域行政执法源头治理至关重要。具体要求如下：凡没有法律、法规、规章依据的执法事项一律取消；需要保留或新增的执法事项，要依法逐条逐项进行合法性、合理性和必要性审查；虽有法定依据但长期未发生且无实施必要的、交叉重复的执法事项，要大力清理，及时提出取消或调整的意见建议。

（四）推进行政执法标准化建设

推进行政执法标准化建设能够规范行政执法人员滥用自由裁量权，是实现公正执法，减少行政争议和纠纷的重要方式和途径。推行行政执法标准化建设的具体要求如下：按照公开透明高效原则和履职需要，编制统一的生态环境保护综合行政执法工作规程和操作手册，明确执法事项的工作程序、履职要求、办理时限、行为规范等，消除行政执法中的模糊条款，压减自由裁量权，促进同一事项相同情形同标准处罚、无差别执法。将生态环境保护行政执法事项纳入地方综合行政执法指挥调度平台统一管理，积极推行"互联网＋统一指挥＋综合执法"，加强部门联动和协调配合，逐步实现行政执法行为、环节、结果等全过程网上留痕，强化对行政执法权运行的监督[1]。

（五）完善执法程序

程序正义不仅是实体正义实现的保障，同时程序自身也具有重要价值。具体到行政执法领域，完善的行政程序能够限制行政执法人员恣意行使权力，切实保障行政相对人和社会公众的知情权、参与权、表达权、监督权，使行政相对人心悦诚服地接受行政执法结果。因此，各级生态

---

[1] 《国务院办公厅关于生态环境保护综合行政执法有关事项的通知》（国办函〔2020〕18号）。

环境保护综合执法队伍应当规范办案流程，依法惩处各类生态环境违法行为。严格全面执行行政执法公示制度、执法全过程记录制度、重大执法决定法制审核制度这"三项制度"，不断提升政府公信力，营造良好法治环境。

河北省各级生态环境保护综合执法队伍应当不断强化执法程序建设，针对生态环境保护行政检查、行政处罚、行政强制等执法行为，制定具体执法细则、裁量标准和操作流程。加强证据收集、证据分析、证据采信和证据运用，充分利用信息技术，实现规范取证、安全存证和高效出证。制定执法自由裁量权行使规则，细化、量化自由裁量标准，规范裁量范围、种类、幅度，并公布执行[1]。

（六）严格执法责任

"有权必有责，用权受监督，侵权须赔偿"是公权力运行的基本要求。河北省各级生态环境保护综合执法队伍应当全面落实行政执法责任制，严格确定生态环境保护综合执法队伍、岗位及执法人员的执法责任，建立责任追究和尽职免责制度。强化层级监督和内部约束，完善纠错问责机制。上级生态环境部门发现下级生态环境保护综合执法队伍执法不当或者不履行法定职责的，应当责令纠正；必要时，可由上级生态环境保护综合执法队伍直接予以处理。强化外部监督机制，畅通"12369"举报热线等群众监督渠道、行政复议渠道，主动接受行政监督、司法监督、社会监督、舆论监督[2]。

（七）逐步形成可量化的综合行政执法履职评估机制

可量化的综合行政执法履职评估办法具有认知与评价功能，是检验综合行政执法工作的标尺。通过评估，可以客观评价综合行政执法水平，发现制约和影响其依法行政的主要问题和薄弱环节，进而寻找改进措施。可量化的综合行政执法履职评估办法，是量化法治的重要组成部分，能够作为统筹使用和优化配置编制资源的重要依据。河北

---

〔1〕 2018 年，中共中央办公厅、国务院办公厅印发《关于深化生态环境保护综合行政执法改革的指导意见》。

〔2〕 2018 年，中共中央办公厅、国务院办公厅印发《关于深化生态环境保护综合行政执法改革的指导意见》。

省各级生态环境保护综合执法队伍应当结合形势任务和执法特点，遵循科学性、实用性、多元性等原则，探索切实有效的可量化的综合行政执法履职评估办法。

二、部门协调联动、创新环境监管方式

本条第二款规定，生态环境主管部门和其他负有生态环境保护监督管理职责的部门应当加强联动和协调配合，创新环境监管模式，推行检查事项合并，依照法定程序和权限规范监督检查行为，严格规范公正文明执法。

（一）各部门协调联动

自然界是一个大的生态圈，各组成部分密切联系，休戚相关，生态保护和治理需要尊重自然规律，不能仅依靠生态环境主管部门一己之力，需要加强各部门间联动和协调配合。以土壤污染为例，土壤环境污染主要来自工业"三废"排放、各种农用化学品使用等，需要各部门通力合作，从源头上控制土壤污染。

河北省高度重视建立部门间的协调与联动机制。例如，河北省生态环境厅、河北省应急管理厅针对当前污染防治攻坚战和安全生产工作面临的严峻形势召开会议，强调进一步强化信息共享机制，建立健全会商机制，要求两部门在企业"三同时"管理、危化品和危险废物监管、企业污染治理设施运行管理、尾矿库管理、密闭空间作业等方面，尤其是重污染应急预警期间生产和环保设施启停过程中，加强信息沟通，协调联动，联合执法，督促排污企业强化主体责任意识，切实做好各项污染防治工作，确保及时发现问题、解决问题，及时消除环境安全隐患[1]。

再比如，为进一步推进渤海综合治理攻坚战，强化风险防范，确保海洋生态环境安全，河北省生态环境厅、河北海警局初步建立起了海洋生态环境保护执法协作配合机制，两部门于2019年12月开展海上联合执法检查行动。这是海洋生态环境保护职能划转到生态环境部门后，河北省两部门首次联合开展

---

[1] 《河北省生态环境厅 河北省应急管理厅 联合召开全省安全生产与生态环境保护 联动工作机制推动视频会议》，燕赵环保网，http://www.yzhbw.net/news/shownews-2_31738.html，最后访问时间：2022年1月20日。

执法行动。联合执法检查行动中，重点检查环境影响评价手续及验收情况、突发环境事件应急预案编制及备案情况、突发环境事件应急演练开展情况、环保治理设施日常运行情况、危险废物收集处置情况[1]。

（二）创新环境监管模式

生态环境部门应当不断创新监管方式，提升监管科技化、精准化水平。伴随着数据时代和信息化时代的到来，"互联网＋"这一新型监管模式将极大地提升监管效能，生态环境部门利用"互联网＋智慧环保"信息平台可以随时掌握辖区内重点污染源、重点区域的环境动态，有效解决执法人员监管力量不足等现实问题。《生态环境保护综合行政执法事项指导目录（2020年版）》规定，将生态环境保护行政执法事项纳入地方综合行政执法指挥调度平台统一管理，积极推行"互联网＋统一指挥＋综合执法"，加强部门联动和协调配合，逐步实现行政执法行为、环节、结果等全过程网上留痕，强化对行政执法权运行的监督。

河北省一直在探索创新环境监管方式。2020年，河北省创新生态环境执法方式受到生态环境部通报表扬。河北省充分利用科技手段加强环境监管，综合运用"污染源在线监控""分表计电""远程执法""污染源视频监控""无人机飞检"等信息化、智能化远程监管手段，开展非现场执法、精准执法，提升执法效能。同时，结合生态环境监管正面清单和企业日常环境管理状况，对污染重、风险高、守法意识薄弱的企业加强监管、加密抽查，对污染轻、风险低、守法意识强的企业，减少现场执法和抽查频次，做到精细化管控，差别化管理，违法必究，无事不扰[2]。

（三）推行检查事项合并

合并检查事项是深化"放管服"改革的重要举措，能够切实解决多头执法、重复执法问题，避免不必要的执法，减轻行政相对人负担，防止执法扰民，严格规范公正文明执法。

---

〔1〕《河北：建立海洋生态环境保护执法协作配合机制》，新浪财经，https：//baijiahao. baidu. com/s？id＝1652522972885415615&wfr＝spider&for＝pc，最后访问时间：2020年9月1日。

〔2〕《河北省创新生态环境执法方式受到生态环境部通报表扬》，搜狐网，https：//www. sohu. com/a/403882230_ 99956889，最后访问时间：2020年9月1日。

第十六条　生态环境主管部门和其他负有生态环境保护监督管理职责的部门可以通过现场检查、自动监测、遥感监测、无人机巡查、远红外摄像等方式对排放污染物的企业事业单位和其他生产经营者进行监督检查。

被检查者应当配合检查，如实反映情况，提供必要的资料，不得拒绝、阻挠检查。实施现场检查的部门及其工作人员应当为被检查者保守商业秘密。

生态环境主管部门和其他负有生态环境保护监督管理职责的部门发现被检查者违法排放污染物，造成或者可能造成严重污染的，可以对排放污染物的设施、设备依法实施查封、扣押。

【条文主旨】

本条文是关于监督检查的规定。

【条文释义】

对排放污染物的企业事业单位和其他生产经营者进行监督检查，是生态环境主管部门和其他负有生态环境保护监督管理职责的部门发现问题，进而作出执法决定、及时纠正违法行为的重要措施。同时，加强监督检查也是督促企业事业单位和其他生产经营者履行生态环境保护义务的重要手段。

一、监督检查方式

（一）现场检查

现场检查作为传统的执法方式，在生态环境监管领域起到非常重要的作用。生态环境主管部门和其他负有生态环境保护监督管理职责的部门进行现场检查时，应当遵循主体合法、程序公正、行为规范、文明高效的原则。实行现场执法检查，主要检查公民、法人和其他组织遵守环保法律、法规、制度、标准和有关环保要求等情况。现场检查时，执法人员应当遵循以下程序：主动出示执法证件并表明身份；告知当事人此次现场检查的目的和内容，并告知其现场检查的法律依据；向当事人告知其享有申请执法人员回避的权利，并告知其负有配合现场检查的义务；向当事人提出配合现场检查的要求，并告知其配合的内容及方式，同时告知其拒绝、阻挠、隐瞒或者提供虚假情况可能承担的法律责任；当场制作现场检查笔录，并由当事人签字，当事人拒绝签字的，应当由执法人员在笔录中注明情况，并请在场人签字。执法结束后，执法人员应向生态环境部门报告，由生态环境部门决定另案或并案处理。此外，依据《河北省行政执法全过程记录办法》的有关规定，行政执法机关对现场执法、调查取证、举行听证、留置送达和公告送达等容易引发争议的行政执法环节，应当根据实际情况进行音像记录；对直接涉及人身自由、生命健康、重大财产权益的现场执法活动和执法办案场所，应当进行全程音像记录。行政执法机关进行音像记录时，应当重点记录下列内容：（1）现场执法环境以及行政执法人员检查、取证情况；（2）当事人、证人、第三人等现场有关人员的体貌特征和言行举止；（3）与行政执法相关的重要物品及其主要特征，以及其他证据；（4）行政执法人员对有关人员、财物采取行政强制措施的情况；（5）行政执法人员现场制作、送达行政执法文书的情况；（6）根据实际应当记录的其他内容。

（二）其他监督方式

"工欲善其事，必先利其器"，由于排放污染物等生态环境违法行为具有隐蔽性、复杂性和多样性等特点，单纯依靠现场检查难以实现监管目的。因此，除了现场检查之外，生态环境主管部门和其他负有生态环境保护监督管理职责的部门可以通过自动监测、遥感监测、无人机巡查、远红外摄像等方式对排放污染物的企业事业单位和其他生产经营者进行监督检查，上述方式是新时代环境保护监管领域运用新技术、高科技提升监管能力的重要举措。自动监测、遥感监测等方式处于污染物监管中的前沿，是发现问题的有效途径，对于提升环境执法效能具有重要作用。无人机是利用无线电遥控设备和自备的程序控制装置操纵的不载人飞机，具有时效性强、机动性好、巡查范围广等优势。传统的环境监测通常采用点监测的方式来估算整个区域的环境质量情况，具有一定的局限性和片面性，无人机遥感系统具有视域广、及时连续的特点，可迅速查明环境现状。无人机拍摄生成的高清晰图像可直观辨别污染源、污染口、可见漂浮物等，并生成分布图，为环境评价、环境监察提供依据[1]。

河北省高度重视上述高科技手段在环境监管领域的应用，全方位加强污染源自动监测设备监督管理，强化自动监测设备超标（异常）处置，以进一步提升精准执法效能，减少现场执法的频次，同时确保企业污染物达标排放[2]。根据河北省生态环境厅下发的《关于实行全方位加强污染源自动监测设备监督管理若干强化措施的通知》要求，重点排污单位自动监控设备应装尽装、应联尽联。各地要督促重点排污单位每年完成自动监测设备的安装、联网、验收等工作，未按要求完成安装、联网任务，不能保证自动监测设备正常运行的，依法依规进行处罚。各地应当建立自动监测设备超标（异常）闭环处置流程，实行超标（异常）数据"发现—核实—审核—移交—核查—反馈"平台化处置机制。重点排污单位应如实填报数据超标（异常）发生的原因，并提供佐证材料；各级生态环境部门负责审核判定，并根据结果移交同级执法部门处置。重点排污单位对超标（异常）处置单不填报、乱填报甚至弄虚作假的，实行首次提醒、三次警示、五次公开约谈，有效提升企业主体责任意识。县级生态环境执法机构及时开展现场核查，对自动监测设备故障率高、运维不到位等情形，按照未保证监测设备正常运行相关条款依法依规处罚；对篡改、伪造自动监控数据的，严厉打击，移交公安部门；对确认存在超标排放等违法行为的，严查重处，快查快办。此外，市级生态环境部门执法机构、信息监控部门定期联合开展抽查复核，确保工业企业污染源达标排放。同时，鼓励各地利用远程执法抽查手段，加大远程执法抽查频次，持续开展废水、废气远程执法抽查"零点行动"，充分发挥远程执法系统效能，对超标排放、偷排偷放等环境违法行为，严查重处。

二、被检查者和执法人员的义务

被检查者应当配合检查，如实反映情况，提供必要的资料，不得拒

---

[1] 赵汗青：《无人机遥感监测在环保监测领域的具体优势》，中国化工仪器网，https：//uav. huanqiu. com/article/9CaKrnJX0Wq，最后访问时间：2020 年 9 月 1 日。

[2] 张腾扬、史自强：《河北强化污染源自动监测设备监管》，《人民日报》2020 年 3 月 10 日，第 14 版。

绝、阻挠检查。如果被检查者故意拒绝检查、阻挠检查或者提供虚假资料，将承担行政处罚等法律责任。

实施现场检查的部门及其工作人员负有保守秘密的义务。所谓商业秘密指不为公众所知悉、具有商业价值并经权利人采取相应保密措施的技术信息、经营信息等商业信息[1]。执法人员有可能在执法过程中接触到企业的商业秘密，一旦泄露，将给企业带来巨大经济损失。执法人员应当恪守职业道德，依法为企业保守商业秘密，如果执法人员泄露商业秘密，依法应当承担法律责任。

三、查封、扣押

本条文规定，生态环境主管部门和其他负有生态环境保护监督管理职责的部门发现被检查者违法排放污染物，造成或者可能造成严重污染的，可以对排放污染物的设施、设备依法实施查封、扣押。

（一）含义

查封、扣押是行政强制法规定的重要行政强制措施，具有明显的预防性和强制性，旨在防止证据损毁、避免危害发生、控制危险扩大。查封指行政机关对被检查者的动产或者不动产就地封存，不允许财产所有权人、使用权人使用或处分的行政强制措施。扣押指行政机关为防止案件当事人处分、转移财产而对涉案财产采取的扣留、保管的强制措施。查封与扣押均具有明显的即时性和中间性特点，一般在调查阶段作出，对于实现行政强制目的具有重要意义。查封和扣押的主要区别在于查封不转移占有，而扣押转移占有；对于厂房等场所，只能适用查封；对于大型设备，由于拆卸、搬运难度很大，一般也仅适用查封。

查封、扣押作为行政强制措施，在实施过程中应当严格遵守比例原则，即查封和扣押的实施，应当适当。采用非强制手段可以达到行政管理目的的，不得设定和实施查封、扣押措施。实施查封、扣押等行政强制措施，应当坚持教育与强制相结合。

（二）主体和对象

本条文所规定的实施查封、扣押的主体为生态环境主管部门和其他负

---

〔1〕《中华人民共和国反不正当竞争法》（2019 年修正）第九条。

有生态环境保护监督管理职责的部门。上述部门实施查封、扣押时应当由具有执法资格的行政执法人员实施，其他人员不得实施，且不得委托其他机构、组织或人员实施。

本条文所规定的查封、扣押的适用对象为排放污染物的设施、设备。查封、扣押限于涉案的场所、设施或者财物，不得查封、扣押与违法行为无关的场所、设施或者财物；不得查封、扣押公民个人及其所扶养家属的生活必需品。当事人的场所、设施或者财物已被其他国家机关依法查封的，不得重复查封。行政机关实施查封、扣押需要遵循严格的适用条件，只有在发现被检查者违法排放污染物，造成或者可能造成严重污染的情形下，才可以适用查封、扣押程序。需要注意，本条规定为"可以"查封，即赋予行政机关自由裁量权。有些大型电力、石化行业，如果查封、扣押造成污染物排放的设备、设施，可能造成大面积停产且带来较大损失，这种情况下，执法机关可以视情况不采取查封、扣押手段[1]。

（三）程序要求

行政机关查封、扣押时应当严格遵守行政强制法规定的程序要求。具体包括：实施前须向行政机关负责人报告并经批准；由两名以上行政执法人员实施；出示执法身份证件；通知当事人到场；当场告知当事人采取行政强制措施的理由、依据以及当事人依法享有的权利、救济途径；听取当事人的陈述和申辩；制作现场笔录；现场笔录由当事人和行政执法人员签名或者盖章，当事人拒绝的，在笔录中予以注明；当事人不到场的，邀请见证人到场，由见证人和行政执法人员在现场笔录上签名或者盖章；法律、法规规定的其他程序[2]。

（四）查封、扣押的期限

查封、扣押的期限不得超过30日；情况复杂的，经行政机关负责人批准，可以延长，但是延长期限不得超过30日。法律、行政法规另有规定的除外。延长查封、扣押的决定应当及时书面告知当事人，并说明理由。对物品需要进行检测、检验、检疫或者技术鉴定的，查封、扣押的期间不包括检测、检验、检疫或者技术鉴定的期间。检测、检验、检疫或者技术鉴

---

[1] 信春鹰主编：《中华人民共和国环境保护法释义》，法律出版社2014年版，第88页。
[2] 《中华人民共和国行政强制法》第十八条。

定的期间应当明确，并书面告知当事人。检测、检验、检疫或者技术鉴定的费用由行政机关承担[1]。

（五）妥善保管义务

对查封、扣押的场所、设施或者财物，行政机关应当妥善保管，不得使用或者损毁；造成损失的，应当承担赔偿责任。对查封的场所、设施或者财物，行政机关可以委托第三人保管，第三人不得损毁或者擅自转移、处置。因第三人的原因造成的损失，行政机关先行赔付后，有权向第三人追偿。因查封、扣押发生的保管费用由行政机关承担[2]。

（六）依法及时作出处理决定

行政强制措施具有临时性特点，因此行政机关采取查封、扣押措施后，应当及时查清事实，在法定期限内作出处理决定。对违法事实清楚，依法应当没收的非法财物予以没收；法律、行政法规规定应当销毁的，依法销毁；应当解除查封、扣押的，作出解除查封、扣押的决定。

有下列情形之一的，行政机关应当及时作出解除查封、扣押决定：（1）当事人没有违法行为；（2）查封、扣押的场所、设施或者财物与违法行为无关；（3）行政机关对违法行为已经作出处理决定，不再需要查封、扣押；（4）查封、扣押期限已经届满；（5）其他不再需要采取查封、扣押措施的情形。解除查封、扣押应当立即退还财物；已将鲜活物品或者其他不易保管的财物拍卖或者变卖的，退还拍卖或者变卖所得款项。变卖价格明显低于市场价格，给当事人造成损失的，应当给予补偿[3]。

第十七条　本省建立健全生态环境信用管理制度，健全企业信用建设，完善企业环保信用评价制度，依据评价结果实施分级分类监管，建立排污企业黑名单制度。

生态环境主管部门和其他负有生态环境保护监督管理职责的部门，应当按照规定将企业事业单位和其他生产经营者、环境服务机构的环境违法信息记入信用档案，纳入公共信用信息平台，实施联合惩戒。

---

〔1〕《中华人民共和国行政强制法》第二十五条。
〔2〕《中华人民共和国行政强制法》第二十六条。
〔3〕《中华人民共和国行政强制法》第二十七条、第二十八条。

【条文主旨】

本条文是关于生态环境信用管理制度的规定。

【条文释义】

一、建立健全生态环境信用管理制度

(一) 依据和意义

"诚乃立身之本,信为道德之基。"生态环境信用建设是社会信用建设体系的重要组成部分。党的十八届三中全会指出,要建立健全社会征信体系,褒扬诚信,惩戒失信。党的十九大提出,要健全环保信用评价、信息强制性披露等制度。国务院于 2016 年颁发《关于建立完善守信联合激励和失信联合惩戒制度加快推进社会诚信建设的指导意见》(国发〔2016〕33 号),并于 2019 年颁发《关于加快推进社会信用体系建设构建以信用为基础的新型监管机制的指导意见》(国办发〔2019〕35 号)。2020 年,中共中央办公厅、国务院办公厅《关于构建现代环境治理体系的实施意见》指出:"……(二十三)健全企业信用建设。完善企业环保信用评价制度,依据评价结果实施分级分类监管。建立排污企业黑名单制度,将环境违法企业依法依规纳入失信联合惩戒对象名单,将其违法信息记入信用记录,并按照国家有关规定纳入全国信用信息共享平台,依法向社会公开。……"

加强生态环境信用建设是政府积极适应职能转变,创新生态环境监管机制和监管方式的重要举措。本省积极贯彻落实党中央、国务院的有关要求,明确规定建立健全生态环境信用管理制度,健全企业信用建设,完善企业环保信用评价制度,依据评价结果实施分级分类监管。

(二) 健全企业信用建设

企业应当加强自身信用建设。对于企业而言,信用是宝贵的无形资产和资源。企业具有良好的信用是促进市场经济健康发展的前提和基础,也是优化营商环境的重要保障。实践中,部分企业尚未树立诚信观念,在市场经济活动中经常出现失信违约行为。因此,企业应当重视自身的信用建设，增强信用观念，建立健全内部信用制度，不断提升企业信用水平。各级人民政府和有关部门应当做好信用信息归集共享等工作，提高信用信息采集效率，为健全企业信用建设提供强有力的保障措施。

（三）完善企业环保信用评价制度

企业环境信用评价制度作为一种重要的环境管理手段，能够通过声誉机制督促、倒逼企业改善环境行为。生态环境部门应当完善企业环保信用评价制度，根据企业环境行为信息，按照规定的指标、方法和程序，对企业遵守环保法律法规、履行环保社会责任等方面的实际表现进行环境信用评价，确定其信用等级，并向社会公开。

生态环境部门依据评价结果实施分级分类监管，即针对监管对象的信用等级，采取差异化的监管措施。生态环境部门在实行"双随机、一公开"监管时应当综合考虑被监管对象的信用等级。对环保信用状况良好、风险较低的企业，可以合理降低抽查比例和频次；对环保信用风险一般的企业，按照常规比例和频次抽查；对于违法失信、风险较高的企业，加强日常监管，适当提高抽查比例和频次，依法依规实行严格管理和惩戒。

建立排污企业黑名单制度。排污企业黑名单制度是实施分级分类监管的重要内容。排污企业被纳入黑名单后，生态环境部门和有关部门将采取惩戒措施，如不予安排生态环境保护专项资金，实施重点监管等。排污企业黑名单制度将加大排污企业的违法成本，同时对其他企业而言也具有警示作用。

二、有关环境违法信息的管理和联合惩戒

（一）将环境违法信息记入信用档案，纳入公共信用信息平台

生态环境主管部门和其他负有生态环境保护监督管理职责的部门，应当按照规定将企业事业单位和其他生产经营者、环境服务机构的环境违法信息记入信用档案，纳入公共信用信息平台。

生态环境主管部门和其他负有生态环境保护监督管理职责的部门应当及时、准确地向公共信用信息平台报送信息，并对其提供的信用信息的真实性、准确性负责，不得篡改、虚构信用信息。

（二）联合惩戒

各级人民政府和有关部门对环境违法的企业事业单位和其他生产经营者、环境服务机构实施联合惩戒时，应当遵循合法、关联和比例原则，根据失信行为的性质和严重程度，采取轻重适度的惩戒措施，确保过惩相当。

联合惩戒措施包括：在日常监管中列为重点监管对象，增加检查频次，加强现场核查；限制享受政府性资金安排等政策扶持；在行政管理中取消已享受的便利化措施；在公共资源交易中，采取信用减分等措施；限制参加政府组织的表彰奖励活动以及法律、行政法规规定可以采取的其他措施。

第十八条　省人民政府应当建立健全生态环境保护督察机制，对同级人民政府有关部门和下级人民政府、省属企业进行生态环境保护督察。督察结果应当向社会公开。

被督察单位应当配合督察工作，对督察中发现的问题应当及时整改。

【条文主旨】

本条文是关于生态环境保护督察机制的规定。

【条文释义】

生态环境保护督察是党中央、国务院推进生态文明建设和环境保护工作的重大制度创新，是强化、压实生态环保责任，解决突出生态环境问题，推进生态文明建设，建设美丽中国的重要举措。2019年，中共中央办公厅、国务院办公厅印发《中央生态环境保护督察工作规定》，对中央生态环境保护督察工作的职责、督察对象和内容等进行规定。本条对河北省建立健全生态环境保护督察机制进行规定。

一、省人民政府应当建立健全生态环境保护督察机制

本条第一款规定，省人民政府应当建立健全生态环境保护督察机制，

对同级人民政府有关部门和下级人民政府、省属企业进行生态环境保护督察。督察结果应当向社会公开。

（一）省生态环境保护督察工作的指导思想

省生态环境保护督察工作以习近平新时代中国特色社会主义思想为指导，增强"四个意识"、坚定"四个自信"、做到"两个维护"，认真贯彻落实党中央、国务院及省委、省政府决策部署，坚持以人民为中心，以解决突出生态环境问题、改善生态环境质量、推动高质量发展为重点，落实生态文明建设和生态环境保护政治责任，强化督察问责，不断满足人民日益增长的美好生活需要。

（二）督察对象

省人民政府生态环境保护督察机制的督察对象包括河北省人民政府有关部门、下级人民政府以及省属企业。

（三）督察程序和权限

生态环境保护督察一般包括督察准备、督察进驻、督察报告、督察反馈、移交移送、整改落实和立卷归档等程序环节。督察准备工作主要包括了解被督察对象有关情况以及问题线索；组织开展必要的摸底排查；确定组长、副组长人选，组成生态环境保护督察组，开展动员培训；制订督察工作方案；印发督察进驻通知，落实督察进驻各项准备工作。

督察的形式包括与被督察地方党政领导和有关部门主要负责人进行个别谈话；到部分县（市、区）、开发区、工业园区下沉督察；现场检查，调研座谈；受理举报，接受社会监督[1]。河北省采用解剖式、点穴式、机动式、专题式等多种督察形式，加大无人机、卫星遥感和大数据技术运用[2]。

督察进驻结束后，生态环境保护督察组应当在规定时限内形成督察报告，如实报告督察发现的重要情况和问题，并提出意见和建议。

（四）督察结果向社会公开

督察结果向社会公开，能够回应社会关切，自觉接受群众监督。生态

---

[1]《河北省环境保护督察实施方案（试行）》。

[2] 贾楠：《河北省委省政府第二轮生态环境保护督察启动》，人民网，https：//baijiahao. baidu. com/s？ id＝16469664515538347227&wfr＝spider&for＝pc，最后访问时间：2020 年 9 月 1 日。

环境保护督察应当加强信息公开，将生态环境保护督察的具体工作安排、边督边改情况、有关突出问题和案例、督察报告主要内容、督察整改方案、督察整改落实情况，以及督察问责有关情况等，坚持实事求是的原则，充分利用党报、政府网站、电视台，按照有关要求对外公开，回应社会关切，接受群众监督。积极运用政务微博、微信等新媒体网络，及时发布权威信息，加强宣传引导。对公开不及时、公开不到位、公开内容弄虚作假的，按照有关规定严肃处理。需要注意，在公开的同时要严格落实各项保密规定，督察组成员应当严格保守省生态环境保护督察工作秘密，未经批准不得对外发布或者泄露督察有关情况。

二、被督察单位的配合义务

本条第二款规定，被督察单位应当配合督察工作，对督察中发现的问题应当及时整改。

督察报告经省委、省政府批准后，由督察组向被督察对象反馈，指出督察发现的问题，明确督察整改工作要求。督察报告经报省委、省政府批准后，由生态环境保护督察组向被督察对象反馈，指出督察发现的问题，明确督察整改工作要求。督察发现的问题同步移交省委、省政府有关部门，形成上下联动整改合力，推动问题整改。

督察对象应当按照督察报告制订督察整改方案，在规定时限内报省委、省政府。被督察对象应当按照督察整改方案抓好整改落实工作，在规定时限内向省委、省政府报送整改落实情况。省生态环境保护督察工作领导小组办公室应当对督察整改落实情况定期开展调度督办，并组织抽查核实。对整改不力的，视情采取函告、通报、约谈、专项督察等措施，压实责任，推动整改。对督察进驻过程中人民群众举报的生态环境问题，以及督察组交办的其他问题，被督察对象应当立行立改，坚决整改，确保有关问题查处到位、整改到位。对不履行或者不正确履行职责而造成生态环境损害的地方和单位党政领导干部，应当依纪依法严肃、精准、有效问责；对该问责而不问责的，应当追究相关人员责任[1]。

---

〔1〕 中共中央办公厅、国务院办公厅印发的《中央生态环境保护督察工作规定》。

第十九条　有下列情形之一的，省人民政府生态环境主管部门应当会同有关部门约谈该地区人民政府的主要负责人，要求其采取措施及时整改，并将约谈情况向社会公开：

（一）未完成生态环境质量改善目标的；

（二）超过重点污染物排放总量控制指标的；

（三）发生重大、特别重大突发环境事件的；

（四）存在公众反映强烈、防治污染工作不力、影响社会稳定的突出生态环境问题的；

（五）其他依法应当约谈的情形。

【条文主旨】

本条文是关于约谈制度的规定。

【条文释义】

行政约谈指上级人民政府对下级人民政府主要负责人依法进行告诫谈话、指出相关问题、提出整改要求并督促其整改到位的行政措施。为深入贯彻落实习近平生态文明思想，加强和规范生态环境问题约谈工作，推动解决突出生态环境问题，不断夯实生态环境保护责任，生态环境部于 2020 年 8 月印发《生态环境部约谈办法》。生态环境问题约谈制度的法治化有助于提升领导干部生态环境责任意识，督促地方政府及其有关部门切实履行生态环境保护责任，解决生态环境监管重点及难点问题。

一、生态环境约谈主体和约谈对象

生态环境问题约谈，是指政府或者生态环境部门约见未依法依规履行生态环境保护职责或履行职责不到位的地方人民政府及其相关部门负责人，或未落实生态环境保护主体责任的相关企业负责人，指出相关问题、听取情况说明、开展提醒谈话、提出整改建议的一种行政措施。

本《条例》所指的约谈主体为省人民政府生态环境主管部门会同有关部

门。约谈对象一般为市人民政府主要负责同志。约谈事项涉及污染防治攻坚战重点区域、重要生态功能区，可以下沉约谈县（市、区）人民政府主要负责同志。对生态环境问题突出并造成不良影响的相关企业，可以约谈其董事长或总经理，并同步约谈企业所在市人民政府负责同志[1]。

二、约谈适用情形

约谈适用以下情形：未完成生态环境质量改善目标的；超过重点污染物排放总量控制指标的；发生重大、特别重大突发环境事件的；存在公众反映强烈、防治污染工作不力、影响社会稳定的突出生态环境问题的；其他依法应当约谈的情形。

三、约谈程序规定

约谈一般包括以下程序：（1）约谈前一般由约谈人发出约谈书面通知，明确被约谈人、约谈事项、约谈时间、约谈地点以及需要提交的相关材料等，被约谈单位应当按照要求提供书面材料并做好相应准备工作。（2）约谈会议由约谈召集人主持，被约谈人汇报所负责领域的工作现状和被约谈事项的有关情况，主要按照约谈内容进行汇报。约谈召集人和参加约谈部门负责人就有关问题提出质询，被约谈人进行答复。（3）约谈召集人提出整改措施要求和完成时限。（4）约谈后，约谈应当形成约谈会议纪要。被约谈单位要根据约谈要求和会议纪要进行整改落实，并将整改落实情况在一定期限内以书面形式向政府报告。

《生态环境部约谈办法》对约谈程序进行了详细规定。依据该办法，生态环境约谈程序主要包括：（1）约谈准备。督察办提出约谈建议并按程序报主要领导同意，生态环境厅党组会等研究决定实施约谈的，应当及时启动约谈程序。为确保约谈工作客观、精准、有效，针对拟约谈事项具体情况，生态环境厅视情组织或委托相关督察办组织开展现场核查，进一步核实情况和问题，分析原因和责任。根据生态环境厅主要领导审核同意的约谈建议，以及现场核查情况等，由督察办组织拟订约谈方案和约谈稿，

---

[1] 参见《生态环境部约谈办法》。

报领导批准后组织实施。约谈方案应当包括约谈事由、时间、对象、程序、参加人员、公开要求等。约谈稿应当包括约谈的依据背景、约谈事项涉及的具体问题情况和约谈整改意见建议等。（2）约谈实施。一般由督察办主持约谈，说明约谈事由，通报主要问题，提出整改建议；约谈对象说明情况，明确下一步拟采取的整改措施；签署约谈纪要。根据约谈工作需要，为保障约谈效果，可以采取集中约谈和个别约谈方式。需要同时约谈多个主体的，应当实施集中约谈。（3）约谈整改。

四、约谈整改

约谈整改是约谈的重要程序，也是约谈的主要目的。约谈时应当明确约谈整改方案的编制要求，提醒被约谈方在规定时间内组织完成整改方案编制并组织抓好落实。整改方案应当报送省人民政府生态环境主管部门。省人民政府生态环境主管部门发现约谈整改方案敷衍应对、不严不实的，应当督促被约谈方限期修改完善或组织重新编制。公开实施约谈的，省人民政府生态环境主管部门应当组织督促被约谈方在门户网站明显位置公开约谈整改方案，回应社会关切，接受社会监督。省人民政府生态环境主管部门应当组织对约谈整改落实情况开展调度分析，视情组织现场抽查。对约谈整改重视不够、推进不力并造成恶劣影响的，视情采取函告、通报、专项督察等措施[1]。

> **第二十条**　对公众反映强烈、造成重大污染或者威胁公众健康等环境违法案件，由负有生态环境保护监督管理职责的部门挂牌督办，限期查处、整改。挂牌督办情况应当向社会公开。

【条文主旨】

本条文是关于挂牌督办的规定。

【条文释义】

挂牌督办，是指负有生态环境保护监督管理职责的部门针对公众反

---

[1]　参见《生态环境部约谈办法》。

映强烈、造成重大污染或者威胁公众健康等环境违法案件公开督促政府及有关部门依法履行职责，限期查处、整改的管理手段。为了有效督促地方各级人民政府依法履行生态环境保护职责，本条专门规定挂牌督办制度。

一、挂牌督办适用范围

根据本条规定，适用挂牌督办的案件类型包括对公众反映强烈、造成重大污染或者威胁公众健康的环境违法案件。上述案件危害严重且整改难度大，挂牌督办制度可以有效督促地方人民政府依法履行生态环境保护职责，解决突出生态环境问题。

二、限期查处、整改

被挂牌督办地方人民政府接到挂牌督办文件后，应当依法履行职责，按照挂牌督办要求制订整改方案，明确整改责任、措施和时限，并在限定期限内整改完毕。

三、挂牌督办情况应当向社会公开

挂牌督办情况向社会公开，便于接受社会监督。此外，挂牌督办公开过程也是对普通公众进行生态环境保护普法宣传教育过程，能够起到警示、震慑作用。例如，2020年6月，生态环境部联合公安部共同挂牌督办润敏生物科技河北有限公司非法倾倒危废案，该公司在7县区非法倾倒3414.5吨强酸废液。公安部门对润敏公司车间、设备进行查封，威县县委对相关部门负责人予以党内严重警告、停职检查等问责处理。[1]

第二十一条　县级以上人民政府应当按照相关规定制定部门生态环境保护责任清单，明确部门生态环境保护责任。

---

[1]　《河北一公司在7县区非法倾倒3414.5吨强酸废液，生态环境部：挂牌督办》，新浪网，https：//tech. sina. com. cn/roll/2020－06－30/doc－iircuyvk1188951. shtml，最后访问日期为2020年9月1日。

> 县级以上人民政府应当建立生态文明建设目标评价考核体系，将生态环境保护目标完成情况纳入对本级人民政府负有生态环境保护监督管理职责的部门及其负责人和下级人民政府及其负责人的考核内容，作为对其考核评价的重要依据。考核结果应当向社会公开。
>
> 实行领导干部自然资源资产离任审计和生态环境损害责任终身追究制。

【条文主旨】

本条文是关于生态环境保护责任清单、目标评价考核体系、离任审计、生态环境损害责任终身追究的规定。

【条文释义】

党的十九届四中全会审议通过的《中共中央关于坚持和完善中国特色社会主义制度　推进国家治理体系和治理能力现代化若干重大问题的决定》将"严明生态环境保护责任制度"作为一项重点任务。生态环境保护责任制度是一项基础性制度，其与源头预防、过程控制、损害赔偿共同构成生态文明制度体系，是贯彻落实习近平生态文明思想的具体实践和制度保障[1]。生态环境保护目标的实现有赖于建立完善的责任体系。"有权必有责，用权受监督"是公权力运行的基本原则和要求。强化和落实各级政府和有关部门的生态环境保护责任，建立生态环境损害责任终身追究制、实施生态文明绩效评价考核是生态环境保护目标得以顺利实现的重要保障机制。为此，本条专门对该项制度进行规定，具体包括：生态环境保护责任清单、生态文明建设目标评价考核、自然资源资产离任审计和生态环境损害责任终身追究制。

一、生态环境保护责任清单制度

本条第一款规定，县级以上人民政府应当按照相关规定制定部门生态

---

〔1〕　蒋金法、京方程：《严明生态环境保护责任制度》，《光明日报》2020年6月4日，第6版。

环境保护责任清单，明确部门生态环境保护责任。要实现将权力关进制度的笼子里，必须明确责任。制定生态环境保护责任清单是深入贯彻习近平生态文明思想，推动落实"党政同责、一岗双责"，坚决打好污染防治攻坚战，推进生态文明，建设美丽中国的重要举措。实践中，由于生态环境保护涉及众多领域和职能部门，经常出现各部门之间的职责交叉、职责不明等情况，各部门需要花费大量的精力沟通协调，行政效率低下。制定生态环境保护责任清单，明确部门生态环境保护责任，对于科学、合理划定各职能部门的职责边界，防止部门之间互相推诿具有重要意义，也能够有效减少和避免有关部门在生态环境保护工作中的不作为、乱作为。

二、生态文明建设目标评价考核制度

（一）建立生态文明建设目标评价考核体系

本条第二款规定，县级以上人民政府应当建立生态文明建设目标评价考核体系。目标设定是实现考核评价的前提和关键环节。生态文明建设目标主要通过下级政府与上级政府签订目标责任书、有关主管部门和所属政府签订目标责任书、国民经济发展规划中的相关内容、专项保护规划等确定[1]。考核体系旨在检查目标的完成情况，并据此给予奖惩。考核评价制度是政府行为的指挥棒，长期以来，干部考核侧重于经济考核，导致领导干部忽视环境问题，完善的生态文明建设目标评价考核体系对于科学合理评价生态文明建设成果，督促党政机关依法履行生态文明建设职责具有重要意义。2016年，中共中央办公厅、国务院办公厅颁布《生态文明建设目标评价考核办法》，中共河北省委办公厅、河北省政府办公厅于2017年颁布《河北省生态文明建设目标评价考核办法》。依据上述两个考核办法的规定，生态文明建设目标评价考核实行党政同责，地方党委和政府领导成员生态文明建设一岗双责，按照客观公正、科学规范、突出重点、注重实效、奖惩并举的原则进行。生态文明建设目标评价考核在资源环境生态领域有关专项考核的基础上综合开展，采取评价和考核相结合的方式，实行年度评价、五年考核。年度评价按照河北省绿色发展指标体系实施，主要

---

〔1〕 吕忠梅主编：《中华人民共和国环境保护法释义》，中国计划出版社2014年版，第98页。

评估各市资源利用、环境治理、环境质量、生态保护、增长质量、绿色生活、公众满意度等方面的变化趋势和动态进展，生成各市绿色发展指数。目标考核内容主要包括省国民经济和社会发展规划纲要确定的资源环境约束性指标，以及省委、省政府部署的生态文明建设重大目标任务完成情况，突出公众的获得感。考核目标体系由省发展改革委、省生态环境厅会同有关部门制定，可根据国家生态文明考核目标体系、省国民经济和社会发展规划纲要及生态文明建设进展情况作相应调整。

（二）将生态环境保护目标完成情况的结果予以公示

本条第二款规定，将生态环境保护目标完成情况纳入对本级人民政府负有生态环境保护监督管理职责的部门及其负责人和下级人民政府及其负责人的考核内容，作为对其考核评价的重要依据。目标考核采用百分制评分和约束性指标完成情况等相结合的方法，考核结果划分为优秀、良好、合格、不合格四个等级。考核牵头部门汇总各地区考核实际得分以及有关情况，提出考核等级划分、考核结果处理等建议，并结合领导干部自然资源资产离任审计、领导干部环境保护责任离任审计、环境保护督察等结果，形成考核报告。考核结果将作为本级人民政府负有生态环境保护监督管理职责的部门及其负责人和下级人民政府及其负责人综合考核评价、干部奖惩任免的重要依据。

对考核等级为优秀、生态文明建设工作成效突出的地区，给予通报表扬；对考核等级为不合格的地区，进行通报批评，并约谈其党政主要负责人，提出限期整改要求；对考核等级为合格（含）以上但个别约束性指标未完成的市，按照专项考核办法的规定进行处理；对生态环境损害明显、责任事件多发地区的党政主要负责人和相关负责人（含已经调离、提拔、退休的），按照《党政领导干部生态环境损害责任追究办法（试行）》等规定，进行责任追究。

（三）考核结果应当向社会公开

"阳光是最好的防腐剂，路灯是最好的警察。"考核结果向社会公开有利于保障公民获取信息的知情权、监督权和参与权，便于公众对于该项工作进行监督。考核结果公开方式可以依据《中华人民共和国政府信息公开条例》有关规定，通过政府网站、新闻发布会以及报刊、广播、电视等便于公众知晓的方式向社会公众公开。

三、离任审计和责任终身追究制度

本条第三款规定，实行领导干部自然资源资产离任审计和生态环境损害责任终身追究制。具体包括以下两项制度。

（一）领导干部自然资源资产离任审计制度

领导干部自然资源资产离任审计是适应新时代我国生态环境治理的需要而产生的制度，充分体现了审计的监督作用。党的十八届三中全会提出领导干部实行自然资源资产离任审计，2014 年开始试点探索经验。2017 年 6 月，习近平总书记主持中央全面深化改革工作领导小组会议审议通过了《领导干部自然资源资产离任审计规定（试行）》，至此该项制度由点到面全面推开。自然资源资产保护和增值是贯彻、落实绿色发展理念、建设美丽中国的基础性工作，领导干部负有自然资源资产保护的职责。领导干部自然资源资产离任审计制度将领导干部的升迁等个人利益与审计结果密切挂钩，督促领导干部努力实现资源环境责任目标。

领导干部自然资源资产离任审计对象包括：一是各级党委和政府主要领导干部；二是国务院和地方各级发展改革、国土资源、环境保护、水利、农业、林业、能源、海洋等承担自然资源资产管理和生态环境保护工作部门（单位）的主要领导干部。

领导干部自然资源资产离任审计内容主要包括：贯彻执行中央生态文明建设方针政策和决策部署情况，遵守自然资源资产管理和生态环境保护法律法规情况，自然资源资产管理和生态环境保护重大决策情况，完成自然资源资产管理和生态环境保护目标情况，履行自然资源资产管理和生态环境保护监督责任情况，组织自然资源资产和生态环境保护相关资金征管用和项目建设运行情况，履行其他相关责任情况。审计机关应当充分考虑被审计领导干部所在地区的主体功能定位、自然资源资产禀赋特点、资源环境承载能力等，针对不同类别自然资源资产和重要生态环境保护事项，分别确定审计内容，突出审计重点[1]。

---

[1] 陈斌：《领导干部自然资源资产离任审计　内容和重点是啥》，新华网，https：//zj. zjol. com. cn/news/815394. html，最后访问时间：2020 年 9 月 1 日。

河北省积极探索符合全省实际、具有地方特色的领导干部自然资源资产离任审计模式。由于河北省自然资源资产种类繁多，其开发利用、管理和保护涉及众多职能部门，传统的审计方法已无法满足领导干部自然资源资产离任审计工作的需要。因此，河北省审计机关探索运用大数据审计方法，加强与相关部门技术合作，充分利用遥感、地理信息系统、全球定位系统等技术，采集和分析自然资源资产管理和生态环境保护相关信息数据，对河北省自然资源资产和生态环境质量状况变化情况进行测算和核实，摸清底数，揭示问题，分析查找问题原因，并提出相应的建议对策[1]。

具体到实际操作层面，河北省在线索挖掘时充分利用社会公开信息，立足本省自然资源禀赋特色，通过关注全国企业信用信息系统、社会热点新闻、"12345"便民投诉等渠道广泛收集自然资源资产类线索情报，及时把握各类潜在问题，破解信息不对称问题，使得项目审计更加具有针对性。在审计过程中，成立专门数据分析团队，将涉及自然资源资产离任审计的国土、发改、农林、水利、环保等部门的数据进行整合，推广大数据分析手段，提高审计查找问题疑点的精准度和效率。严格执行问题整改销号制度，促进领导干部强化"绿水青山就是金山银山"的理念，实现自然资源集约高效利用，推进生态环境保护责任落实。

（二）生态环境损害责任终身追究制

2019年10月31日，中国共产党第十九届中央委员会第四次全体会议通过的《中共中央关于坚持和完善中国特色社会主义制度　推进国家治理体系和治理能力现代化若干重大问题的决定》规定，实行生态环境损害责任终身追究制度。建立生态环境损害责任终身追究制有助于倒逼领导干部转变政绩观，推动行政决策的民主化、科学化、法治化，真正落实生态文明制度建设。终身意味着即使责任人已经离任、退休，依然要追究其法律责任，该制度犹如一把高悬的利剑，时刻警示、提醒领导干部重视生态环境保护问题。

---

〔1〕　王营：《河北省将运用大数据推行领导干部自然资源资产离任审计》，河北新闻网，http：//news. eastday. com/eastday/06news/society/s/20171220/u1ai11084526. htm，最后访问时间：2020年9月1日。

第二十二条　县级以上人民政府应当每年向本级人民代表大会或者人民代表大会常务委员会报告生态环境状况和生态环境保护目标完成情况，对发生的重大环境事件应当及时向本级人民代表大会常务委员会报告，依法接受监督。

【条文主旨】

本条文是关于人大监督的规定。

【条文释义】

各级人民代表大会是国家权力机关，县级以上人民代表大会常务委员会是本级人民代表大会的常设机关。依据《中华人民共和国宪法》、《中华人民共和国各级人民代表大会常务委员会监督法》和《中华人民共和国环境保护法》的规定，各级人大及其常委会有权对政府生态环境保护工作进行监督。

一、政府向人大报告生态环境保护工作的内容和方式

听取政府有关工作报告是人大及其常委会的法定职权。县级以上人民政府报告生态环境状况和生态环境保护目标完成情况是人民代表大会或者其常务委员会了解、掌握生态环境保护工作取得的成就、当前存在的问题，进而监督生态环境保护工作的重要方式，也是政府自觉履行生态环境保护责任的重要体现。

县级以上人民政府向人大或者其常委会报告生态环境工作可以分为年度报告和专项报告两种。各级人民代表大会常务委员会每年选择若干关系改革发展稳定大局和群众切身利益、社会普遍关注的重大问题，有计划地安排听取和审议本级人民政府、人民法院和人民检察院的专项工作报告。常务委员会听取和审议专项工作报告的年度计划，经委员长会议或者主任会议通过，印发常务委员会组成人员并向社会公布。常务委员会听取和审议本级人民政府有关生态环境的专项工作报告的议题，根据下列途径反映的问题确定：（1）本级人民代表大会常务委员会在执法检查中发现的突出

问题；（2）本级人民代表大会代表对人民政府、人民法院和人民检察院工作提出的建议、批评和意见集中反映的问题；（3）本级人民代表大会常务委员会组成人员提出的比较集中的问题；（4）本级人民代表大会专门委员会、常务委员会工作机构在调查研究中发现的突出问题；（5）人民来信来访集中反映的问题；（6）社会普遍关注的其他问题。此外，人民政府可以向本级人民代表大会常务委员会要求报告专项工作[1]。本条规定每年向人大及常委会报告生态环境状况和生态环境保护目标完成情况并没有形式上的要求，既可作为政府工作报告中的一部分，也可以专项报告的形式呈现。本条规定对发生的重大环境事件应当及时向本级人民代表大会常务委员会报告，依法接受监督。当有重大环境事件发生时，政府负有及时报告的义务，便于人大机关第一时间介入调查。

二、河北省各级政府向人大报告工作的实践

由于生态环境保护直接关系人民生命健康安全和人民对美好生活的追求，河北省各级人民政府高度重视生态环境保护，并定期就环境问题向同级人大及常委会进行报告。

2021 年 4 月，河北省第十三届人大常委会第二十二次会议听取了河北省政府 2020 年环境状况和环境保护目标完成情况与依法打好污染防治攻坚战工作情况报告。报告称，2020 年河北省环境状况持续改善，人民群众的生态获得感、幸福感进一步增强，天蓝、地绿、水清的美丽河北加速呈现。大气和水环境明显好转。全省八大水系水质持续改善，辽河、永定河、滦河及冀东沿海和大清河水系为优良。生态环境质量稳步提升。2020年，纳入河北省国民经济和社会发展计划年度目标和"十三五"生态环境保护约束性指标共 10 项，均超额完成。

---

[1]《中华人民共和国各级人民代表大会常务委员会监督法》第八条、第九条。

第三章　保护和改善生态环境

【本章导读】

　　保护和改善生态环境，关系广大人民群众的根本利益与中华民族发展的长远利益，是功在当代、利在千秋的事业，是党和政府对人民的庄严承诺。本章相较于原《河北省环境保护条例》第三章"环境保护和改善"，题目虽然仅有两字之差，但文本大幅修改，尽显"保护优先"理念与环境整体系统观，并通过制度创新强调立法的可造性，既体现了同环境保护法的上下衔接，也表明本《条例》是对习近平总书记生态文明思想在地方立法中的落实与推进。作为河北省生态环境保护基本法规的核心，本章共由十个法规条文组成，具体包括如下内容：一是关于政府改善环境质量主体责任的规定；二是关于"三线一单"的规定；三是关于保护生物多样性的规定；四是关于生态保护补偿的规定；五是关于生态环境保护技术支持与转化的规定；六是关于绿色采购与绿色消费的规定；七是关于农业和农村生态环境保护的规定；八是关于海洋生态环境保护的规定；九是关于矿山生态环境保护与综合治理的规定；十是关于环境责任保险的倡导性规定。

　　第二十三条　各级人民政府应当根据生态环境保护目标和治理任务，采取有效措施，改善生态环境质量。

　　未达到国家生态环境质量标准的重点区域、流域的有关人民政府，应当制定限期达标规划，并采取措施按期达标。

【条文主旨】

　　本条文是关于生态环境质量限期达标规划的规定。

【条文释义】

一、关于生态环境质量限期达标规划

2018 年 6 月，《中共中央　国务院关于全面加强生态环境保护　坚决打好污染防治攻坚战的意见》发布，提出生态环境质量达标地区要保持稳定并持续改善；生态环境质量不达标的市、县级人民政府，要于 2018 年年底前制定实施限期达标规划，向上级政府备案并向社会公开。2018 年 7 月，《生态环境部贯彻落实〈全国人民代表大会常务委员会关于全面加强生态环境保护　依法推动打好污染防治攻坚战的决议〉实施方案》发布，其中就落实生态环境质量限期达标规划再次提出进一步明确生态环境质量"只能更好、不能变坏"的责任底线，督促生态环境质量不达标地区尽快制定实施限期达标规划。可以说，生态环境质量限期达标规划为地方各级人民政府落实保护和改善生态环境的政府责任明确了底线与时间表，推动地方各级人民政府积极落实环境保护法规定的政府所承担环境保护责任、履行环境管理和生态环境保护的职责，践行"责任政府"的重要体现[1]。我国关于制定生态环境质量限期达标规划的有关法律规定首先出现在环境保护法（2014 年修订），其第二十八条规定地方各级人民政府应当根据环境保护目标和治理任务，采取有效措施，改善环境质量。未达到国家环境质量标准的重点区域、流域的有关地方人民政府，应当制定限期达标规划，并采取措施按期达标。此后，大气污染防治法就"大气污染防治标准和限期达标规划"设置专章予以规定，提出未达到国家大气环境质量标准城市的人民政府应当及时编制大气环境质量限期达标规划，采取措施，按照国务院或者省级人民政府规定的期限达到大气环境质量标准。水污染防治法第十七条规定，有关市、县级人民政府应当按照水污染防治规划确定的水环境质量改善目标的要求，制定限期达标规划，采取措施按期达标。

目前，河北省生态环境保护工作取得一定成效，但形势依然十分严峻，生态环境敏感脆弱，生态文明建设和生态环境保护还面临不少困难。

---

〔1〕　吴婧、陈奕霖、朱坦：《生态环境质量限期达标规划探析》，《环境影响评价》2020 年第 3 期。

面对生态环境保护压力叠加、负重前行的关键时期，河北省不断推动污染治理大见效，促进生态环境大改善，加快补齐生态环境短板，为人民群众创造良好生产生活环境。[1] 其中，为改善环境质量，切实落实各级党委、政府及其有关部门生态环境保护责任，河北省生态环境保护委员会印发《河北省生态环境保护责任规定（试行)》，其中强调采取有效措施改善环境质量，组织实施本行政区域大气、水、土壤、海洋、噪声、固体废物和核与辐射等环境污染防治，优化环境治理体系，统筹环境保护基础设施建设，改善环境质量。未达到环境质量标准的，督促制定限期达标规划并采取措施按期达标。本次《条例》修订，专门就制定生态环境质量限期达标规划作出规定，体现出河北省对于积极落实生态环境质量改善责任的积极态度。根据前述可知，本《条例》第二十三条关于生态环境质量限期达标规划的规定，具体包含以下层面含义。

第一，实施限期达标制度适用于未达到国家生态环境质量标准的重点区域、流域。制定生态环境限期达标规划是指按照生态环境质量功能区划规定划分的有关地区，未能达到其应当达到的生态环境质量标准的，应当制定达标规划，并采取措施限期达标。而国家生态环境质量标准则是指在一定时间和空间范围内，对环境中有害物质或因素的容许浓度所作的规定。它是国家环境政策目标的具体体现，是制定污染物排放标准的依据，也是环保部门进行环境管理的重要手段。目前已经制定的国家生态环境质量标准包括：《环境空气质量标准》（GB 3095—2012）、《地表水环境质量标准》（GB 3838—2002）、《声环境质量标准》（GB 3096—2008）等。

第二，未达到国家生态环境质量标准的重点区域、流域应当积极采取措施按时达标，并按照国务院或省级人民政府规定的期限达到生态环境质量标准。未达到生态环境质量标准城市的人民政府编制生态环境质量限期达标规划时，规划的达标期限不得超过国务院或者省级人民政府规定的期限。编制城市生态环境质量限期达标规划，应当征求有关行业协会、企业事业单位、专业人员和公众等方面的意见。

---

[1] 参见《中共河北省委　河北省人民政府关于全面加强生态环境保护坚决打好污染防治攻坚战的实施意见》。

二、各级人民政府保护和改善生态环境质量责任

除生态环境质量限期达标规定以外，本《条例》第二十三条还进一步明确了河北省各级人民政府保护和改善生态环境的质量责任，具体包括以下方面。

第一，明确保护和改善生态环境质量的责任主体。改善生态环境质量，是指在特定的时间和空间范围内，从生态系统层次上，实现生态环境达到对人类生存及社会经济持续发展的适宜程度，其根据人类的具体要求对生态环境的性质及变化状态的结果进行评定。建设生态文明，实现生态环境的保护与改善是中华民族永续发展的千年大计。环境质量的优劣，直接影响经济社会可持续发展、人民群众生命财产安全和生态平衡，是衡量国家文明程度的重要标准。政府作为国家权力机关的执行机关，是人民意志的执行者和人民利益的捍卫者，改善生态环境质量是政府行使社会公共服务职能的重要表现。做好这项工作，政府责无旁贷。我国在多部法律中均规定了政府的生态环境质量改善责任。宪法作为我国的根本大法，在第一章"总纲"部分第二十六条规定，国家保护和改善生活环境和生态环境，防治污染和其他公害。国家组织和鼓励植树造林，保护林木。环境保护法第二十八条第一款规定，地方各级人民政府应当根据环境保护目标和治理任务，采取有效措施，改善环境质量。大气污染防治法第三条第二款规定，地方各级人民政府应当对本行政区域的大气环境质量负责，制定规划，采取措施，控制或者逐步削减大气污染物的排放量，使大气环境质量达到规定标准并逐步改善。水污染防治法第四条第二款规定，地方各级人民政府对本行政区域的水环境质量负责，应当及时采取措施防治水污染。土壤污染防治法第五条第一款规定，地方各级人民政府应当对本行政区域土壤污染防治和安全利用负责。综上可以看出，区域生态环境质量同各级人民政府权责相连、紧密相关，应当以政府为主体积极承担生态环境保护责任，并引导其他社会主体积极参与生态环境保护，共筑经济强省、美丽河北。

第二，各级人民政府应当根据生态环境保护目标和治理任务履行改

善生态环境质量职能，是对本《条例》第四条的呼应，为改善生态环境质量提供了抓手与遵循，加强了该条款的可操作性。此外，生态环境保护政府主体责任的关键在于落实，必须采取有效措施强化政府的生态环境保护责任，确保责任落实到位。河北省积极贯彻《中华人民共和国环境保护法》对于各级政府保护和改善生态环境的主体责任的规定，并在《河北省大气污染防治条例》《河北省水污染防治条例》《河北省固体废物污染环境防治条例》《河北省机动车和非道路移动机械排放污染防治条例》等立法中明确落实政府保护和改善生态环境责任的重要手段。其中包括：政府向人大报告环保工作进展，接受人大监督制度；政府环保目标责任制和目标考核制度；限期达标制度，即若地方生态环境质量不达标，地方组织制定限期达标规划向社会公开制度；约谈制度，即省级以上生态环境主管部门会同有关部门约谈超过国家重点大气污染物排放总量控制指标或者未完成国家下达的大气环境质量改善目标的地区人民政府主要负责人，对其进行告诫谈话、指出问题、提出整改要求并督促整改到位的行政措施；区域限批制度，即省级以上生态环境保护部门对超过国家重点污染物排放总量控制指标，或者未完成国家确定的环境质量目标的地区暂停审批其新增重点污染物排放总量的建设项目环评文件。

第二十四条　省人民政府应当确定生态保护红线、环境质量底线、资源利用上线，制定实施生态环境准入清单，构建生态环境分区管控体系。

省人民政府应当组织有关部门或者委托专业机构，对生态环境状况进行调查、评价，建立环境资源承载能力监测预警机制，对资源消耗和环境容量接近或者超过承载能力的地区实行预警提醒和差异化限制性措施。

【条文主旨】

本条文是关于"三线一单"的规定。

【条文释义】

一、建立"三线一单"生态环境分区管控体系

"三线一单"包括生态保护红线、环境质量底线、资源利用上线和生态环境准入清单，编制"三线一单"应当以改善生态环境质量为核心，以生态保护红线、环境质量底线、资源利用上线为基础，划定环境管控单元，编制环境准入负面清单，构建环境分区管控体系。根据《"生态保护红线、环境质量底线、资源利用上线和环境准入负面清单"编制技术指南（试行）》，生态保护红线是指在生态空间范围内具有特殊重要生态功能、必须强制性严格保护的区域，是保障和维护国家生态安全的底线和生命线，通常包括具有重要水源涵养、生物多样性维护、水土保持、防风固沙、海岸生态稳定等功能的生态功能重要区域，以及水土流失、土地沙化、石漠化、盐渍化等生态环境敏感脆弱区域。按照"生态功能不降低、面积不减少、性质不改变"的基本要求，实施严格管控。环境质量底线是指按照水、大气、土壤环境质量不断优化的原则，结合环境质量现状和相关规划、功能区划要求，考虑环境质量改善潜力，确定的分区域分阶段环境质量目标及相应的环境管控、污染物排放控制等要求。资源利用上线是指按照自然资源资产"只能增值、不能贬值"的原则，以保障生态安全和改善环境质量为目的，利用自然资源资产负债表，结合自然资源开发管控，提出的分区域分阶段的资源开发利用总量、强度、效率等上线管控要求。生态环境准入清单是指基于环境管控单元，统筹考虑生态保护红线、环境质量底线、资源利用上线的管控要求，提出的空间布局、污染物排放、环境风险、资源开发利用等方面禁止和限制的环境准入要求。

编制"三线一单"生态环境分区管控体系是积极落实习近平总书记重要讲话精神，贯彻党中央、国务院一系列重要制度文件的重要举措。2015年7月，中央深化改革领导小组第十四次会议明确提出要落实严守资源消耗上限、环境质量底线、生态保护红线的要求。[1] 同年，中共中央、国务

---

〔1〕《习近平主持召开中央全面深化改革领导小组第十四次会议》，中国共产党新闻网，http://cpc. people. com. cn/n/2015/0701/c64094 - 27239672. html，最后访问日期为2020年7月30日。

院印发《关于加快推进生态文明建设的意见》《生态文明体制改革总体方案》，提出严守资源环境生态红线，树立底线思维，设定并严守资源消耗上限、环境质量底线、生态保护红线，将各类开发活动限制在资源环境承载能力之内。2017年5月，习近平总书记在中央政治局第四十一次集体会议上强调加快构建生态功能保障基线、环境质量安全底线、自然资源利用上线"三大红线"，推动形成绿色发展方式和生活方式。[1] 2018年5月，习近平总书记在全国生态环境保护大会上发表讲话，再次提出要加快划定并严守生态保护红线、环境质量底线、资源利用上线三条红线。[2] 综上可以看出，编制"三线一单"已经成为推进生态环境保护精细化管理、强化国土空间环境管控、推进绿色发展高质量发展的一项重要工作，是长期以来我国开展生态文明建设与生态环境保护工作的结晶，有助于推动我国加快形成节约资源和保护环境的空间格局、产业结构、生产方式、生活方式。

目前，我国已经有多部法律对"三线一单"相关内容作出规定，其中，环境保护法第二十九条第一款规定，国家在重点生态功能区、生态环境敏感区和脆弱区等区域划定生态保护红线，实行严格保护。国家安全法第三十条规定，国家完善生态环境保护制度体系，加大生态建设和环境保护力度，划定生态保护红线，强化生态风险的预警和防控，妥善处置突发环境事件，保障人民赖以生存发展的大气、水、土壤等自然环境和条件不受威胁和破坏，促进人与自然和谐发展。海洋环境保护法第三条第一款规定，国家在重点海洋生态功能区、生态环境敏感区和脆弱区等海域划定生态保护红线，实行严格保护；第二十四条第二款规定，开发利用海洋资源，应当根据海洋功能区划合理布局，严格遵守生态保护红线，不得造成海洋生态环境破坏。水污染防治法第二十九条第三款规定，从事开发建设活动，应当采取有效措施，维护流域生态环境功能，严守生态保护红线。固体废物污染环境防治法第二十一条规定，在生态保护红线区域、永久基

---

[1] 《习近平：推动形成绿色发展方式和生活方式　为人民群众创造良好生产生活环境》，中国共产党新闻网，http://cpc.people.com.cn/n1/2017/0527/c64094-29305289.html，最后访问时间：2020年7月30日。

[2] 《习近平出席全国生态环境保护大会并发表重要讲话》，新华网，http://www.xinhuanet.com/2018-05/19/c_1122857792.htm，最后访问时间：2020年7月30日。

本农田集中区域和其他需要特别保护的区域内，禁止建设工业固体废物、危险废物集中贮存、利用、处置的设施、场所和生活垃圾填埋场。

二、建立环境资源承载能力监测预警长效机制

本《条例》第二十四条第二款是关于环境资源承载能力监测预警以及对特定区域实行严格保护的相关规定，具体包含以下两层含义。

第一，应当对生态环境状况进行调查、评价，建立环境资源承载能力监测预警机制。《中共中央关于全面深化改革若干重大问题的决定》提出，建立资源环境承载能力监测预警机制，对水土资源、环境容量和海洋资源超载区域实行限制性措施。此规定明确了环境资源承载力指标在国土空间开发保护中的重要作用。可以说，建立资源环境承载能力监测预警长效机制，构建差异化承载力管控机制，是在我国经济社会发展面临严峻的资源环境约束条件下推进绿色发展的重要路径，是实施主体功能区战略、促进均衡发展的制度性安排。应当在科学化评估预警的基础上，按照区域、流域资源环境承载能力状况实施精细化、差异化的管控机制，从而促进区域、流域的绿色化发展。建立环境资源承载能力监测预警长效机制应当坚持定期评估与实时监测相结合原则、设施建设与制度建设相结合原则、从严管制与有效激励相结合原则、政府监管与社会监督相结合原则，具体包含以下几方面内容：（1）做好科学分区。在国家主体功能区划中，基于不同区域的资源环境承载能力、现有开发强度和未来发展潜力，将国土空间划分优先开发区域、重点开发区域、限制开发区域和禁止开发区域。在资源环境承载能力监测预警中，要依据国家和省级主体功能区划中各类主体功能区的性质与管控需求，结合区域、流域实际生态环境特征，衔接好行政分区与自然分区的关系，做好资源环境承载能力监测预警单元的合理划分。（2）建立差异化预警。将资源环境承载能力分为超载、临界超载、不超载三个等级，并根据不同等级实施不同程度措施。（3）科学测算环境资源承载力。建立环境资源承载能力监测预警机制应当建立完整的综合评价指标体系，充分发挥云技术、遥感、地理信息系统的数据分析处理能力，结合区域主体功能区划进行分类测算。（4）统计监测工作体系。建立环境资源承载能力监测预警机制应当将监测范围内的所有

敏感点实现全覆盖。

第二，由省政府组织有关部门或者委托专业机构开展环境资源承载能力监测预警。生态环境主管部门负有开展环境承载能力监测预警的法定职责，并会同有关部门组织监测网络。水污染防治法第二十九条第一款规定，国务院环境保护主管部门和省、自治区、直辖市人民政府环境保护主管部门应当会同同级有关部门根据流域生态环境功能需要，明确流域生态环境保护要求，组织开展流域环境资源承载能力监测、评价，实施流域环境资源承载能力预警。大气污染防治法第八十七条规定，国务院生态环境主管部门会同国务院有关部门、国家大气污染防治重点区域内有关省、自治区、直辖市人民政府，根据重点区域经济社会发展和大气环境承载能力，制订重点区域大气污染联合防治行动计划，明确控制目标，优化区域经济布局，统筹交通管理，发展清洁能源，提出重点防治任务和措施，促进重点区域大气环境质量改善。此外，由于开展环境承载能力监测预警专业性、科学性较强，因此可以就相关过程中的专业问题委托第三方专业机构，能够有效发挥第三方机构的专业优势，提高环境承载能力监测建设效率，降低成本。

第二十五条　开发利用自然资源，应当合理开发，保护生物多样性，保障生态安全，依法制定有关生态保护和恢复治理方案并予以实施。

县级以上人民政府应当建立健全生态修复制度，因地制宜建设生态环境治理与保护工程，依法依规实施退耕还林、退耕还草、退耕还河（湖）、退耕还湿、轮作休耕、轮牧休牧，开展国土绿化和水土保持，保护和改善生态环境。

各级人民政府应当构建生物多样性保护制度。依照国家和本省规定，全面禁止猎捕、杀害、交易、运输、加工和食用陆生野生动物。保护野生植物及其生长环境，禁止任何单位和个人非法采集野生植物或者破坏其生长环境。

加强生物安全管理，防止境外有害生物物种进入，并对入侵的有害生物物种采取措施，严防扩散。研究、开发和利用生物技术，应当采取措施防止对生物多样性的破坏。

【条文主旨】

本条文是关于保障生态安全的规定。

【条文释义】

一、加强生物多样性保护

生物多样性是描述自然界多样性程度的一个内容广泛的概念，是指一定范围内多种多样活的有机体有规律地结合所构成稳定的生态综合体。这种多样性包括动物、植物、微生物的物种多样性，物种的遗传与变异的多样性及生态系统的多样性。其中，物种的多样性是生物多样性的关键，它既体现了生物之间及环境之间的复杂关系，又体现了生物资源的丰富性。生物多样性是人类社会赖以生存和发展的基础，保护生物多样性才能保障生物资源的永续利用。

河北省位于华北东部，东临渤海，北部和西部为燕山、太行山山脉，东南部为广袤的平原。全省面积为 18.88 万平方千米，占全国土地总面积的 1.96%。地形地貌丰富，全省地势西北高，东南低。最高与最低之差达 2800 余米，高低悬殊，地貌复杂多样，有山地、丘陵、高原、平原和盆地。[1] 独特的地形地貌特征决定了河北省拥有丰富的生物多样性。近年来，河北省不断加强生物多样性保护，从制度建设方面，河北省在《河北省生态环境保护条例》《河北省河湖保护和治理条例》《河北省水污染防治条例》等地方性法规中均对保护生物多样性作出规定。此外，河北省还制定了生态保护红线，对生态功能极重要和生态环境极敏感脆弱地区应划尽划，除了国家级和省级自然保护区外，还涵盖了风景名胜区、森林公园、地质公园、世界文化自然遗产、湿地公园等各类保护地，实现了各类型生物的全面有效保护。

---

[1] 《河北概况》，河北省人民政府网站，http：//www.hebei.cn/hebei/14462058/14462085/14471224/index.html，最后访问时间：2022 年 1 月 20 日。

二、树立开发利用自然资源的底线思维

自然资源是生态产品的来源，是经济社会发展的物质基础，开发利用自然资源必须坚持"节约优先，保护优先，自然恢复为主"的方针。底线思维是面对风险，解决问题的思维方式，是"有守"和"有为"的有机统一，具有重要的方法论意义，底线思维在自然资源管理改革中的作用更为突出和重要。针对自然资源利用存在的同生态环境保护之间矛盾突出，市场化配置程度整体不高，自然资源粗放利用等现实问题，我国正在积极推动自然资源开发利用领域改革工作，根据《生态文明体制改革总体方案》的规定，完善资源总量管理和全面节约的范围包括土地资源、水资源、矿产资源等。目前河北省已经针对相关领域采取了一系列措施，具体包括以下几个方面。

第一，开展耕地保护和土地节约集约利用。基于河北省长期面临人均耕地低于全国平均水平、土地粗放利用导致后备土地资源不足等问题。河北省通过实施节约优先战略，坚持落实最严格的耕地保护制度，积极推动以节约集约为主题的土地利用方式。在制度建设方面，河北省制定《河北省土地管理条例》，将"切实保护耕地"作为河北省开展土地管理的基本原则，并就"耕地保护"设置专章予以规定。此外，先后印发《河北省人民政府关于大力推进开发区节约集约用地提高土地利用效率的意见》《关于加强耕地保护和改进占补平衡的实施意见》等政策性文件严控建设占用耕地、严管污染损害耕地、全面落实补充耕地、提高单位土地投资强度和产出效益。在机制建设方面，严控用地标准，加强资源管理利用考核，目前已建立了涵盖商服、工矿仓储、公共服务、交通运输、特殊用地等5种用途58类主要建设项目用地控制性指标体系。

第二，实施最严格的水资源管理。河北省在多部立法中对水资源利用管理作出明确规定，例如，《河北省水污染防治条例》第九条规定了企业事业单位和其他生产经营者应当健全水环境管理制度，公民应当采取低碳、节俭的生活方式，自觉履行水环境保护义务；而第三章"饮用水水源保护"则完整、严格地规定了饮用水水源地的禁止性行为。《河北省河湖保护和治理条例》第十九条列举了县级以上人民政府清理整治水域污染的

具体事项；第二十三条对防止畜禽养殖污染河湖水体作出规定。此外，该条例还就工业用水、生活用水等水资源利用行为作出规定。

第三，实现能源消费总量管理和节约。根据《中共河北省委关于制定国民经济和社会发展第十四个五年规划和二〇三五年远景目标的建议》，河北省将在"十四五"时期实施清洁能源替代工程，大力发展光伏、风电、氢能等新能源，不断提高非化石能源在能源消费结构中的比重。其中，绿色低碳是指将清洁环保作为结构优化的主攻方向。满足现实需求，着眼长远战略目标，加快"双重替代"进程，促进加快转型、绿色发展。节约高效是指从供需两侧全面着力，坚持增量清洁、存量优化，增强清洁能源供应保障能力，实施能源消费总量和强度"双控"，推广利用能源新技术、新模式、新业态，努力打造清洁、高效、智慧能源系统。

第四，实施天然林保护。天然林是结构最复杂、生物量最大、群落最稳定、生物多样性最丰富、生态功能最强大的陆地生态系统，在维护生态安全、国土安全、淡水安全、物种安全等方面具有不可替代的作用。目前，河北省扎实推进天然林保护，完善护林员管护体系，实现了全省天然林停伐和保护全覆盖。同时，严格执行征占用林地定额管理和森林采伐限额管理制度，实现了对林业破坏行为的有效震慑。在《河北省绿化条例》《河北省林木采伐管理办法》《河北省实施〈中华人民共和国森林法〉办法》中分别对天然林保护作出规定。

第五，实施湿地保护。河北省湿地资源相对较少，但湿地类型丰富，在涵养水资源、维护生态平衡方面发挥着重大作用。同时，湿地生态建设是开展白洋淀综合治理与保护的重点环节，对发挥白洋淀作为"京津冀生态环境支撑区"、建设形成白洋淀与雄安新区"蓝绿交织、水城共融"的生态城市布局具有重要意义。因此，河北省高度重视湿地保护工作，并专门制定《河北省湿地保护条例》，从建立健全保护体系、建立湿地生态效益补偿制度、划定湿地保护生态红线、加大对破坏湿地违法行为打击力度等方面对湿地保护进行了规范。

第六，实施海洋资源开发保护。河北省拥有丰富的海洋资源，但也同时面临海洋环境污染严重、海洋生态系统脆弱等问题。实施海洋生态环境治理与保护，合理开发海洋资源，实现海洋经济的可持续发展成为河北省实施海洋资源开发保护的未来之路。为此，河北省专门制定《河北省海洋环境保护管理规定》，并在《河北省生态文明体制改革实施方案》中对海洋资源开发保护制度作出专门规定，涉及落实海洋主体功能区制度、科学确定围填海规模和时序、落实海洋生态红线制度、推进海洋使用权市场化进程与动态监管、完善渔业资源管理制度等内容。

第七，健全矿产资源开发利用管理。进一步改革和完善矿产资源管理制度，加强矿山环境保护与综合治理，促进矿产资源开发与生态环境相协调是新时期改革和完善矿产资源管理制度，加强矿山环境综合治理的基本要求。河北省作为矿产资源大省，应当积极健全矿产资源开发利用管理。为此，河北省先后制定《河北省矿产资源管理条例》《关于改革和完善矿产资源管理制度加强矿山环境综合治理的意见》《关于严格控制矿产资源开发加强生态环境保护的通知》《河北省露天矿山污染持续整治三年作战计划》《加强矿产资源开发管控十条措施》等相关政策法规，从严格执行矿产资源总体规划、严格控制矿产资源开发、严格规范矿产资源审批权限和矿业权出让制度、实施矿山关闭和停批、建立矿产开发综合评估论证制度、加快推进绿色矿山建设、提高矿山企业综合利用水平、深入推进矿山环境综合治理、严厉打击非法开采矿产资源行为、加强矿山开发监管等方面完善矿山资源开发管控措施。

第八，实现资源循环利用。根据《中华人民共和国循环经济促进法》，实现资源循环利用的关键在于减量化，即在生产、流通和消费等过程中减少资源消耗和废物产生；再利用，即将废物直接作为产品或者经修复、翻新、再制造后继续作为产品使用，或者将废物的全部或者部分作为其他产品的部件予以使用；资源化，即将废物直接作为原料进行利用或者对废物进行再生利用。为促进资源循环再利用，河北省积极推动涉及生产、流通、消费等领域的循环经济发展和废弃物资源化利用，实行能源消费、碳排放、重点污染物排放、建设用地、用水的总量控制指标管理制度，对市、县和重点管理单位进行指标控制，对重点行业、重点项目进行资源消耗限额。在制度建设方面，先后制定了《河北省发展循环经济条例》《河北省人民政府关于加快发展循环经济的实施意见》等政策法规，并制定了严于国家标准和行业标准的钢铁、煤炭、电力、石油加工、化工、建材、印染等行业生产企业的单位产品资源消耗限额和污染物排放标准。

三、加强生物安全管理

本条款强调保护生物多样性应当加强外来物种与生物技术管控，具体如下。

（一）加强外来物种管控

外来物种入侵指一个外来物种引入后，可能因不能适应新环境而被排斥在系统之外，也有可能因新的环境中没有相抗衡或制约它的生物，这个引进物种可能成为真正的入侵者，打破平衡，改变或破坏当地的生态环境。河北省东临渤海、内环京津，是首都北京连接全国各地的必经之地。经过多年的建设与发展，河北省已形成了陆、海、空综合交通运输网，故河北省受外来物种入侵风险较大，其不仅对生物多样性造成危害，也将对经济发展和人类健康造成影响。

2020 年 10 月 17 日，中华人民共和国第十三届全国人民代表大会常务委员会第二十二次会议审议通过《中华人民共和国生物安全法》，从本次生物安全法制定可以看出，我国已经将生物安全视为国家安全的重要组成部分，将防范外来物种入侵与保护生物多样性作为保障生物安全的重要环节。其中，第二条将"防范外来物种入侵与保护生物多样性"列为本法的适用活动，第二十三条规定了外来物种准入制度，第二十四条规定了境外重大生物安全事件应对制度，第六十条规定了政府及相关部门、任何单位和个人均负有加强对外来物种入侵的防范和应对，保护生物多样性的职责，第八十一条设置了没收、罚款、责令限期捕回、找回释放或者丢弃的外来物种等法律责任。此外，环境保护法第三十条第二款规定，引进外来物种以及研究、开发和利用生物技术，应当采取措施，防止对生物多样性破坏。海洋环境保护法第二十五条规定，引进海洋动植物物种，应当进行科学论证，避免对海洋生态系统造成危害。农业法第六十四条第一款规定，国家建立与农业生产有关的生物物种资源保护制度，保护生物多样性，对稀有、濒危、珍贵生物资源及其原生地实行重点保护。从境外引进生物物种资源应当依法进行登记或者审批，并采取相应安全控制措施。进出境动植物检疫法规定了动物产品、动植物、邮寄物、运输工具进出境需要经过的检疫程序以及禁止进境物名录。动物防疫法则授权兽医主管部门开展动物防疫及其监督管理。国境卫生检疫法第十三条、第十八条规定了对入境发现的与人类健康有关的啮齿动物或者病媒昆虫进行监督检疫处理。种子法第十一条、第六十一条以及第六十二条对从境外引进种质资源作出规定。渔业法第十七条对从境外引进水产种苗作出规定。畜牧法第十五条对从境外引进畜牧资源作出规定。野生动物保护法第三十七条、第三十八条对从境外引进野生动物的相关活动作出规定。此外，我国针对外来物种防控法律制度还制定了完善的政策法规，其中在检验检疫方面，为进一步推进进出境动植物检疫法、国境卫生检疫法落到实处，国务院分别制定《中华人民共和国进出境动植物检疫法实施条例》《中华人民共和国国境卫生检疫法实施细则》，对入境检疫工作作出细化规定，对开展检疫工作的具体措施提出明确要求。此外，制定《国际航行船舶进出中华人民共和国口岸检查办法》《国际航行船舶出入境检验检疫管理办法》，要求对入境船舶活体物进行检疫，防止外来生物通过海上途径入侵。在外来生物引进管控方面，制定《农业转基因生物安全管理条例》，其中第三十条至第三十四条规定了入境农业转基因生物应当具备相应的安全管理、防范措施，其输出国家或者地区经过科学试验证明对人类、动植物、微生物和生态环境无害。

河北省目前尚未针对外来物种管控进行专门立法，但在相关立法中对相关内容进行了规定。《河北省河湖保护和治理条例》第二十七条规定，县级以上人民政府应当建立健全河湖生态修复和保护机制，加强水生生物资源养护，防止外来有害物种入侵，保护水生生物多样性。《河北省陆生野生动物保护条例》第三十一条规定，从省外向本省输入陆生野生动物或者其产品的，必须持有输出地的省、自治区、直辖市人民政府陆生野生动物行政主管部门出具的批准证明。《河北省种子管理条例》第二十条规定，引种者应当对引种的真实性、安全性、适应性负责，引种本地区没有自然分布的林木品种，应当按照国家引种标准通过试验。第三十四条还将带有国家规定的检疫性有害生物的种子规定为劣种子。《河北省湿地保护条例》第二十九条将擅自引进外来物种列为在湿地中禁止从事的行为。《河北省渔业条例》第二十一条规定，进口水产苗种、亲体以及从境外引进水生生物物种的，应当经省人民政府渔业行政主管部门审批。同时，从境外引进的水产苗种、亲体及其他水生生物物种，必须在指定的场所养殖、孵化；需转售的，应当经省人民政府渔业行政主管部门审批；第三十五条则将视角聚焦养殖、销售外来物种对生物多样性的影响，规定禁止养殖、销售未经国家批准的外来水生物种。养殖、销售经国家批准的外来水生物种，应当采取措施，防止外来有害水生物种的侵入或者逃逸，避免造成生态侵害风险。《河北省植物保护条例》第二十条规定，由境外引进农作物种子、种苗、种薯、菌种等繁殖材料的单位和个人，应当进行检疫登记和引种检疫审批。在本省繁育种植的，应当在农业植物检疫机构指定的隔离种植区内种植，并接受农业植物检疫机构的疫情监测；第二十一条规定，禁止任何单位或者个人进行当地未曾发生过的有害生物接种试验；在室内进行当地未曾发生过的非检疫性有害生物接种试验的，应当采取措施，防止有害生物的遗留、扩散。《河北省动物防疫条例》第二十六条规定，从省外、境外引进外来物种应当经过相关部门检验检疫合格后方可引入。

（二）加强生物技术管控

生物技术的不断突破正极大地推动并改变人类进程，但其在解决人类所面临的粮食、健康、环境、能源等重大问题的同时也逐渐暴露其对生物多样性的危险性一面，加强生物技术风险评价与制度规制刻不容缓。目前，我国就生物技术管控先后制定了一系列政策法律制度。其中，环境保护法第三十条第二款将规制生物技术的研究、开发和利用作为防止对生物多样性破坏的重要手段。生物安全法将研究、开发、应用生物技术视为维护我国生物安全的重要规制领域，该法强调在鼓励生物科技创新，加强生物科技人才队伍建设，支持生物科技产业发展的同时还应当提升我国生物安全保障能力。其中该法第四章规定了从事生物技术研究、开发与应用活动单位的安全责任，从事生物技术研究、开发与应用活动的伦理原则，从事生物技术研究、开发与应用活动相关主体的登记义务，生物技术研究、开发活动的分类管理制度，从事生物技术研究、开发活动的相关主体应当建立风险防控机制，从事高风险、中风险生物技术研究、开发活动的登记备案制度，从事生物医学新技术临床研究的主体资格明确，国务院有关部门对生物技术应用管控的责任。此外，该法还就人类遗传资源与生物资源技术规制以及防范生物技术运用于生物恐怖与生物武器威胁相关内容作出规定。农业法第六十四条第二款规定，农业转基因生物的研究、试验、生产、加工、经营及其他应用，必须依照国家规定严格实行各项安全控制措施。野生动物保护法第二十五条、第二十六条规定，使用生物技术开展野生动物物种保护及其科学研究应当以不破坏野外种群资源为前提，并根据野生动物习性确保其具有必要的活动空间和生息繁衍、卫生健康条件。畜牧法第三章对种畜禽品种选育过程中的生物技术运用进行严格规定，包括：培育的畜禽新品种、配套系和新发现的畜禽遗传资源在推广前，应当通过国家畜禽遗传资源委员会审定或者鉴定，并由国务院畜牧兽医行政主管部门公告；同时，还对申请取得生产家畜卵子、冷冻精液、胚胎等遗传材料的生产经营许可证的条件进行了严格限定。此外，国务院及其职能部门还对各领域生物技术应用进行了细化规定，农业领域包括《农业转基因生物安全管理条例》《农业转基因生物安全评价管理办法》《农业转基因生物标识管理办法》等；检验检疫领域包括《进出境转基因产品检验检疫管理办法》等；自然资源领域包括《开展林木转基因工程活动审批管理办法》等。

河北省在推动生物技术创新与生物企业发展的同时，强调对生物技术研究、开发、应用的管控监督与制度构建，防止由生物技术的"双刃"效应造成对生物多样性的破坏。其中，在科学技术促进法律制度建设方面，《河北省促进科技成果转化条例》第十三条将"能够显著提高国家安全能力和公共安全水平的"和"能够合理开发和利用资源、节约能源、降低消耗以及防治环境污染、保护生态、提高应对气候变化和防灾减灾能力的"作为政府及有关部门促进科技成果转化的必要条件。在自然资源法律制度建设方面，根据《河北省陆生野生动物保护条例》第二十八条规定因科学研究、人工繁育、展览或者其他特殊情况，需要出售、收购、利用国家和省重点保护陆生野生动物或者其产品的，应当经过县（区）申请、地市审核、省级批准的严格程序，实现了对陆生野生动物生物技术应用的监督管理。《河北省种子管理条例》第二十条第二款规定，引种主要农作物品种的引种者应当在拟引种区域内开展不少于一年的适应性、抗病性试验，对品种的真实性、安全性和适应性负责。从侧面强调了种子生物技术应用、研发应当以保障生物安全性为前提。在环境保护法律制度建设方面，《河北省湿地保护条例》第二十八条第二款规定，在湿地内从事生产经营、观赏旅游、科学研究、调查观测、科普教育等活动，应当避免影响、降低湿地生态功能和对野生生物物种造成损害。从中可以进一步解释围绕湿地开展生物技术研究应当以防止湿地生态环境与自然资源破坏为前提。

> 第二十六条 根据国家规定建立、健全生态保护补偿制度。加大对生态保护地区的财政转移支付力度。有关人民政府应当落实生态保护补偿资金，确保其用于生态保护补偿。
>
> 省人民政府应当以共建共享、受益者补偿和损害者赔偿为原则，建立健全市场化、多元化生态保护补偿制度，鼓励、指导受益地区和生态保护地区、流域下游与上游人民政府通过协商或者按照市场规则，采取资金补偿、对口协作、产业转移、人才培训、共建园区等方式建立横向补偿关系，改善重要生态功能区、重要水源地、重要湿地和自然保护地等重点区域的生态环境质量。

【条文主旨】

本条文是关于生态保护补偿制度的规定。

【条文释义】

本《条例》第二十六条是关于生态保护补偿制度的有关规定，本条文主要规定了生态保护补偿资金保障以及生态保护补偿制度的适用原则、模式、内容、方式及适用范围。

一、保障生态保护补偿资金

生态保护补偿制度是以保护生态环境、促进人与自然和谐为目的，根据生态系统服务价值、生态保护成本、发展机会成本，综合运用行政和市场手段，调整生态环境保护和建设相关各方之间利益关系的一种制度安排。其中，保障生态保护补偿资金在生态保护地区的专项、有效运用是确保生态保护补偿制度得以有效实施的基础。为确保生态补偿制度得以有效实施，国务院办公厅印发《关于健全生态保护补偿机制的意见》，其中就保障生态保护补偿资金提出，"（十一）建立稳定投入机制。多渠道筹措资金，加大生态保护补偿力度。中央财政考虑不同区域生态功能因素和支出成本差异，通过提高均衡性转移支付系数等方式，逐步增加对重点生态功能区的转移支付。中央预算内投资对重点生态功能区内的基础设施和基本公共服务设施建设予以倾斜。各省级人民政府要完善省以下转移支付制度，建立省级生态保护补偿资金投入机制，加大对省级重点生态功能区域的支持力度。完善森林、草原、海洋、渔业、自然文化遗产等资源收费基金和各类资源有偿使用收入的征收管理办法，逐步扩大资源税征收范围，允许相关收入用于开展相关领域生态保护补偿。完善生态保护成效与资金分配挂钩的激励约束机制，加强对生态保护补偿资金使用的监督管理"。

同时，在国家治理体系与治理能力现代化的宏观背景下，生态文明法治建设面临着转型发展的历史性机遇。生态保护补偿作为我国生态文明建设的重要一环，加快构建科学合理的生态保护补偿法律制度成为我国用最严格制度最严密法治保护生态环境的题中之义。2014 年，《中华人民共和国环境保护法》修订通过，由于党的十八大与党的十八届三中全会先后提出建立生态补偿制度，完善生态补偿机制建设，环境保护法在第三十一条加入生态保护补偿制度内容，提出国家建立、健全生态保护补偿制度，加大对生态保护地区的财政转移支付力度。2017 年，《中华人民共和国水污染防治法》修正，在总则部分第八条规定国家通过财政转移支付等方式，建立健全对位于饮用水水源保护区区域和江河、湖泊、水库上游地区的水环境生态保护补偿机制，代表着生态保护补偿法治化时代开启。有关地方人民政府应当落实生态保护补偿资金，确保其用于生态保护补偿。海洋环境保护法第二十四条第一款提出国家建立健全海洋生态保护补偿制度。此外，《南水北调工程供用水管理条例》第十九条第三款也提出应当依照有关法律、行政法规的规定，对南水北调工程水源地实行水环境生态保护补偿。

在实践发展与体制机制建设日益完善的前提下，河北省生态补偿入法进程不断加速。2005 年，《河北省环境保护条例》（现已失效）首次修订时便增加生态保护补偿内容，其第十九条规定，任何单位和个人应当根据谁开发谁保护，谁破坏谁恢复，谁利用谁补偿的原则，保护和合理利用自然资源，保护和改善生态环境。开发、利用自然资源造成生态环境破坏的，应当缴纳生态环境补偿费，专项用于生态环境治理。为河北省生态保护补偿制度的法治化进程奠定基础。2016 年，《河北省环境保护条例》第二次修订又增加了对征收及使用生态环境补偿费的具体办法的规定。此外，在流域生态补偿法律制度建设方面，《河北省水污染防治条例》第四十八条对区域水污染防治协作作出规定，要求省人民政府应当通过资金补偿、产业转移、对口协作等方式，建立健全对位于饮用水水源保护区区域和河流、湖泊、水库上游地区的生态补偿机制。建立健全流域上下游人民政府河流跨界断面水质目标责任考核以及生态补偿机制，并定期向社会公布考核结果。《河北省河湖保护和治理条例》第四十二条规定，县级以上人民政府应当建立健全河湖生态补偿机制，明确具体补偿标准和办法。在河流源头区、集中式饮用水水源地、重要河流敏感河段和水生态修复治理区、水产种质资源保护区、水土流失重点预防区和重点治理区，以及其他作为重要饮用水源或者具有重要生态功能的河湖实行生态保护补偿。

从实践层面，2019 年 6 月，河北省财政厅、河北省生态环境厅、河北省水利厅联合印发《密云水库上游潮白河流域水源涵养区横向生态保护补偿资金管理办法》（以下简称《管理办法》），该办法可谓给地方层面确保生态补偿资金得到专项、有效利用树立了管理典范。《管理办法》明确生态保护补偿资金专项用于密云水库上游潮白河流域水源涵养区水环境治理、水生态修复、水资源保护等方面，主要包括流域污水集中处理设施建设、生态清洁小流域建设，以及"稻改旱"、水文水环境监管能力建设等，涉及河北省张家口市赤城县、沽源县，承德市丰宁满族自治县、滦平县和兴隆县。提出采取因素法分配生态保护补偿资金，按照水质水量情况、流域面积、资金支出进度等因素，由河北省生态环境厅、河北省水利厅按照职责分工提供资金分配因素相关数据，河北省财政厅根据年度预算规模统筹确定资金安排方案。

二、建立健全市场化与多元化的生态保护补偿制度

建立市场化、多元化生态保护补偿机制对于促进生态保护的经济外部

性内部化，走出一条生产发展、生活富裕、生态良好的文明发展之路具有重要意义。它不仅充分体现山水林田湖草生命共同体的特征，即生态保护补偿机制是按照山水林田湖草生命共同体的理念通过生态保护补偿机制协调系统内不同区域之间的关系。也充分体现生态产品具有市场价值的特征。早在 2014 年，环境保护法第三十一条便提出国家指导受益地区和生态保护地区人民政府通过协商或者按照市场规则进行生态保护补偿。2018 年 12 月，国家发展改革委等九部门联合印发《建立市场化、多元化生态保护补偿机制行动计划》，其中就实现市场化、多元化生态保护补偿机制提出，应当健全资源开发补偿、污染物减排补偿、水资源节约补偿、碳排放权抵消补偿制度，合理界定和配置生态环境权利，健全交易平台，引导生态受益者对生态保护者的补偿。积极稳妥发展生态产业，建立健全绿色标识、绿色采购、绿色金融、绿色利益分享机制，引导社会投资者对生态保护者提供补偿。

近年来，河北省积极推进多元化、市场化生态保护补偿机制建设。《河北省人民政府办公厅关于健全生态保护补偿机制的实施意见》提出应当多渠道筹措资金。积极争取中央均衡性转移支付和县级基本财力保障奖补资金支持，争取中央财政逐步提高对河北省的转移支付补助系数，增加财力性转移支付规模。积极争取中央预算内投资，重点支持河北省坝上、衡水湖、白洋淀等重点生态功能区的基础设施建设和基本公共服务设施建设。综合采用财政补贴、资金奖补等方式，支持生态保护补偿领域 PPP 模式项目实施。建立完善政府引导、市场推进、社会公众广泛参与的生态保护补偿投融资机制。此外，《河北省河湖保护和治理条例》第四十二条提出统筹协调上下游、左右岸、干支流和有关地区之间的利益，探索市场化多元补偿机制，推动流域河湖生态环境跨行政区域协同保护和治理。《河北省湿地保护条例》第七条则强调进行湿地生态效益补偿，要求在湿地开发过程中应当遵循自然规律，遵循"等价""有偿"的价值规律，合理、正确地利用和开发湿地。并鼓励受益地区与湿地保护地区通过资金补偿、对口协作、产业转移、人才培训等方式建立横向补偿关系。

三、建立横向生态补偿关系

2015 年 3 月，中共中央、国务院印发《关于加快推进生态文明建设的意见》，明确提出建立地区间横向生态保护补偿机制，引导生态受益地区与保护地区之间、流域上游与下游之间，通过资金补助、产业转移、人才培训、共建园区等方式实施补偿。2016年3月，《中华人民共和国国民经济和社会发展第十三个五年规划纲要》再次提出加大对农产品主产区和重点生态功能区的转移支付力度，建立健全区域流域横向生态补偿机制。横向生态补偿机制的建立，一方面，有效缓解中央财政压力，在长期的单一纵向财政转移支付制度的基础上进行有效补充；另一方面，兄弟互助式的横向生态转移支付又能够有效缓解当前纵向转移支付中一般性转移支付对象难以精准的问题，避免了地方政府在资金使用上过于僵化、效率不高的问题。[1]

京津冀在探索建立横向生态补偿关系方面成果显著，河北省作为京津的天然屏障，为京津冀整体的生态环境保护发挥了至关重要的作用，特别是河北省张家口、承德等地区更是京津两地的天然生态屏障和自然生态涵养地。在京津冀生态利益分享不公平的现状下，河北省工农业发展承受巨大影响，生态环境治理财政负担沉重，加快推进京津冀生态保护补偿体制机制建设，不断加强制度体系保证从而形成对区际生态保护补偿实践的积极回应，成为确保京津冀区域协同发展重大国家战略行稳走远的关键题点。目前，京津冀三地在制度层面虽然并未形成实质性突破，但是在京津冀协同立法机制不断完善的背景下，京津冀区际生态补偿制度已经在三地流域水污染防治立法中显现。其中，《北京市水污染防治条例》第十六条第一款规定，逐步建立流域水环境资源区域补偿机制。《天津市水污染防治条例》第六十八条第一款规定，建立永久性保护生态区域生态补偿机制，对纳入永久性保护生态区域的饮用水水源保护区实行生态补偿；第六十九条规定，推动与河北省建立引滦水环境补偿机制，促进水污染治理，保障水环境质量。《河北省水污染防治条例》第四十八条规定，省人民政府应当通过资金补偿、产业转移、对口协作等方式，建立健全对位于饮用水水源保护区区域和河流、湖泊、水库上游地区的生态补偿机制。建立健全流域上下游人民政府河流跨界断面水质目标责任考核以及生态补偿机制。京津冀区际生态补偿地方实践正不断趋于成熟。从区域协作的范围来

---

〔1〕 段铸、刘艳：《以"谁受益，谁付费"为原则　建立横向生态补偿机制，京津冀如何破题》，《人民论坛》2017年第5期。

看，京津冀区际生态补偿以水资源保护和利用为核心，已涉及农业节水、水污染治理、小流域治理、水源涵养、水资源节约与水环境治理等多个项目，同时在京津冀风沙源头治理等方面也有协同治理的实践经验。特别是自京津冀协同发展的国家重大战略确立之后，包括区际生态补偿在内的京津冀生态环境协同治理取得了十分显著的成果。例如，北京市与河北省已经就京冀流域生态补偿事宜基本达成共识，河北省和北京市人民政府均已批复同意签署协议；河北省与天津市首先就引滦入津上下游横向生态补偿达成一致意见，在前期合作的基础上，两地人民政府共同签订了《关于引滦入津上下游横向生态补偿的协议》。由此可见，京津冀生态补偿已经在部分领域进行了地方实践，为京津冀区际生态补偿制度的接续完善积累了成功经验。

> 第二十七条　本省加强生态环境保护专业技术人才培养，组织开展重大生态环境保护项目科技攻关，搭建科技成果转化平台，促进生态环境保护科学技术进步。
>
> 各级人民政府应当采取有效措施，促进资源节约集约和循环利用，推动循环低碳绿色产业发展。
>
> 鼓励和支持企业事业单位和其他生产经营者对产品设计、原材料采购、制造、包装、销售、物流、回收和再利用等环节实施绿色改造。

【条文主旨】

本条文是关于生态环境保护科技支撑与绿色发展的规定。

【条文释义】

一、加强生态环境保护科技支撑

本《条例》第二十七条第一款是关于加强生态环境保护科技支撑的规定，包括生态环境保护专业人才培养、科学技术研究与科技成果转化等方面。2014年6月9日，习近平在中国科学院第十七次院士大会、中国工程院第十二次院士大会上的讲话指出，科技创新是提高社会生产力和综合国力的战略支撑。[1] 面对生态环境问题呈现的点面复合、多源共存、多型叠加的难控局面，生态环境形势的复杂性和艰巨性需要新的理论、方法、技术作为指导和支撑，迫切需要环境科技支撑，解决环境治理技术、设备、材料等关键问题，促进创新成果转化支撑管理服务，实现科学治污、精准治污，用最小的经济代价实现最大的治理效果。因此，以环保科技创新为引领，大力发展绿色环保产业，充分发挥创新驱动在打好污染防治攻坚战、建设生态文明基本动力的重要作用，在生态环境保护的创新体系构建、基地平台布局、人才队伍建设、生态环保科技产业、环境治理模式等方面实现技术突破和能力提升，已经成为当前中国解决环境问题的共识。

2018 年 6 月，中共中央、国务院印发《中共中央　国务院关于全面加强生态环境保护　坚决打好污染防治攻坚战的意见》，将生态环境保护科技创新作为促进形成绿色发展方式与生活方式的重要力量，提出构建市场导向的绿色技术创新体系，强化产品全生命周期绿色管理。在以科技促进生态环境保护事业发展成为我国生态文明建设未来发展方向的背景下，生态环境保护科技促进法律制度不断得到完善，成为我国环境与资源法律的必备要素。环境保护法第七条规定了国家支持环境保护科学技术研究、开发和应用，鼓励环境保护产业发展，促进环境保护信息化建设，提高环境保护科学技术水平，为其他环境单行法的生态环境保护科技促进法律制度设立奠定了基础。此外，在《中华人民共和国水法》第十条、《中华人民共和国海洋环境保护法》第十三条第一款、《中华人民共和国野生动物保护法》第四条、《中华人民共和国大气污染防治法》第六条、《中华人民共和国水污染防治法》第七条、《中华人民共和国固体废物污染环境防治法》第十条、《中华人民共和国土壤污染防治法》第九条、《中华人民共和国环境噪声污染防治法》第八条、《中华人民共和国防沙治沙法》第七条第一款、《中华人民共和国森林法》第十一条、《中华人民共和国草原法》第六条、《中华人民共和国煤炭法》第九条第一款、《中华人民共和国渔业法》第四条、《中华人民共和国环境影响评价法》第六条第一款、《中华人民共

---

[1]　《习近平在中国科学院第十七次院士大会、中国工程院第十二次院士大会上的讲话》，中华人民共和国中央人民政府网，http://www.gov.cn/xinwen/2018 - 05/28/content_ 5294268. htm，最后访问时间：2021 年 11 月 28 日。

和国海域使用管理法》第五条等法律制度中，均涉及国家支持科技研发与运用以促进相关领域环境污染防治和生态环境资源保护的内容。

目前，河北省生态文明建设正处于压力叠加、负重前行的关键期，加强生态环境治理的科技支撑，进一步加大环境领域前沿重大专项研究与国家实验室等重大科技平台建设的支持力度，实施一批重大环保科研项目，攻克一批环保热点难点问题和关键共性技术，加快补齐生态环境短板是河北省开展生态环境保护工作的重点任务。根据河北省委、省政府制定的《关于全面加强生态环境保护坚决打好污染防治攻坚战的实施意见》，其中将"增强科技支撑和能力保障"作为河北省加强生态环境保护，坚决打好污染防治攻坚战的基本原则，提出支持企业技术创新能力建设，加快掌握关键核心技术，促进环境治理重点技术装备产业化发展和推广应用。此外，河北省针对大气污染防治专门出台了《河北省大气污染治理科技工程实施方案》，设立了大气污染防治科技工程专项资金。在法治建设方面，除本条例外，河北省的其他环境资源立法中也涉及科技研究支持相关内容，包括《河北省大气污染防治条例》第九条、《河北省水污染防治条例》第七条第三款、《河北省固体废物污染环境防治条例》第六条、《河北省非煤矿山综合治理条例》第七条、《河北省河湖保护和治理条例》第七条、《河北省种子管理条例》第九条、《河北省绿化条例》第三条、《河北省湿地保护条例》第八条第一款、《河北省国土保护和治理条例》第八条、《河北省渔业条例》第三条等。

二、促进循环低碳绿色产业发展

本《条例》第二十条第二款是关于促进循环低碳绿色产业发展的规定。近年来，我国虽然围绕生态文明建设做了大量工作，取得了一定成效，但资源环境因素对经济社会发展的制约效应仍处于较高水平，一些地区已经在一定程度上超过了其区域资源环境承载能力，并在某些地区、某些领域构成制约经济社会健康、持续发展的瓶颈问题。在此背景下，结合国情和发展阶段，谋划好产业发展的绿色、循环、低碳之路，是我国经济社会发展全局中的一个战略问题，具有重要的现实意义。因此，从法治建设层面，我国不断推进立法进程，促进循环低碳绿色产业发展。其中，循环经济促进法是我国为促进循环经济发展，提高资源利用效率，保护和改善环境，实现可持续发展而制定的法律。该法明确了发展循环经济是国家经济社会发展的一项重大战略，确立了循环经济减量化、再利用、资源化，减量化优先的原则，建立了循环经济规划制度、抑制资源浪费和污染物排放的总量调控制度、以生产者为主的责任延伸制度等一系列制度安排。党的十八大以来，我国加快推动绿色循环低碳产业发展步伐，将生态文明建设纳入中国特色社会主义事业"五位一体"的总体布局，要求着力推进绿色发展、循环发展、低碳发展。2015 年 3 月，中共中央政治局审议通过《中共中央 国务院关于加快推进生态文明建设的意见》，将绿色发展、循环发展、低碳发展作为生态文明建设的基本途径，指出从根本上缓解经济发展与资源环境之间的矛盾，必须构建科技含量高、资源消耗低、环境污染少的产业结构，加快推动生产方式绿色化，大幅提高经济绿色化程度，有效降低发展的资源环境代价。

压减过剩产能，大力发展新兴产业，加快构建绿色、循环、低碳的现代产业体系，成为河北省完成产能削减任务目标的必经之路。2015 年，《中共河北省委 河北省人民政府关于加快推进生态文明建设的实施意见》（以下简称《实施意见》）发布，将初步建立绿色循环低碳产业体系作为加快推进河北省生态文明建设的总体目标，《实施意见》提出"实现产业转型升级取得突破性进展，服务业增加值占全省生产总值比重达到 45% 左右，战略性新兴产业增加值占规模以上工业比重达到 20% 以上。能源资源消耗强度持续下降，单位生产总值能耗、二氧化碳排放和万元工业增加值用水量完成国家下达任务，农田灌溉水有效利用系数提高到 0.69 以上。煤炭在能源消费中的占比大幅下降，非化石能源占一次能源消费比重达到 10% 以上"。同年，中共河北省委审议通过《中共河北省委关于制定河北省国民经济和社会发展第十三个五年规划的建议》，提出将促进产业结构绿色化转型作为河北省着力解决环境污染突出问题，坚定不移地走绿色低碳循环发展之路，努力实现河北永续发展的重要抓手。此外，河北省针对传统工业循环低碳绿色发展制定了《河北省人民政府关于加快推进工业转型升级建设现代化工业体系的指导意见》《关于发布 2019 年工业转型升级绿色制造工程实施方案的通知》等文件，提出以绿色工厂、绿色园区、绿色产品和绿色供应链试点示范为抓手，引领重点行业绿色转型，加快建立高效、清洁、低碳、循环的绿色制造体系。并针对传统农业循环低碳绿色发展制定了《关于加快推进农业机械化和农机装备产业转型升级的实施意见》等文件，提出加快推进河北省农业机械化和农机装备产业转型升级，围绕农业绿色发展，加快推进地下水超采综合治理、秸秆综合利用、畜禽粪污处理、奶业振兴等重点领域机械化提档升级，着力解决农机发展与农业重点工作结合不紧密的问题。在法治化建设方面，除本条例外，《河北省促进企业技术创新条例》第八条明确规定，县级以上人民政府负有引导、促进企业研究开发新技术、新产品、新工艺，进行技术改造和设备更新，淘汰技术落后的设备、工艺，支持绿色技术创新和战略新兴产业发展，加快培育新动能，构筑现代化产业体系的责任。《河北省大气污染防治条例》第五条第一项规定，县级以上人民政府发展和改革、工业和信息化部门负有优化产业和能源结构以及布局调整，组织推动工业企业技术改造和升级、落后产能淘汰计划实施，加大清洁能源利用，发展循环经济的责任。

三、促进清洁生产

清洁生产，是指将综合预防的环境保护策略持续应用于生产过程和产品中，以期减少对人类和环境的风险。清洁生产从本质上说，就是对生产过程与产品采取整体预防的环境策略，减少或者消除对人类及环境的可能危害，同时充分满足人类需要，使社会经济效益最大化的一种生产模式。从 1994 年 12 月原国家环保总局批准成立国家清洁生产中心开展清洁生产研究、推进清洁生产伊始，我国清洁生产技术支撑机构、生产咨询机构、人才能力建设蓬勃发展，清洁生产政策法规体系逐步完善，并于 2002 年 6 月 29 日第九届全国人民代表大会常务委员会第二十八次会议制定通过《中华人民共和国清洁生产促进法》，初步建立了较完善的清洁生产法律法规体系、清洁生产推进技术支撑体系、重点企业清洁生产推进机制，使我国清洁生产工作进入了有法可依的阶段。2012 年 2 月，第十一届全国人民代表大会常务委员会第二十五次会议对清洁生产促进法修正通过，新修正的清洁生产促进法虽然在总体结构、多数章节条款等方面没有大幅变动，但制度内容调整幅度较大，涉及国家建立清洁生产推行规划制度、清洁生产财政资金、强制性清洁生产审核概念、企业清洁生产审核制度、法律责任、增强法律可操作性和主管部门及职责的调整等方面。除清洁生产促进法外，我国制定的其他单行法中也涉及清洁生产相关内容。其中，环境保护法第四十条明确了促进清洁生产的国家责任与企业责任，规定，国家促进清洁生产和资源循环利用。国务院有关部门和地方各级人民政府应当采取措施，推广清洁能源的生产和使用。企业应当优先使用清洁能源，采用资源利用率高、污染物排放量少的工艺、设备以及废弃物综合利用技术和污染物无害化处理技术，减少污染物的产生。海洋环境保护法第十三条第二款规定了企业应当优先采取清洁生产工艺防止海洋环境污染的责任。大气污染防治法第四十一条规定了燃煤电厂和其他燃煤单位应当采用清洁生产工艺；第四十三条规定，钢铁、建材、有色金属、石油、化工等企业生产过程中排放粉尘、硫化物和氮氧化物的，应当采用清洁生产工艺。固体废物污染环境防治法将国家推行绿色发展方式，促进清洁生产和循环经济发展作为开展固体废物污染防治的原则性法律条款。第三十八条规定，产生工业固体废物的单位应当依法实施清洁生产审核；第六十八条规定，产品和包装物的设计、制造，应当遵守国家有关清洁生产的规定。循环经济促进法第四十四条第二款规定，企业使用或者生产列入国家清洁生产、资源综合利用等鼓励名录的技术、工艺、设备或者产品的可以享受相应税收优惠政策。

河北省经济发展对当地环境与能源的依赖性较强，严峻的生态环境问题加剧了清洁生产理念、工艺在河北省内推广应用的压力，对省内清洁生产工作开展提出了较高要求。河北省早在 2004 年便相继制定《河北省加快推进清洁生产的实施意见》《河北省清洁生产审核暂行办法》，对河北省清洁生产审核工作作出具体规定。此后，河北省不断加强清洁生产领域入法进程。《河北省大气污染防治条例》第二十九条第二款提出大气污染工业项目应当按照国家和本省有关规定开展清洁生产审核。《河北省固体废物污染环境防治条例》中关于固体废物减量化、资源化、无害化的相关表述同清洁生产理念相契合。《河北省发展循环经济条例》是河北省为发展循环经济，实现经济社会可持续发展的省级地方性立法，由于清洁生产和循环经济是点和面、微观和宏观的关系，清洁生产为循环经济发展提供了技术基础，两者在很多操作途径上是相同的，因此《河北省发展循环经济条例》可以在制度内容、权责配置等方面为河北省促进清洁生产提供有益借鉴。《河北省促进企业技术创新条例》则提出制定产业、财政、能源、环境保护等政策，引导、促进企业研究开发新技术、新产品、新工艺，进行技术改造和设备更新，淘汰技术落后的设备、工艺，支持绿色技术创新和战略新兴产业发展，将实现清洁生产作为河北省促进企业技术创新的重要方向。《河北省非煤矿山综合治理条例》中对非煤矿山企业的开采顺序、方法和选矿工艺作出规定，要求非煤矿山企业的开采回采率、选矿回收率、综合利用率和矿山水循环利用率、土地复垦率等达到生态环境保护合理要求。

> **第二十八条**　国家机关和使用财政资金的其他组织应当优先采购和使用节能、节水、节材等有利于资源节约、生态环境保护的产品、设备和设施。
>
> 住宿、购物、餐饮等行业的企业事业单位和其他生产经营者应当采用有利于生态环境保护和资源循环利用的产品，引导消费者减少使用一次性用品。

【条文主旨】

本条是关于绿色采购、绿色消费的规定。

【条文释义】

绿色消费作为以保护消费者健康为主旨，符合人的健康和环境保护标准的各种消费行为和消费方式的统称，其不仅包括绿色产品，还包括物资的回收利用，能源的有效使用，对生存环境以及物种的保护等。我国正不断推动全社会形成绿色消费的意识形态，党的十九大报告对此明确指出应当形成绿色发展方式和生活方式，坚定走生产发展、生活富裕、生态良好的文明发展道路。目前，中国正处于全面建成小康社会的决胜期，也是经济绿色转型和总体改善环境质量的攻坚期，因此从消费与生产、消费与环保之间的辩证关系看，大力推动绿色消费对转变发展方式、生活方式以及改善环境质量具有重要意义。本条款在促进绿色消费的内容设置上主要包括以下几个方面。

一、强化绿色采购，促进绿色产业发展

绿色采购，是指使用财政资金的组织和企业经济主体开展一系列采购政策的制定、实施以及考虑到原料获取过程对环境的影响而建立的各种关系，其中与原料获取过程相关的行为包括供应商的选择评价和开发、供应商的运作、内向物流、包装、回收、重用、资源的减量使用以及产品的处置，其实质是建立资源节约、环境友好社会。本《条例》第二十八条将绿色采购的主体限定为国家机关、使用财政资金的其他组织、企事业单位和其他生产经营者，就企事业单位和其他经营者而言，采购与供应活动作为现代供应链的重要组成部分，是整个供应链活动的起点，考虑到可持续发展的绿色采购活动可以兼顾当前经济发展和长远的社会发展的要求，能够满足公众对环保产品的需求，同时又可以从整体上降低成本，所以绿色采购可以为企业带来经济效益和竞争优势。目前，现行法律对于企事业单位和其他经营者绿色采购的规定以鼓励为主。其中，环境保护法第三十六条第一款规定了国家鼓励和引导公民、法人和其他组织使用有利于保护环境的产品和再生产品，减少废弃物的产生。固体废物污染环境防治法第一百条第一款规定了国家鼓励单位和个人购买、使用综合利用产品和可重复使用产品。就国家机关和使用财政资金的其他组织而言，财政资金作为国家社会资金的主导对社会资金的运作具有强大的控制力和影响力，根据财政部公布的政府采购情况，仅2015年全国政府采购规模就超过2万亿元，同比增长22.1%，占GDP比重为3.5%[1]因此，为了推动其他社会主体参与绿色化发展进程，我国不断提升政府绿色采购水平，以充分发挥政府采购在社会中的示范和引导效应。为此，根据政府采购法第九条规定，政府采购应当有助于实现保护环境的目标，并成为我国开展绿色政府采购最直接的、最明确的法律依据。此外，根据环境保护法第二十一条规定，国家可以通过政府采购手段鼓励和支持环境保护技术装备、资源综合利用和环境服务等环境保护产业的发展。第三十六

---

[1] 《政府采购规模首次突破两万亿大关》，中国政府网，http：//www.gov.cn/xinwen/2016 - 08/14/Content_ 5099373.htm，最后访问时间：2020 年 8 月 14 日。

条第二款进一步明确了国家机关和使用财政资金的其他组织优先采购和使用节能、节水、节材等有利于保护环境的产品、设备和设施的义务。大气污染防治法第五十条第二款对采取政府采购措施推广应用节能环保型和新能源机动车船、非道路移动机械作出规定。循环经济促进法第八条规定，县级以上人民政府应当采取政府采购等措施促进循环经济发展；根据第四十七条规定，相关主体使用财政性资金进行采购的，应当优先采购节能、节水、节材和有利于保护环境的产品及再生产品。清洁生产促进法第十六条第一款规定，各级人民政府应当优先采购节能、节水、废物再生利用等有利于环境与资源保护的产品。

目前，河北省不断扩大绿色采购实施范围，涉及政府绿色采购、公共机构绿色采购、制造业绿色采购、农业绿色采购等方面。在政府绿色采购方面，《河北省促进绿色建筑发展条例》第三十条第一款规定，政府投资或者以政府投资为主的建筑应当按照全装修方式建设，优先选用装配式装修技术、建筑信息模型应用技术。《河北省政府采购管理办法》第七条规定，政府采购应通过优先或强制采购等措施，支持实现环境保护、节能减排等经济和社会发展政策目标。在公共机构绿色采购方面，河北省针对公共机构开展绿色办公行动，严格执行节能环保产品强制采购制度，优先采购节能、节水、节材产品。盘活存量资产，减少资产的闲置浪费。在促进制造业绿色采购方面，河北省工信厅发布《关于发布2019年工业转型升级绿色制造工程实施方案的通知》，要求以绿色工厂、绿色园区、绿色产品和绿色供应链试点示范为抓手，持续打造绿色制造先进典型，引领重点行业绿色转型，加快建立高效、清洁、低碳、循环的绿色制造体系。在促进农业绿色采购方面，《河北省人民政府关于加快推进农业机械化和农机装备产业转型升级的实施意见》提出，应当围绕农业绿色发展，加快重点领域农业机械化提档升级，主推保护性耕作机具及配套技术，推广高效节水机具。围绕设施农业发展，重点加强耕整地、种植采运、灌溉施肥、环境调控等环节农机装备与技术的研发推广。

二、建立绿色产品标志制度

本《条例》第二十八条将绿色消费的客体限定为有利于生态环境保护

与资源节约的产品。由于"有利于生态环境保护和资源节约"的概念较为宽泛，因此需要与绿色产品标志等信息手段配合使用才能产生效果。若缺乏相关信息说明，无论是国家抑或是社会主体都无法获悉购买产品是否符合环境保护特征。其中，绿色产品标志是环境与资源保护的产品标志，不同于一般商标，其通过产品或包装的印记表明该产品比其他功能和竞争性都类似的产品更有利于环境和资源保护。目前，我国形成了以节能环保产品政府采购清单为基础的强制采购和优先采购制度，先后公布了二十二期环境标志产品政府采购清单和二十四期节能产品政府采购清单，初步建立了绿色采购制度框架，并取得积极成效。可以说，绿色产品标志是对产品易回收、可再用、可更新特征的确认，通过环保标志环境信息管理手段能够为绿色采购主体提供可供信赖的信息与正确引导。

三、引导绿色消费

本《条例》第二十八条第二款中关于"引导消费者减少使用一次性用品"的规定旨在推动形成绿色环保化市场，以提升绿色产品的市场占有度与存在感。而建立绿色消费激励制度则是带动绿色产品消费市场形成的重要推力。根据《国务院关于积极发挥新消费引领作用加快培育形成新供给新动力的指导意见》，我国绿色消费正在从生态有机食品向有利于节约资源、改善环境的商品和服务拓展。将为生态农业、新能源、节能节水、资源综合利用、环境保护与污染治理、生态保护与修复等领域技术研发、生产服务能力提升和基础设施建设提供大量投资创业机会。因此，应当发挥制度优势、引导市场行为，系统调整财税、金融、投资、土地、人才和环境政策，加强政策协调配合，形成有利于促进绿色消费市场拓展的政策环境。此后，国家发展改革委等10部门制定《关于促进绿色消费的指导意见》，分别从需求和供给两个方面引导消费者形成绿色消费模式，具体而言包括如下。

1. 需求侧包括：继续推广节能产品；加大新能源汽车推广力度与配套基础设施建设；组织实施"以旧换再"试点，建立健全对消费者的激励机制；实施绿色建材生产和应用行动计划；推广环境标志产品，鼓励使用低挥发性有机物含量的涂料、干洗剂，引导使用低氨、低挥发性有机污染物排放的农药、化肥；鼓励选购节水产品。

2. 供给侧包括：加快畅通绿色产品流通渠道；支持流通企业在显著位置开设绿色产品销售专区；组织流通企业与绿色产品提供商开展对接，促进绿色产品销售；鼓励大中城市开设跳蚤市场，方便居民交换闲置旧物；完善农村消费基础设施和销售网络，通过电商平台提供面向农村地区的绿色产品，拓展绿色产品农村消费市场。

河北省幅员辽阔，人口众多，消费市场庞大、潜力巨大，仅2019年第一季度，河北省社会消费品零售总额实现4000.1亿元。消费需求对河北省经济增长的贡献率为61.4%，高于投资需求13.8个百分点，形成对经济增长的主拉动作用。[1] 因此，破解制约河北省居民绿色消费最直接、最突出的体制机制障碍，培育新的绿色消费增长点对于增强消费对经济发展的基础作用，破解由传统消费模式引发的环境破坏与资源浪费问题具有双重利好效果。2019年，河北省发改委同工业和信息化厅、商务厅等10部委联合印发了《进一步优化供给推动消费平稳增长促进形成强大国内市场的行动方案（2019年）》，提出根据国家政策适时研究制定新一轮补贴政策，鼓励有条件的地方对产业链条长、带动系数大、节能减排协同效应明显的新型绿色家电产品销售，给予适当补贴。同年，河北省人民政府办公厅印发《河北省关于完善促进消费体制机制实施方案（2019—2020年）》，提出构建完善促进实物消费结构升级的绿色消费政策，不断壮大绿色批发市场、绿色电商等流通主体，引导流通企业开设绿色产品销售专区，逐步扩大绿色产品销售规模，积极发挥绿色商场在促进绿色循环消费方面的示范作用。按照国家部署探索建立河北省绿色消费积分制度，形成绿色消费有效保障。

第二十九条 各级人民政府和有关部门应当推动形成农业绿色生产方式，实现化学投入品减量化、生产清洁化、废弃物资源化、产业模式生态化，集中治理农业生态环境突出问题，提高农业可持续发展能力。

---

〔1〕《河北：消费市场平稳运行　消费升级呈现新变化》，人民网，http：//he. people. com. cn/n2/2019/0508/c192235 - 32915231. html，最后访问日期为2020年8月20日。

> 各级人民政府和有关部门应当加强农村生态环境保护设施建设，科学合理确定农村污水治理模式，统筹规划建设农村污水处理、垃圾收集处置设施和排水管网，推进农村厕所无害化改造，提高农村生态环境保护公共服务水平，改善农村人居环境。

【条文主旨】

本条是关于农业和农村生态环境保护的规定。

【条文释义】

一、关于农业生态环境保护

农业生态环境，是指直接或者间接影响农业生存和发展的土地资源、水资源、气候资源和生物资源等各种要素的总称。近年来，伴随着 GDP 持续、高速增长，我国以耕地、林地、草地和淡水为代表的农业自然资源数量与质量呈现持续大幅下降趋向，以农田生态为核心的农业生态环境多样性正不断丧失。保护农业环境，维持农业生态平衡，对于保证农业经济发展，保障农民身体健康具有重大意义。河北省是农业大省，仅 2018 年前三个季度，河北省农林牧渔总产值达到 3409 亿元，[1] 农业发展对促进河北省社会稳定、经济发展具有重要意义。但根据资料显示，河北省农业生态环境重度脆弱区面积为 0.81 万 km^2，中度脆弱区面积为 7.34 万 km^2，轻度脆弱区面积为 4.82 万 km^2，微度脆弱区面积为 5.91 万 km^2。[2] 可以说，河北省农业发展仍具有潜在性风险，推动形成农业绿色生产方式，集中治理农业生产环境突出问题应当被置于河北省"三农"问题的重点环节予以考虑。因此，本《条例》第二十九条第一款对于推动农业生态环境保护的规定可谓恰逢其时，其主要从以下方面就推动形成农业绿色生产方式作出规定。

---

〔1〕《前三季度河北省农林牧渔业完成总产值 3466 亿》，河北新闻网，http://gov.hebnews.cn/2010-10/15/content_1103049.htm，最后访问时间：2022 年 1 月 20 日。

〔2〕杜福光、张亚南、高超：《河北省农业生态环境脆弱性评价研究》，《环境与发展》2016 年第 1 期。

1. 实现化学投入品减量化。农业化学投入品包括农药、化肥、兽药、饲料及饲料添加剂、农膜等农用生产资料。农业化学投入品处于农业生产的源头，直接影响农产品质量安全及农业生态环境安全。目前，我国农业化学投入品减量化趋势明显，部分地区、领域已经达到绿色农业标准。根据《国务院关于2019年度环境状况和环境保护目标完成情况与研究处理水污染防治法执法检查报告及审议意见情况的报告》，2019年，全国化肥农药使用量连续实现负增长，三大粮食作物化肥利用率达到39.2%；预计畜禽粪污综合利用率达到75%以上，规模养殖场粪污处理设施装备配套率达到85%以上。然而，我国化肥、农药、农膜和抗生素等为代表的农业化学品使用量高位行走，与农业化学品的有效利用率或回收率长期处于低位徘徊的现状特征仍将持续，不断加强农业化学投入品的法律规制仍是实现农业化学投入品使用控制在合理范围内的关键一招。我国已经有不同法律对农业化学投入品使用作出法律规定。水污染防治法为防治农业化学投入品使用引发水环境问题，在第五十三条至五十五条对化肥、农业的标准、使用、保存等适用水环境保护要求作出规定。农业法第五十八条第一款规定，农民和农业生产经营组织应当保养耕地，合理使用化肥、农药、农用薄膜，增加使用有机肥料，采用先进技术，保护和提高地力，防止农用地的污染、破坏和地力衰退。大气污染防治法第七十四条第一款就农业污染对大气环境造成的破坏规定，农业生产经营者应当合理使用农药，减少氨、挥发性有机物等大气污染物的排放。固体废物污染环境防治法第六十五条第一款则就废弃农用薄膜、农药包装废弃物等农业固体废物的回收利用与污染防治作出规定。

近年来，河北省不断开展农业化学品投入减量化工作，根据《河北省乡村环境保护和治理条例》第二十六条的规定，县级以上人民政府农业行政主管部门应当推进生物有机肥、低毒低残留农药、可降解地膜的应用，实现化肥农药使用量零增长，建立农药、化肥包装废弃物的有偿回收模式，逐步实现废弃农膜全面回收利用。同时，河北省针对农业面源污染治理还制订了专门的行动计划，分别就农业节肥、节药制定了技术路径与具体措施。在节肥方面：根据农业生产要求合理制定各区域作物单位面积施肥限量标准。河北省所有县主要农作物实现测土配方施肥全覆盖。建设标准化配方肥供应网点与推广测土配方施肥技术应用。开展有机肥替代多元化。在节药方面：应用绿色防控技术，大力推广应用生物农药、高效低毒低残留农药，推进农作物病虫害专业化统防统治与绿色防控融合。此外，河北省还在行政审批环节加强对农药经营管控，根据《河北省限制使用农药定点经营布局规划》的规定，限制使用农药经营许可证的核发，推进河北省限制使用农药经营建立规范化的限制使用定点经营制度和追溯管理体系，实行专柜销售、实名购买和溯源管理，实现来源可追溯、去向可跟踪、质量有保障。

2. 实现农业生产清洁化。农业清洁生产是将清洁生产引入农业领域当中，利用先进的生产技术和科学的管理体系，形成既能满足农业生产需求，又能实现环境保护和资源合理利用的现代农业生产方式。2017年，《中共中央 国务院关于深入推进农业供给侧结构性改革 加快培育农业农村发展新动能的若干意见》明确提出，推行绿色生产方式，增强农业可持续发展能力，推进农业清洁生产；同年，党的十九大报告中也指出构建现代农业生产体系，严格落实"一控两减三基本"的目标要求，大力发展生态循环型、资源节约型农业，实现农业清洁生产，从源头上保障农产品质量安全。此外，农业农村部2019年、2020年连续发布《农业农村绿色发展工作要点》，将农业绿色生产作为农业农村绿色发展工作的重心，设计了优化种养业结构、推行标准化生产、发展生态健康养殖、增强绿色优质农产品供给的发展路径。

河北省在推进农业清洁化生产方面发展迅速，以减量化、清洁化为目标，大力推广资源节约型和环境友好型技术，加快推进农业生产过程的清洁化，强调推动农业向绿色、生态和可持续发展转变，在推动农业清洁生产综合示范区建立的同时，积极推广绿色农业技术。根据河北省人民政府印发的《河北省农业供给侧结构性改革三年行动计划（2018—2020年）》，其中将推动清洁生产，大力发展绿色农业作为河北省推动农业供给侧结构性改革的重点任务，并就推进农业绿色循环发展作出具体路径设计，其中包括：坚持以种带养、以养促种、种养结合，推广"畜—沼—果菜""粮—畜—肥—田"等生态循环模式。实施种养结合循环农业示范工程，推动废弃物就地消纳、能量循环、综合利用。

3. 实现农业废弃物资源化。农业废弃物资源化，是指通过利用相关技术和设备实现农业生产过程中产生的有机废弃物质加工成为可再次使用的资源，实现农业废弃物"变废为宝"的过程。随着农产品需求的日益丰富以及农业生产的规模性增长。农业生产过程中发生的废弃物处理粗放、综合利用水平不高的问题日益突出，已经成为农村环境治理的短板。目前，我国正处于推动农业绿色发展，实现乡村振兴战略的改革攻坚期。实现农业废弃物的资源化利用对于治理农业面源污染、改善农业生产条件、美化农业生态景观、改善农村生态环境具有重要意义。我国高度重视农业废弃物的资源化。2015 年，国务院办公厅印发《关于加快转变农业发展方式的意见》专门就农业废弃物资源化利用的实现路径作出规定，提出推广畜禽规模化养殖、沼气生产、农家肥积造一体化发展模式；推进农村沼气工程转型升级，开展规模化生物天然气生产试点；引导和鼓励农民利用畜禽粪便积造农家肥。支持秸秆收集机械还田、青黄贮饲料化、微生物腐化和固化炭化等新技术示范，加快秸秆收储运体系建设。扶持建设一批废旧农膜回收加工网点，鼓励企业回收废旧农膜。加快可降解农膜研发和应用。加快建成农药包装废弃物收集处理系统。2018 年 9 月，中共中央、国务院印发《乡村振兴战略规划（2018—2022）》，就农业废弃物资源化利用的方向作出规划，提出我国将推进农业结构调整，大力发展种养结合循环农业，促进废弃物资源就近利用，提升农业科技创新水平，支撑农业污染防治和农业废弃物资源利用的发展路径。

河北省是我国北方主要粮食产区与畜牧区，如何实现农业废弃物的资源化利用成为河北省长期探索的重要议题。目前，河北省主要的农业废弃物包括秸秆和畜禽养殖废弃物。就秸秆的资源化利用而言，河北是农业大省，总耕地面积 9800 多万亩，每年秸秆资源量约为 6176 万吨。露天焚烧秸秆成为河北的"心肺之患"[1] 2015 年 7 月，河北省人大常委会审议通过《河北省人民代表大会常务委员会关于促进农作物秸秆综合利用和禁止露天焚烧的决定》（以下简称《决定》），提出探索一条以疏为主、疏堵结

---

[1]《对河北省第十三届人民代表大会第二次会议第 1132 号建议的答复》，河北省自然资源厅网站，http：//zrzy. hebei. gov. cn/heb/gk/bljg/201559637612480. html，最后访问时间：2020 年 8 月 20 日。

合的秸秆焚烧管理新路子，建立"全面覆盖、网络清晰、分级管理、层级负责、责任到人"的网格化属地管理体制。该《决定》实施以来，河北省的秸秆资源化程度明显提高，至 2017 年已经达到 96% 以上。但另据数据显示，秸秆的肥料化、饲料化、能源化、基料化和原料化利用比重分别占 66.6%、25%、5.1%、1.4% 和 1.7%，[1] 秸秆的利用结构仍呈现出不合理状态。针对相关问题，2016 年 7 月，原河北省农业厅、发展改革委员会等 9 部门联合印发《河北省农业可持续发展规划（2016—2030）》，提出河北省将以环境资源承载力为基准，继续深入开展农作物秸秆肥料化、饲料化、能源化、基料化、原料化利用，实现 2020 年全省秸秆综合利用率稳定保持在 96%。

4. 实现农业产业模式生态化。农业产业生态化是指农业产业实现自然生态有机循环，在自然系统承载能力内，对特定地域空间内产业系统、自然系统与社会系统之间进行耦合优化，达到充分利用资源，消除环境破坏，协调自然、社会与经济的持续发展。党的十九大报告指出，实施乡村振兴战略总的要求是产业兴旺、生态宜居、乡风文明、治理有效、生活富裕。产业兴旺是重点，生态宜居是关键。推进产业生态化和生态产业化，是深化农业供给侧结构性改革、实现高质量发展、加强生态文明建设的必然选择。2018 年 6 月，农业农村部印发《农业农村部关于实施农村一二三产业融合发展推进行动的通知》。其中，就推动农业产业生态化提出要加快发展绿色、循环农业，提高优质农产品生产比例，夯实产业融合发展基础。统筹推动初加工、精深加工、综合利用加工协调发展，不断增强农产品加工业引领带动能力。由此可以看出，实现农业产业模式生态化就是农业产业发展符合生态环境保护要求的过程，实现农业产业模式生态化包括以下几方面要求：（1）改造提升农村传统产业，提高生态化水平。（2）改善农业生态系统，增强可持续发展能力。（3）拓展"生态＋"模式，发掘和拓展农业在历史传承、文化体验、生态保护等方面的多功能属性，充分释放农村农业的生态价值。

---

〔1〕《今年河北省秸秆综合利用率将稳定在 96% 以上》，原农业部网站，http：//jiuban. moa. gov. cn/fwllm/qgxxlb/qg/201706/t20170605_ 5660070. htm，最后访问时间：2020 年 8 月 20 日。

河北省作为农业大省，不断推动本省农业产业生态化进程。2017 年 12 月，河北省人民政府制定《河北省农业供给侧结构性改革三年行动计划（2018—2020 年）》，该计划提出将创建农业可持续发展试验示范区，探索生态农业发展模式，拓展多种功能、发展新兴业态，推动种养加有机结合、一二三产融合发展。根据数据显示，截止到 2019 年，河北省农业产业生态化方面实现重大突破，完成调减非优势区高耗低效粮食作物 200 万亩，聚焦 27 个特色产业带、30 个省级特色农产品优势区、36 个现代农业精品园区，做强特色产业。加快畜牧业转型升级，重点减少分散养殖，增加规模化、标准化养殖。[1] 未来，河北省将基于农业发展的地区特色提升农业产业生态化的精准化程度。根据《河北省农业可持续发展规划（2016—2030 年）》，河北省将开展绿色畜牧业、健康水产、种养结合、农业可持续发展示范创建，探索适合不同区域的农业可持续发展管理与运行机制，形成可复制、可推广的农业可持续发展典型模式。

二、关于农村生态环境保护

2018 年 11 月，河北省人民政府印发《河北省乡村振兴战略规划（2018—2022 年）》，提出以生态宜居作为乡村振兴的关键，全面改善农村人居环境，实现"百姓富、生态美"的有机统一，让良好生态成为乡村振兴支撑点。本《条例》作为河北省实行的最完善、严格的生态环境保护法律制度，自然将农村生态环境保护作为其中组成部分，并专门设置第二十九条第二款加以规定。

自 2005 年党和国家提出"建设社会主义新农村"目标以来，我国对农村人居环境建设的支持力度不断提升，建设成效显著。中共中央、国务院印发《关于坚持农业农村优先发展做好"三农"工作的若干意见》，再次提出扎实推进乡村建设，加快补齐农村人居环境短板。为落实此要求，中央提出，应当一方面抓好农村人居环境整治三年行动，全面推开以农村垃圾污水治理、厕所革命和村容村貌提升为重点的农村人居环境整治，确保到 2020 年实现农村人居环境阶段性明显改善，村庄环境基本干净整洁有

---

〔1〕《2019 年河北省农业农村重点工作将实现"六个突破"》，搜狐网，https://www.sohu.com/a/295483001_120060177，最后访问时间：2020 年 8 月 20 日。

序，村民环境与健康意识普遍增强；另一方面，实施村庄基础设施建设工程，不断推进农村饮水安全巩固提升工程、"四好农村路"工程、乡村电气化提升工程以及乡村物流基础设施网络建设。2018 年，河北省委办公厅、河北省人民政府办公厅印发《河北省农村人居环境整治三年行动实施方案（2018—2020 年）》，该方案指出，我国农村人居环境状况很不平衡，脏乱差问题在一些地区还比较突出，与全面建成小康社会要求和农民群众期盼还有较大差距，成为我国经济社会发展的突出短板。为此，提出应当从以下几个方面全面推进农村人居环境整治行动。

1. 推进农村生活垃圾治理。统筹考虑生活垃圾和农业生产废弃物利用、处理，建立健全符合农村实际、方式多样的生活垃圾收运处置体系。

2. 开展厕所粪污治理。合理选择改厕模式，推进厕所革命。

3. 梯次推进农村生活污水治理。根据农村不同区位条件、村庄人口聚集程度、污水产生规模，因地制宜采用污染治理与资源利用相结合、工程措施与生态措施相结合、集中与分散相结合的建设模式和处理工艺。

4. 提升村容村貌。加快推进通村组道路、入户道路建设，基本解决村内道路泥泞、村民出行不便等问题。

5. 加强村庄规划管理。全面完成县域乡村建设规划编制或修编，与县乡土地利用总体规划、土地整治规划、村土地利用规划、农村社区建设规划等充分衔接，鼓励推行多规合一。

6. 完善建设和管护机制。明确地方党委和政府以及有关部门、运行管理单位责任，基本建立有制度、有标准、有队伍、有经费、有督察的村庄人居环境管护长效机制。

近年来，河北省不断推动改善农村人居环境，围绕"保持田园风光、增加现代设施、绿化村落庭院、传承优秀文化"的总体要求，分别实施农村饮水安全工程，农村道路硬化工程，村庄环境整治工程，农村污水处理工程，农村厕所改造工程，村庄绿化美化工程，农村民居节能改造和危房改造工程，农村能源清洁开发利用工程，新一轮农村电网升级改造工程，农村土地整治工程，农村传统文化保护工程，农村群众文化建设工程。同时，在法规制度建设方面，2016 年 7 月，河北省制定《河北省乡村环境保护和治理条例》，该条例旨在保护和改善乡村环境，推进宜居乡村建设，倡导文明健康的生产生活方式，促进经济社会可持续发展，制度范围涉及乡村家园清洁、田园清洁、水源清洁等活动。在法治规范与实践推进的双重作用下，河北省农村人居环境得到显著改善，"环境整洁、设施配套、田园风光、舒适宜居"的现代农村模式逐渐显现。2018 年，河北省委办公厅、河北省人民政府办公厅印发《河北省农村人居环境整治三年行动实施方案（2018—2020 年)》，进一步明确将农村垃圾、厕所粪污、生活污水治理和村容村貌提升作为河北省农村人居环境整治的主攻方向。提出河北省农村人居环境整治三年行动应当首先推进农村生活垃圾治理，实现到 2020 年基本完成较大规模非正规垃圾堆放点整治，进一步提升无害化处理、资源化利用水平。其次，大力推进农村厕所革命。坚持农村改厕与新型社区建设、易地搬迁、污水治理等工作统筹考虑、一并推进，大力开展农村户用卫生厕所建设和改造，同步实施厕所粪污无害化治理、资源化利用。再次，积极开展农村生活污水治理。按照区位条件、村庄人口聚集度、污水产生量、经济发展水平等，因地制宜确定农村污水治理技术路线和治理模式，确保处理方式简便适用有效。最后，有效整治村容村貌。加快推进通村组道路、入户道路建设，整治公共空间和庭院环境，大力提升农村建筑风貌，健全传统村落保护体系，推进村庄绿化，完善村庄公共照明设施。

第三十条　沿海各级人民政府应当采取措施防止和减少对海洋生态环境的污染损害。禁止违法向海洋排放污染物、倾倒废弃物，禁止违法进行海岸工程和海洋工程建设。

【条文主旨】

本条是关于海洋环境保护的规定。

【条文释义】

一、防止和减少海洋生态环境污染

海洋是我国经济社会发展的基础，近海及海岸带的海洋生态系统为人民的生产和生活提供了多种重要资源。在陆地资源日益枯竭的情况下，海洋成为支撑中国经济社会可持续发展的必然选择。目前，我国沿海地区发展不平衡，海洋空间开发粗放低效，海洋资源约束趋紧，海洋生态环境恶化的趋势尚未得到根本扭转。在国内经济社会发展结构性矛盾更加凸显、经济下行压力增大的背景下，以保护海洋生态环境为抓手，牢固树立绿色发展理念，维护海洋对我国可持续发展的支撑，加强体系建设和制度创新，推进海洋生态文明建设，对海洋治理现代化和海洋强国建设都具有重要意义。基于海洋环境保护工作的重要性与特殊性，我国于1982年就海洋环境保护进行专门立法——《中华人民共和国海洋环境保护法》，并历经1次修订，3次修正，海洋环境保护法已经从防止海洋污染发展成为采取措施积极防治对海洋环境造成污染损害，从片面的海洋环境污染防治发展成为兼顾海洋生态保护。此外，我国针对海洋环境保护的重点领域还制定了《中华人民共和国海洋倾废管理条例》《防治海洋工程建设项目污染损害海洋环境管理条例》《防治船舶污染海洋环境管理条例》《海洋观测预报管理条例》等行政法规。我国海洋环境保护工作在完善严密的海洋环境保护政策法律体系规定下进行。

本《条例》第三十条第一款对"沿海各级人民政府应当采取措施防止和减少对海洋生态环境的污染损害"的表述可以被视为明确防止和减少对海洋生态环境污染损害责任主体的规定。海洋环境保护法对国务院和沿海地方各级人民政府海洋环境保护的职责和义务作出了具体规定。其中包括如下。

1. 在对海洋生态环境进行监督管理方面，国务院生态环境行政主管部门对全国海洋环境保护工作实施指导、协调和监督；国家海洋行政主管部门负责海洋环境的监督管理；国家海事行政主管部门负责所辖港区水域内非军事船舶和港区水域外非渔业、非军事船舶污染海洋环境的监督管理；国家渔业行政主管部门负责渔港水域内非军事船舶和渔港水域外渔业船舶污染海洋环境的监督管理；军队环境保护部门负责军事船舶污染海洋环境的监督管理。

2. 在海洋功能区划管理方面，国家海洋行政主管部门会同国务院有关部门和沿海省、自治区、直辖市人民政府根据全国和地方海洋功能区划，合理科学使用海域。

3. 在制定与实施海洋环境质量标准方面，国家根据海洋环境质量状况和国家经济、技术条件，制定国家海洋环境质量标准。沿海省、自治区、直辖市人民政府对国家海洋环境质量标准中未作规定的项目，可以制定地方海洋环境质量标准。沿海地方各级人民政府根据国家和地方海洋环境质量标准的规定和本行政区近岸海域环境质量状况，确定海洋环境保护的目标和任务，并纳入人民政府工作计划，按相应的海洋环境质量标准实施管理。

4. 在突发事件应急管理方面，国家根据防止海洋环境污染的需要，制订国家重大海上污染事故应急计划。沿海可能发生重大海洋环境污染事故的单位，应当依照国家的规定，制订污染事故应急计划。沿海县级以上地方人民政府及其有关部门在发生重大海上污染事故时，必须按照应急计划解除或者减轻危害。

5. 在海洋生态保护方面，国务院和沿海地方各级人民政府应当采取有效措施，保护红树林、珊瑚礁、滨海湿地、海岛、海湾、入海河口、重要渔业水域等具有典型性、代表性的海洋生态系统，珍稀、濒危海洋生物的天然集中分布区，具有重要经济价值的海洋生物生存区域及有重大科学文化价值的海洋自然历史遗迹和自然景观。除此之外，海洋环境保护法还对防治陆源污染物对海洋环境的污染损害、防治海岸工程建设项目对海洋环境的污染损害、防治海洋工程建设项目对海洋环境的污染损害、防治倾倒废弃物对海洋环境的污染损害、防治船舶及有关作业活动对海洋环境的污染损害的权责主体作出规定。

河北省是重要的沿海省份，地处环渤海核心地带，沿海地区毗邻京津、连接三北（西北、华北、东北），海洋区位条件独特，现有3个沿海市和11个沿海县（市、区）、7个经济开发区。[1] 随着《河北沿海地区发展规划》的全面实施和京津冀协同发展重大国家战略的快速推进，沿海地区作为北京非首都功能疏解和京津产业转移的重要承接地，经济社会将进入新一轮跨越式发展时期。海洋资源开发规模和强度的加大，沿海城市化、工业化进程的加快，将不可避免地对海洋环境产生新的污染增量，使本已脆弱的海洋环境面临存量污染和增量污染的双重压力。面对沿海城市

---

[1]《河北省海洋资源概况》，河北省自然资源厅网站，http://zrzy.hebei.gov.cn/heb/gongk/gkml/tjxx/zygk/hygk/10589815156697362432.html，最后访问时间：2022年1月20日。

发展、海洋生态资源开发以及海洋生态环境保护之间的潜在矛盾与利益关系，河北省围绕京津冀协同发展和建设经济强省、美丽河北战略目标，以海洋生态文明建设为主线，强化海洋环境保护分区管理、分类管控，实施"蓝色海湾"整治工程、"南红北柳"生态工程、"生态岛礁"修复工程和"能力强海"建设工程，推动海洋生态环境质量逐步改善、重要海洋生态功能逐步恢复、海洋环境基础保障能力进一步提高，实现海洋环境保护和海洋经济协调发展，并制定了多部地方法规规章，确保河北省海洋环境保护始终在法治的轨道上行进。2012年12月，河北省人民政府制定《河北省海洋环境保护管理规定》，明确了河北省海洋环境保护工作中海洋环境监督管理、海洋生态环境保护、海洋环境污染防治以及海洋环境影响评价等内容，并鼓励和支持相关企事业单位或者其他组织和个人开展海洋环境保护科学技术的研究开发、推广应用和清洁生产，鼓励投资海洋生态环境的保护、恢复、建设和治理工作。2019年3月，为防治船舶及其有关作业活动污染海洋环境，推动绿色港口建设，河北省人民政府制定《河北省防治船舶污染海洋环境管理办法》，明确了船舶污染物的排放与接收、船舶有关作业活动的污染防治、船舶污染事故应急处置以及法律责任等内容。其中，在船舶污染物的排放与接收方面，对船舶向海洋排放船舶垃圾、生活污水、含油污水、含有毒有害物质污水、废气等污染物以及压载水等行为作出严格规定。在船舶污染事故应急处置方面，要求海洋船舶应当建立应急预案机制并具备污染清除工作应急力量，以减少污染事故可能造成的海洋环境污染损害。

二、减少海洋陆源污染物与废弃物排放

海洋环境保护法分别在"防治陆源污染物对海洋环境的污染损害"、"防治倾倒废弃物对海洋环境的污染损害"以及"防治船舶及有关作业活动对海洋环境的污染损害"等专章中对防止和减少向海洋排放污染物、倾倒废弃物作出明确规定。具体而言如下所述。

1. 防治陆源污染物对海洋环境的污染损害。"陆源污染物"，是指从陆地污染源向海域排放的污染物，由于陆源污染物具有污染种类多、排放数量多、环境影响大等特点，因此应当对陆地入海排污口位置以及排放陆源

污染物的种类、数量和浓度进行严格管控。海洋环境保护法第四章对陆地入海排污口位置选择进行严格规定，提出设置陆地入海排污口应当根据海洋功能区划、海水动力条件和有关规定，经科学论证后，报设区的市级以上人民政府生态环境行政主管部门备案，并将情况通报相关部门。在有条件的地区，应当将排污口深海设置，实行离岸排放。对于限制排放陆源污染物的种类、数量和浓度，该章提出向海域排放陆源污染物必须严格执行国家和地方规定的标准。排放陆源污染物的单位，必须向生态环境行政主管部门申报拥有的陆源污染物排放设施、处理设施和在正常作业条件下排放陆源污染物的种类、数量和浓度，并提供防治海洋环境污染方面的有关技术和资料。禁止向海域排放油类、酸液、碱液、剧毒废液和高、中水平放射性废水。严格限制向海域排放低水平放射性废水；需要排放的，必须严格执行国家辐射防护规定。严格控制向海域排放含有不易降解的有机物和重金属的废水。含病原体的医疗污水、生活污水和工业废水必须经过处理，符合国家有关排放标准后，方能排入海域。含有机物和营养物质的工业废水、生活污水，应当严格控制向海湾、半封闭海及其他自净能力较差的海域排放。向海域排放含热废水，必须采取有效措施，保证邻近渔业水域的水温符合国家海洋环境质量标准，避免热污染对水产资源的危害。1990 年 6 月，国务院还就防治陆源污染物污染损害海洋环境专门制定《中华人民共和国防治陆源污染物污染损害海洋环境管理条例》，该条例对陆源污染物概念首次作出解释，对陆源污染物的防治范围作出界定，基本明确了陆源污染物防治的权利（权力）—义务（责任）关系与主体，与海洋环境保护法对陆源污染物防治规定形成有效呼应。

2006 年 11 月，国务院批准实施《河北省海洋功能区划（2011—2020 年)》要求河北省应当严格海洋环境保护措施，加强海洋环境监督管理，严格控制陆源污染，对陆源污染物严格实行处理达标后排放。《河北省海洋环境保护管理规定》对陆地入海排污口位置以及排放陆源污染物的种类、数量和浓度的规定，除依据海洋环境保护法的相关规定以外，还增加了以下内容：（1）禁止在海洋自然保护区、海洋特别保护区、重要渔业水域、盐场纳水口水域和海滨的风景名胜区、旅游度假区等需要特殊保护的区域新建入海排污口。（2）沿海设区的市、县（市、区）人民政府及其有关部门、单位应当组织建设和完善沿海城镇及工业园区的污水集中处理设施，对城镇和工业园区的污水实行集中处理、达标排放。（3）城镇污水集中处理设施配套管网覆盖区域外海滨的宾馆、饭店、旅游场所，应当自行建设污水处理设施，对污水进行统一处理、达标排放。

2. 防治倾倒废弃物对海洋环境的污染损害。海洋倾倒，是指任何从船舶、飞机、平台或其他海上人工结构有意地在海上倾弃废物或其他物质的行为。目前，由近海海洋倾倒引发的海域污染造成海洋水产和沿海城市水源受害的现象不断发生，防治海洋污染成为世界各国共同关心的环境问题。1972 年，关于海洋倾废的政府间会议在伦敦召开，会议通过了《防止倾倒废物及其他物质污染海洋的公约》，对海洋倾倒活动进行严格的控制，我国于 1985 年加入该公约。1996 年，我国签订《〈防止倾倒废物及其他物质污染海洋的公约〉1996 年议定书》，[1] 该议定书增加了一般性禁止海洋倾废和海上焚烧，并规定采用预防原则，对海洋倾废进行严格规定。同年，我国加入《联合国海洋法公约》，为我国在更广阔的海域范围内开发利用海洋的重要机遇，也为维护海洋权益、保护海洋环境和资源、实施海洋综合管理确立了正式的国际法律依据。至此，我国开启了对海洋倾倒活动的规范性管理，逐步形成海洋倾倒废弃物分类政策、海洋倾倒区选划与监测政策、海洋倾倒许可证制度以及海洋倾倒收费政策。同时，我国不断完善防治海洋倾倒的国内立法，并建立起海洋倾废行为许可制度。海洋环境保护法第七章规定，任何单位未经国家海洋行政主管部门批准，不得向中华人民共和国管辖海域倾倒任何废弃物。向海洋倾倒的，需要经过国家海洋行政主管部门审查批准。禁止中华人民共和国境外的废弃物在中华人民共和国管辖海域倾倒。该章还规定了海洋倾倒的分级管理制度、海洋倾倒区选划标准以及海洋倾倒过程管理制度。同时，与海洋环境保护法中防治倾倒废弃物对海洋环境的污染损害法律制度相适应，国务院还专门制定《中华人民共和国海洋倾废管理条例》，该条例对"海洋倾废"概念作出解释，明确了防治海洋倾废的范围，对申请海洋倾废的程序以及相关主体权利（权力）—义务（责任）予以明细，并对禁止向海洋倾倒的物质以及需

---

〔1〕《防止倾倒废物及其他物质污染海洋的公约》，中国网，http：//www. china. com. cn/environ-ment/txt/2002 – 12/23/content_ 5251012. htm，最后访问时间：2020 年 8 月 29 日。

要获得特别许可证才能倾倒的物质进行了列举式规定。此外，《防治海洋工程建设项目污染损害海洋环境管理条例》第二十八条第二款规定，海洋工程需要在海上弃置的，应当拆除可能造成海洋环境污染损害或者影响海洋资源开发利用的部分，并按照有关海洋倾倒废弃物管理的规定进行。《防治船舶污染海洋环境管理条例》第三十二条规定，船舶向海洋倾倒废弃物，应当如实记录倾倒情况。返港后，应当向驶出港所在地的海事管理机构提交书面报告。

根据《河北省海洋功能区划（2011—2020年）》对各类海洋基本功能区的环境保护要求和《河北省海洋生态红线》对各类海洋生态红线区的管控要求，河北省将海洋环境保护规划区域划分为重点保护区、控制性保护利用区和监督利用区3类海洋环境保护管理区。其中，监督利用区是海洋开发活动较集中，须加强海洋环境监督管理，防治开发活动污染损害海洋环境的区域。《河北省海洋环境保护规划（2016—2020）》中专门设置海洋倾废监督利用区，包括：秦皇岛港维护性疏浚工程临时海洋倾倒区和唐山港京唐港区维护性疏浚物临时海洋倾倒区，并针对该区域管控要求提出加强对海洋倾倒活动的监视和监督，严格按照倾废许可证注明的倾废物种类、数量和倾倒方式等进行倾倒；定期开展环境监测与跟踪评价，避免对渔业资源和其他海上活动造成有害影响；临时倾废区使用期满予以关闭，如需要延长使用期限，应提前向主管部门审查批准。执行不劣于三类海水水质质量标准、不劣于二类海洋沉积物和海洋生物质量标准。

3. 防治船舶及有关作业活动对海洋环境的污染损害。根据海洋环境保护法的规定，在中华人民共和国管辖海域，任何船舶及相关作业不得违法向海洋排放污染物、废弃物和压载水、船舶垃圾及其他有害物质。船舶必须配置相应的防污设备和器材。载运具有污染危害性货物的船舶，其结构与设备应当能够防止或者减轻所载货物对海洋环境的污染。船舶应当遵守海上交通安全法律、法规的规定，防止因碰撞、触礁、搁浅、火灾或者爆炸等引起的海难事故，造成海洋环境的污染。此外，海洋环境保护法还规定了载运具有污染危害性货物进出港口的船舶主体的申报、评估与监视海上污染义务；港口、码头、装卸站和船舶修造厂的完备义务；国家海事行政主管部门的防治船舶及有关作业活动对海洋环境的污染损害权力。与海洋环境保护法中防治船舶及有关作业活动对海洋环境的污染损害法律制度相适应，国务院专门制定了《防治船舶污染海洋环境管理条例》，该条例明确了防治船舶污染海洋环境的原则，对防治船舶污染海洋环境相关主体权利（权力）—义务（责任）予以明细，并对船舶污染物的排放和接收程序、船舶有关作业活动的污染防治、船舶污染事故应急处置、船舶污染事故调查处理、船舶污染事故损害赔偿以及相关法律责任予以详细规定。

2019 年 1 月，为防治船舶及其有关作业活动污染海洋环境，推动绿色港口建设，河北省人民政府对《河北省防治船舶污染水域管理办法》进行修订，并更名为《河北省防治船舶污染海洋环境管理办法》，进一步明确了船舶污染物接收转运处置联合监管制度、船舶铅封管理、绿色港口建设、港口码头联防机制建设等内容，并进一步提高了违规违法成本。该办法从船舶污染物的排放与接收、船舶有关作业活动的污染防治、船舶污染事故应急处置三方面加强海洋环境污染防治。具体而言如下所述。

其一，在船舶污染物的排放与接收方面，船舶应当将不符合排放要求的船舶污染物排入港口接收设施或者由船舶污染物接收单位接收。船舶不得向依法划定的需要特别保护的海域排放船舶污染物。沿海设区的市人民政府应当建立健全船舶污染物接收、转运、处置联合监管制度，实现海事管理机构和相关部门之间信息共享、执法联动。应当推进绿色港口建设，鼓励、扶持船舶使用比船舶大气排放控制要求硫含量更低的燃油，鼓励、扶持码头建设岸电设施。

其二，在船舶有关作业活动的污染防治方面，同一港口、港区、作业区的单位，可以通过建立联防机制，实现防治污染设施、设备和器材的统一调配使用。船舶和码头、装卸站经营人在进行污染危害性货物装卸作业时，应当采取有效的防治污染措施，避免货物散落污染水域。发生货物散落污染水域的，应当迅速打捞清除，立即向当地海事管理机构和生态环境等部门报告。每年旅游高峰期在秦皇岛沿海水域禁止进行散装液体污染危害性货物的过驳作业。

其三，在船舶污染事故应急处置方面，船舶发生污染事故或者可能造成海洋环境污染的，应当立即启动应急预案，自行或者委托船舶污染清除单位等应急力量开展污染清除工作，并向当地海事管理机构和生态环境等部门报告。海事管理机构接到报告后应当立即核实有关情况，根据船舶污染事故的等级和特点报告上级海事管理机构，同时报告省人民政府、沿海设区的市人民政府。根据船舶污染事故的等级和特点，省人民政府或者沿海设区的市人民政府会同当地海事管理机构成立事故应急指挥机构，启动相应的应急预案。

三、关于进行海岸工程和海洋工程建设

（一）关于进行海岸工程建设

《中华人民共和国防治海岸工程建设项目污染损害海洋环境管理条例》对"海岸工程"给出定义，是指位于海岸或者与海岸连接，工程主体位于海岸线向陆一侧，对海洋环境产生影响的新建、改建、扩建工程项目。具体包括：（1）港口、码头、航道、滨海机场工程项目；（2）造船厂、修船厂；（3）滨海火电站、核电站、风电站；（4）滨海物资存储设施工程项目；（5）滨海矿山、化工、轻工、冶金等工业工程项目；（6）固体废弃物、污水等污染物处理处置排海工程项目；（7）滨海大型养殖场；（8）海岸防护工程、砂石场和入海河口处的水利设施；（9）滨海石油勘探开发工程项目；（10）国务院环境保护主管部门会同国家海洋主管部门规定的其他海岸工程项目。针对海岸工程污染，我国进行了一系列立法工作，最早于1990年，专门制定了《中华人民共和国防治海岸工程建设项目污染损害海洋环境管理条例》，在1999年修订的《中华人民共和国海洋环境保护法》中也涉及防治海岸工程污染的问题，并将"防治海岸工程建设项目对海洋环境的污染损害"作为单独一章。发展至今，两部法律内容逐渐充实，相互辉映，为我国防治海岸工程污染提供有力的法律制度保障。其中，海洋环境保护法第五章"防治海岸工程建设项目对海洋环境的污染损害"规定了海岸工程建设的环境与资源保护底线、海岸工程建设环境影响评价、海岸工程建设遵守"三同时"原则。2018年，国务院完成对《中华人民共和国防治海岸工程建设项目污染损害海洋环境管理条例》的第三次修订。该条例是对海洋环境保护法中关于"防治海岸工程建设项目对海洋环境的污染损害"法律制度的补充与完善。通过立法对"海岸工程建设项目"的范畴予以界定，明确了防治海岸工程建设项目污染损害海洋环境

的权利（权力）—义务（责任）关系与主体，实现了对海岸工程建设项目环境影响评价书内容的细化，列举性规定了建设港口、码头、岸边造船厂、修船厂、滨海核电站和其他核设施等海岸工程建设应当采取的减少海洋环境污染损害措施。

根据《河北省海岸线保护与利用规划（2013 年—2020 年）》，河北省依据自然条件、海岸生态功能、景观价值、资源密度、利用现状等指标因素，将海岸线划分为严格保护岸段、适度利用岸段和优化利用岸段 3 个级别，并提出了各级别岸线的保护与利用管理要求。其中包括：

第一，严格保护岸段是指包括自然形态保持完好的原生砂质海岸、重要滨海湿地等生态功能与资源价值显著的自然海岸线。对于此类岸段，该规划强调禁止改变海岸自然形态和影响海岸功能的开发利用活动，整治修复保护工程应避免影响或改变海岸自然属性。鼓励新建以海岸线保护为重点的海洋自然保护区。

第二，适度利用岸段是指具有公共旅游休闲、防潮、防洪、防侵蚀和生态涵养等生态功能的岸段，以及为未来发展预留的岸段。对于此类岸段，应当限制改变适度利用海岸基本属性和影响海岸生态功能的开发利用活动，因能源交通等重要基础设施、民生工程等公共利益确需改变的，必须经过严格科学论证，切实维护海岸功能。

第三，优化利用岸段是指开发利用程度较高或开发利用条件较好的工业与城镇、港口航运等海洋基本功能区海岸线。对于此类岸段，应当严格执行项目占用岸线标准，集中集约布局确需占用海岸线的建设用海，鼓励开展增加亲水岸线和生态岸线的岸线利用活动，提升海岸空间资源价值和海岸线利用效益。

《河北省海洋环境保护管理规定》也对防治海岸工程建设污染海洋环境作出规定，第十七条提出，沿海地区石油、化工、造纸等行业可能发生重大海洋环境污染事故的单位和海上石油勘探开发、海上运输、海底管道运输单位应当制定海洋环境污染事故应急预案并配备相应设施。第二十九条提出，严格限制在重点海湾、重点河口区建设海岸、海洋工程建设项目；因防灾减灾等公共安全的需要确需建设的，不得对水体交换、潮汐通道、行洪和通航安全造成严重影响，并在进行项目建设时采取严格的海洋环境保护和生态环境修复措施。第三十九条则是对由于工程建设对海洋生态环境、渔业资源造成损害的赔偿性规定条款。此外，2020年6月，河北省生态环境厅、自然资源厅、农业农村厅制定《河北省海洋生态补偿管理办法》，该办法将海岸带生境修复、退养还滩、退养还湿等纳入河北省海洋生态补偿范围，由相关活动开展的科学研究、方案编制、观测、监测、评估、后评价、宣传教育等活动费用可纳入海洋生态补偿资金，在海洋和海岸工程建设项目环境影响评价文件中生态功能补偿按照《海洋生态资本评估技术导则》（GB/T 28058—2011）进行核算。

（二）关于进行海洋工程建设

《防治海洋工程建设项目污染损害海洋环境管理条例》对"海洋工程"给出定义，是指以开发、利用、保护、恢复海洋资源为目的，并且工程主体位于海岸线向海一侧的新建、改建、扩建工程。具体包括：（1）围填海、海上堤坝工程；（2）人工岛、海上和海底物资储藏设施、跨海桥梁、海底隧道工程；（3）海底管道、海底电（光）缆工程；（4）海洋矿产资源勘探开发及其附属工程；（5）海上潮汐电站、波浪电站、温差电站等海洋能源开发利用工程；（6）大型海水养殖场、人工鱼礁工程；（7）盐田、海水淡化等海水综合利用工程；（8）海上娱乐及运动、景观开发工程；（9）国家海洋主管部门会同国务院环境保护主管部门规定的其他海洋工程。自1979年《中华人民共和国环境保护法（试行）》颁布，首次从法律层面对防治海洋工程建设损害海洋生态环境问题作出规定伊始，到1982年海洋环境保护法对海洋工程污染防治问题专门作出规定，再到2006年就海洋工程建设污染海洋环境问题专门制定《防治海洋工程建设项目污染损害海洋环境管理条例》，我国海洋工程污染防治法律制度发展逐渐成熟。发展至今，海洋环境保护法设置专章"防治海洋工程建设项目对海洋环境的污染损害"对相关问题作出规定，包括：海洋工程建设环境影响评价制度、海洋工程建设等"三同时"制度，并对海洋工程建设材料、海洋石油作业、爆破作业的污染损害防治作出规定。而《防治海洋工程建设项目污染损害海洋环境管理条例》作为国务院制定的专门性行政法规，其将分散于各法律法规中关于海洋工程污染防治的规定规范化、条理化、系统化，明确并细化了我国海洋工程的界定、环境影响评价制度、听证制度、公众参与机制以及行政管理体制等内容。

《河北省海洋功能区划（2011—2020 年）》（以下简称《功能区划》）将创新和加强围填海管理以及强化海洋环境保护和生态建设作为确保河北省海洋功能完整性的有力保障。其中，《功能区划》就创新和加强围填海管理提出严格执行围填海计划，按照国民经济宏观调控总体要求和海洋生态环境承载能力合理控制建设用围填海规模，并建立台账管理制度；加强区域围填海的整体管理，对于连片开发、需要整体围填用于建设的海域建立国家、省、市、县四级审批制度；严格围填海审批管理，严格依照法定权限审批围填海项目；加强围填海项目选址和平面设计审查，禁止生态敏感区围填海活动，限制顺岸式围填海，引导围填海向离岸、人工岛发展。此外，《功能区划》还就强化海洋环境保护和生态建设提出强化海洋开发项目的环境监管以及加强海上溢油事故等环境风险管理。《河北省海洋环境保护管理规定》针对防治海洋工程建设项目污染损害海洋环境，在第十七条规定，海上石油勘探开发应当按国家有关规定，制定海洋环境污染事故应急预案，配备必要的应急设施、设备并及时向有关部门备案。第二十七条规定，从事填海工程的，应当采取先围后填的方式。任何单位和个人不得使用有毒有害的固体废弃物围海、填海。第二十九条规定，严格限制在重点海湾、重点河口区建设海岸、海洋工程建设项目。此外，还对新建、改建、扩建海洋工程建设项目环境影响评价作出规定。

第三十一条　县级以上人民政府应当采取措施，推进绿色矿山建设，严格执行禁止和限制矿山开发的规定，加强矿山生态环境保护和综合治理，及时恢复被破坏的生态环境。

【条文主旨】

本条文是关于绿色矿山建设的规定。

【条文释义】

"绿色矿山"是指在矿产资源开发全过程，既要严格实施科学有序的开采，又要对矿区及周边环境的扰动控制在环境可控制的范围内。由于我国正处于工业化城镇化加快发展的关键阶段，资源需求刚性上升，矿产资源的开发利用为保障经济社会发展作出了突出贡献，同时，不少矿山资源开发利用模式仍然比较粗放，节能减排任务繁重，矿山环境问题比较突出，不能完全适应经济社会发展的新要求。转变传统意义上以单纯消耗矿产资源、牺牲生态环境为代价和高耗能为特点的开发利用方式，从根本上转变发展方式和经济增长方式，真正实现资源合理开发利用与环境保护协调发展，已成为矿山企业发展的必然选择。2017 年 3 月，原国土资源部等6 部委联合印发《关于加快建设绿色矿山的实施意见》，对煤炭行业、石油和天然气开采行业、有色金属行业、黄金行业、冶金行业、化工行业、非金属矿行业 7 个行业的绿色矿山建设标准和绿色矿业发展示范区建设明确了要求。根据要求，矿山企业应严格遵守国家有关法律法规，按照矿产资源规划、产业政策和基本条件，努力达到矿区环境优美、开采方式环境友好、资源节约集约综合利用、矿山装备管理智能现代化、社会形象良好 5个方面的建设要求。绿色矿业发展示范区作为矿产资源管理制度改革创新平台，应着力发挥政府引导作用，推动技术创新、管理创新和制度创新，集中连片、整体推动全域绿色矿山建设。按照优化勘查开发布局、促进矿业产业结构调整、整体提升资源开发利用效率、加强矿山地质环境保护和治理恢复、积极探索矿地和谐发展新途径、建立发展绿色矿业工作新机制6 项建设要求，到 2020 年，示范区内大中型矿山建设达到绿色矿山建设要求和标准，全面完成转型升级；小型矿山按照绿色矿山建设要求规范管理，做到布局合理、绿色开采的任务目标。

作为绿色矿业发展相关法律法规及配套政策的上位法，矿产资源法虽然并未直接就"绿色矿山建设"作出规定，但是矿产资源法中关于开发、利用矿产资源的规定与绿色矿产建设目标要求相一致。例如，矿产资源法第七条明确了国家对矿产资源的勘查、开发实行统一规划、合理布局、综合勘查、合理开采和综合利用的方针；第八条规定，国家鼓励矿产资源勘查、开发的科学技术研究，推广先进技术，提高矿产资源勘查、开发的科学技术水平；第二十条规定，开采矿产资源的禁止性区域，并将保护自然资源和生态环境作为划分禁止性区域的重要标准；第二十一条规定，关闭矿山，必须提出有关环境保护的资料，并报请审查批准；第三十二条规定，开采矿产资源，必须遵守有关环境保护的法律规定，防止污染环境。开采矿产资源，应当节约用地。减少因采矿导致的耕地、草原、林地的破坏。此外，矿产资源法对于矿产资源勘查、开采以及相关权利（权力）—义务（责任）主体的规定同绿色矿山建设的内容相一致。就其他法律法规而言，环境保护法第三十条第一款规定，开发利用自然资源，应当合理开发，保护生物多样性，保障生态安全，依法制定有关生态保护和恢复治理方案并予以实施可以适用于矿山开发过程。固体废物污染环境防治法第四十二条规定，矿山企业应当采取科学的开采方法和选矿工艺，减少尾矿、煤矸石、废石等矿业固体废物的产生量和贮存量。国家鼓励采取先进工艺对尾矿、煤矸石、废石等矿业固体废物进行综合利用。尾矿、煤矸石、废石等矿业固体废物贮存设施停止使用后，矿山企业应当按照国家有关环境保护等规定进行封场，防止造成环境污染和生态破坏。循环经济促进法第二十二条规定，开采矿产资源，应当统筹规划，制定合理的开发利用方案，采用合理的开采顺序、方法和选矿工艺。采矿许可证颁发机关应当对申请人提交的开发利用方案中的开采回采率、采矿贫化率、选矿回收率、矿山水循环利用率和土地复垦率等指标依法进行审查；审查不合格的，不予颁发采矿许可证。采矿许可证颁发机关应当依法加强对开采矿产资源的监督管理。矿山企业在开采主要矿种的同时，应当对具有工业价值的共生和伴生矿实行综合开采、合理利用；对必须同时采出而暂时不能利用的矿产以及含有有用组分的尾矿，应当采取保护措施，防止资源损失和生态破坏。大气污染防治法第七十二条第二款规定，码头、矿山、填埋场和消纳场应当实施分区作业，并采取有效措施防治扬尘污染。

河北省并未针对绿色矿山建设开展专门立法，但在《河北省非煤矿山综合治理条例》《河北省大气污染防治条例》《河北省发展循环经济条例》《河北省固体废物污染环境防治条例》等立法中均涉及绿色矿山建设相关问题的规定。其中，《河北省非煤矿山综合治理条例》提出应当大力推进绿色矿山建设，加快资源节约型和环境友好型企业建设，切实解决产能过剩和粗放开发造成的环境污染、土地损毁、生态破坏等问题。明确县级以上人民政府及其有关部门应当按照绿色矿山建设规范统筹推进绿色矿山建设，促进非煤矿山企业转型升级；同时，明确勘查矿产资源，应当保护矿山地质环境，依法做好水土保持、植被恢复和土地复垦工作。对于非煤矿山建设项目应当依法进行环境影响评价；未依法进行环境影响评价的，建设单位不得开工建设。新建非煤矿山，应当按照绿色矿山建设规范建设。已有非煤矿山，应当按照绿色矿山建设规范升级改造，逐步达到绿色矿山建设标准。

第三十二条　鼓励和支持企业事业单位和其他生产经营者投保环境污染责任保险。

【条文主旨】

本条文是关于环境污染责任保险的规定。

【条文释义】

一、我国环境污染责任保险的发展

根据保险法第六十五条第四款的规定，责任保险是指以被保险人对第三者依法应负的赔偿责任为保险标的的保险。环境污染责任保险又称绿色保险，是以企业事业单位和其他生产经营者发生污染事故对第三者造成的损害依法，应承担的赔偿责任为标的的保险。具体来说，排污单位作为投保人，依据保险合同按一定的费率向保险公司预先交纳保险费，就可能发生的环境风险事故在保险公司投保，一旦发生污染事故，由保险公司负责对污染受害者进行一定金额的赔偿。环境污染责任保险作为一项重要的环境经济政策，将改变我国过去"企业违法污染获利，环境损害大家埋单"的局面，使环境污染损害赔偿侵权责任社会化，推动我国的环境保护发生根本性转变。2006 年 6 月，国务院制定《关于保险业改革发展的若干意见》，其中明确指出要采取市场运作、政策引导、政府推动、立法强制等方式，发展环境污染责任等保险业务。2010 年 12 月，国务院印发《全国主体功能区规划》提出，积极推行绿色信贷、绿色保险、绿色证券等，并将环境污染责任保险明确为最具代表性的绿色保险。2011 年 10 月，国务院制定的《关于加强环境保护重点工作的意见》提出，健全环境污染责任保险制度，开展环境污染强制责任保险试点。2011 年 12 月，国务院印发《国家环境保护"十二五"规划》提出，健全环境污染责任保险制度，研究建立重金属排放等高环境风险企业强制保险制度。2014 年 4 月，环境保护法首次提出"国家鼓励投保环境污染责任保险"的明确要求，为建立健全我国环境污染责任保险法律体系奠定基础。2015 年 4 月，中共中央、国务院印发《关于加快推进生态文明建设的意见》提出，深化环境污染责任保险试点，研究建立巨灾保险制度。2015 年 9 月，中共中央、国务院印发《生态文明体制改革总体方案》提出，在环境高风险领域建立环境污染强制责任保险制度。此后，中共中央、国务院先后印发《关于全面加强生态环境保护　坚决打好污染防治攻坚战的意见》《关于构建现代环境治理体系的指导意见》均再次强调，推动环境污染责任保险发展，在环境高风险领域建立环境污染强制责任保险制度。2020 年 4 月，固体废物污染环境防治法修订通过，明确规定收集、贮存、运输、利用、处置危险废物的单位，应当按照国家有关规定，投保环境污染责任保险。

二、我国法律对于环境责任保险的规定

目前，我国已经有多部法律法规对环境污染责任保险作出规定。其中，环境保护法第五十二条规定，国家鼓励投保环境污染责任保险。海洋环境保护法第六十六条第一款规定，国家完善并实施船舶油污损害民事赔偿责任制度；按照船舶油污损害赔偿责任由船东和货主共同承担风险的原则，建立船舶油污保险、油污损害赔偿基金制度。《防治船舶污染海洋环境管理条例》第五十一条规定，在中华人民共和国管辖海域内航行的船舶，其所有人应当按照国务院交通运输主管部门的规定，投保船舶油污损害民事责任保险或者取得相应的财务担保。但是，1000 总吨以下载运非油类物质的船舶除外。船舶所有人投保船舶油污损害民事责任保险或者取得的财务担保的额度应当不低于《中华人民共和国海商法》以及我国缔结或者参加的有关国际条约规定的油污赔偿限额。交通运输部于 2010 年制定《中华人民共和国船舶油污损害民事责任保险实施办法》，对船舶如何投保油污损害民事责任保险或者取得其他财务保证，作了具体规定。固体废物

污染环境防治法第九十九条规定，收集、贮存、运输、利用、处置危险废物的单位，应当按照国家有关规定，投保环境污染责任保险。根据海商法第二十二条第二款规定，载运 2000 吨以上的散装货油的船舶，持有有效的证书，证明已经进行油污损害民事责任保险或者具有相应的财务保证的，对其造成的油污损害的赔偿请求，不属于船舶在营运中因侵权行为产生财产赔偿请求的范围。《中华人民共和国海洋石油勘探开发环境保护管理条例》第九条规定，企业、事业单位和作业者应具有有关污染损害民事责任保险或其他财务保证。《防治海洋工程建设项目污染损害海洋环境管理条例》第二十六条规定，海洋油气矿产资源勘探开发单位应当办理有关污染损害民事责任保险。《危险化学品安全管理条例》第五十七条第二款规定，通过内河运输危险化学品的船舶，其所有人或者经营人应当取得船舶污染损害责任保险证书或者财务担保证明。船舶污染损害责任保险证书或者财务担保证明的副本应当随船携带。

第四章　防治污染和其他公害

【本章导读】

本章共由二十五个法律条文组成，分别对清洁能源和高效利用、控制高污染产业、工业集聚区资源集约循环利用、重点污染物总量控制和区域限批、重点污染物总量替代削减、排污许可制、企事业单位主体责任、污染防治设施、污染防治市场运营、排污口设置、重点排污单位监测、环境管理台账及统计报表、突发环境事件管理及应对、大气环境质量管控制度、重污染天气应对、温室气体排放管理、其他污染控制、水污染防治、海洋污染防治、农业农村污染防治、土壤污染防治、重金属污染防治、固体废物污染防治、垃圾分类管理及利用、环境噪声污染防治等进行了规定。作为《条例》的重点章节，本章结合河北省生态环境污染防治的新情况，对防治污染和其他公害的内容进行了系统规定。例如，要求排放污染物的企业事业单位和其他生产经营者应当建立生态环境保护责任制度，探索开展小城镇生态环境综合治理托管服务等，均体现了多元治理生态环境污染和其他公害的思路，以及河北省加大生态环境污染防治力度，打好污染防治攻坚战的坚定信心和决心。

第三十三条　各级人民政府应当采取措施，推广清洁能源的生产和使用，构建清洁低碳、安全高效的能源体系。

优化煤炭使用方式，推广煤炭清洁高效利用。加强民用散煤管理，完善煤改电、煤改气等政策措施，调整冬季取暖能源结构。

企业事业单位和其他生产经营者应当优先使用清洁能源，研发和采用节约高效、综合用能和污染物无害化处理新技术。

【条文主旨】

本条是关于清洁能源和高效利用的规定。

【条文释义】

清洁能源，又称绿色能源，指不排放污染物或者排放低污染物，能够直接用于人类生产生活的"环境友好型能源"，主要包括核能和可再生能源。其中，核能，又称原子能，指原子核发生变化时释放的能量，具有清洁性、安全性、经济性、污染少、易储存及长期利用性等特点。可再生能源，指自然界中可以不断更新、永续利用的能源，具有无污染、分布广、永续利用等特点，主要包括太阳能、风能、水能、生物质能、地热能、海洋能等非化石能源。清洁能源并非相对不清洁能源而言，事实上，理论上并无不清洁能源的概念。实践中更倾向于从能源利用的角度强调清洁能源是一个对能源清洁、高效、系统化利用的技术体系。

中国是一个能源消费大国。据 2019 年《世界能源统计年鉴》数据显示，2018 年中国对一次能源消费增长的贡献率为 34%，高出美国 14 个百分点[1]。另据国家统计局数据，2019 年中国能源消费总量为 48.6 亿吨标准煤[2]。人口基数大、能源供需矛盾突出等基本国情都制约着中国不能走依靠大量能源投入促进工业规模化发展的粗放式发展道路。大力发展清洁能源是中国面对现实压力作出的必然选择。为此，《中华人民共和国国民经济和社会发展第十四个五年规划和 2035 年远景目标纲要》明确要求"壮大节能环保、清洁生产、清洁能源、生态环境、基础设施绿色升级、绿色服务等产业……推动煤炭等化石能源清洁高效利用，推进钢铁、石化、建材等行业绿色化改造"[3]。《环境保护法》第四十条也规定："国

---

[1] 英国石油公司（BP）：《BP 世界能源统计年鉴》（2018 版），英国石油公司网站，https：//www.bp.com/content/dam/bp/country – sites/zh_ cn/china/home/reports/statistical – review – of – world – energy/2018/2018srbook.pdf，最后访问日期：2022 年 1 月 20 日。

[2] 《国家统计局：2019 年能源消费总量 48.6 亿吨标准煤，比上年增长 3.3%》，能源界，http：//www.nengyuanjie.net/article/34823.html，最后访问日期：2022 年 1 月 20 日。

[3] 《中华人民共和国国民经济和社会发展第十四个五年规划和 2035 年远景目标纲要》，人民网，http：//sn.people.com.cn/n2/2021/0306/c – 378287 – 34608054.html，最后访问日期为 2021 年 11 月 24 日。

家促进清洁生产和资源循环利用。国务院有关部门和地方各级人民政府应当采取措施，推广清洁能源的生产和使用。企业应当优先使用清洁能源，采用资源利用率高、污染物排放量少的工艺、设备以及废弃物综合利用技术和污染物无害化处理技术，减少污染物的产生。"

发展清洁能源是一项系统工程，需要全社会的共同努力，尤其是各级人民政府、企事业单位和其他生产经营者应当形成合力，充分发挥各自作用，促进清洁能源高效利用既定目标的顺利实现。

一、清洁能源推广和使用的政府责任

清洁能源的推广和使用涉及政务、市场、法治、社会等多个方面，关涉技术创新、制度规范、体系构建等多重因素，关系人民福祉，关乎民族未来。做好这项工作，各级人民政府责无旁贷。为此，本条第一款规定"各级人民政府应当采取措施，推广清洁能源的生产和使用，构建清洁低碳、安全高效的能源体系。"这一规定明确了各级人民政府的重点任务：一是采取措施，推广清洁能源的生产和使用。其中，对采取措施的具体方式并未作出明确规定。对此，宜作广义理解，即不限于法律手段，凡是有助于清洁能源推广和使用的措施均属此列，如政策、经济、技术措施等。二是构建清洁低碳、安全高效的能源体系。这一体系的主要内容包括如下。

1. 构建清洁能源技术创新体系。技术创新是清洁能源大规模推广和使用的关键因素。各级人民政府应当进一步加大政策和资金支持力度，鼓励引进和培养高精尖技术和管理人才，组建科研团队，进行技术攻关，逐步形成内联外引与产学研相结合的清洁能源技术创新与成果转化体系，加大拥有自主知识产权的清洁能源技术与产品的研发和生产，进而形成技术创新驱动下发展清洁能源的内在动力。

2. 构建清洁能源现代化产业体系。作为现代化产业的重要组成部分，清洁能源产业在推进产业结构调整和优化升级方面具有至关重要的作用。为此，各级人民政府应当注重支持培养清洁能源龙头产业和旗舰产业，积极促进相关配套产业协同发展，推进传统能源要素和新兴清洁能源要素的有机融合，推动清洁能源产业的快速稳步发展。

3. 构建清洁能源供应体系。各级人民政府应当鼓励、支持创新清洁能源供应模式，突破治理瓶颈，改革清洁能源供应体制机制；持续加强清洁能源互补供应体系建设，建构完备的风电、光伏、水电等能源互补模式；逐步完善清洁能源在市场中的消纳机制，实现清洁能源从辅助能源向主力能源的转变。

二、加强煤炭清洁高效利用

煤炭作为我国的基础能源和工业原料，长期以来为经济社会发展和国家能源安全稳定提供了有力保障，但与此同时，燃煤造成的环境污染问题也不容小觑。有研究表明，燃煤污染是我国大气污染的主要源头，大气中60%以上的粉尘、70%以上的二氧化硫、50%的氮氧化物都与煤炭燃烧有关[1]。因此，本条将煤炭利用问题作为构建清洁低碳、安全高效能源体系的重要内容加以专门规定，通过明确煤炭管理和利用的方式，提高煤炭使用效率，削弱煤炭燃烧的污染后果，进而实现能源清洁高效利用的目标。本条第二款强调"优化煤炭使用方式，推广煤炭清洁高效利用"，这实际上是对新修正的《中华人民共和国大气污染防治法》相关规定的立法转化和再次强调。该法第三十二条规定："国务院有关部门和地方各级人民政府应当采取措施，调整能源结构，推广清洁能源的生产和使用；优化煤炭使用方式，推广煤炭清洁高效利用，逐步降低煤炭在一次能源消费中的比重，减少煤炭生产、使用、转化过程中的大气污染物排放。"此外，大气污染防治法第三十三条还对优化煤炭使用的具体方式作出了明确规定，即国家推行煤炭洗选加工，降低煤炭的硫分和灰分，限制高硫分、高灰分煤炭的开采。新建煤矿应当同步建设配套的煤炭洗选设施，使煤炭的硫分、灰分含量达到规定标准；已建成的煤矿除所采煤炭属于低硫分、低灰分或者根据已达标排放的燃煤电厂要求不需要洗选的以外，应当限期建成配套的煤炭洗选设施。禁止开采含放射性和砷等有毒有害物质超过规定标准的煤炭。目前，在我国一些地区煤炭燃烧量大又缺乏监管，对区域环境造成严重污染。2014年，原国家发改委、能源局、环保部联合印发《能源行业

---

[1] 《减少大气污染排放，谁是重点?》，中国新闻网，https://www.chinanews.com.cn/ny/2012/04-06/3799727.shtml，最后访问日期：2022年1月20日。

加强大气污染防治工作方案》，要求加强分散燃煤治理，全面推进清洁燃煤供应和燃煤设施清洁改造，逐步减少京津冀地区民用散煤利用量。

河北省高度重视散煤治理工作，2013—2017 年，经过了散煤清洁化利用—城市清洁能源替代—城乡清洁能源替代的整体过程。在散煤清洁化治理工作推动过程中，河北省始终坚持把集中供热作为替代散煤的主要途径，优先发展集中供热和清洁能源替代，强力保障优质煤源供给，制定完善相关地方标准，逐步完善相关政策措施：2013 年起步洁净型煤生产配送体系建设；2014 年出台《河北省煤炭清洁高效利用实施方案》，同时在全国率先启动实施农村清洁能源开发利用工程试点建设；2015 年以设区市为单位，制订实施散煤治理和清洁能源替代工作方案，开展居民冬季取暖改电试点工作；2016 年，将散煤污染治理作为大气污染防治的一项重点工作，提出城市区域散煤归零，开展专项整治，制订了《河北省散煤污染整治专项行动方案》，以环京津和中南部地区为重点区域，以居民冬季采暖、农业生产清洁用能改造为重点对象，以城市区域改气改电、农村地区洁净燃料替代和清洁利用、流通领域提升质量为重点工作，强化部门联动和属地管理，以重点推进散煤污染整治，促进散煤压减替代和清洁利用，彻底解决散煤燃烧点多、量大、煤质差的实际问题[1]。为加快推进取暖以散煤为主的农村散煤治理，2017 年，河北省出台《农村散煤治理专项实施方案》，提出要在 2020 年，全省平原农村地区分散燃煤基本“清零”[2]。本条第二款也再次强调：加强民用散煤管理，完善煤改电、煤改气等政策措施，调整冬季取暖能源结构。

三、企事业单位和其他生产经营者清洁能源推广和使用义务

企事业单位和其他生产经营者既是市场经济活动的参与主体，也是环境保护的责任主体，清洁能源的推广和使用需要他们的积极行动和全力配合。本条第三款就企业事业单位和其他生产经营者的相关义务作出了具体规定，即“应当优先使用清洁能源，研发和采用节约高效、综合

---

〔1〕《对河北省第十二届人民代表大会第五次会议第 1283 号建议的答复》，河北省生态环境厅网站，http://hbepb.hebei.gov.cn/hbhjt/zwgk/fdzdgknr/qita/101594305447275.html，最后访问日期：2020 年 9 月 10 日。

〔2〕《河北大气治理：2020 年平原农村分散燃煤基本“清零”》，新华网，http://www.xinhua-net.com/2017-04/07/c_ 1120770414.htm，最后访问日期：2022 年 1 月 20 日。

用能和污染物无害化处理新技术"。该规定意在强调企业事业单位和其他生产经营者应当成为推广和使用清洁能源的主力军，不仅在生产经营过程中优先选用清洁能源，而且还应当围绕清洁能源利用的重点工作需求，加强节能高效、综合用能和污染物无害化处理等方面的技术研发，并推进科技成果不断转化为现实生产力，充分发挥科学技术在清洁能源发展中的支撑作用。

> **第三十四条** 各级人民政府应当加强重点区域、重点流域、重点行业污染控制。
>
> 严格执行国家产业政策和准入标准，禁止新建、扩建高污染项目。鼓励和支持无污染或者低污染产业发展，提高资源利用效率，减少污染物排放。

【条文主旨】

本条文是关于控制高污染产业的规定。

【条文释义】

一、重点区域、重点流域、重点行业污染控制

本条明确了各级人民政府在污染控制方面的重点任务，即加强重点区域、重点流域、重点行业污染控制，以点带面、重点突破。2018 年 6 月 16 日，《中共中央　国务院关于全面加强生态环境保护　坚决打好污染防治攻坚战的意见》提出对重点区域、重点流域、重点行业和产业布局开展规划环评，调整优化不符合生态环境功能定位的产业布局、规模和结构[1]。

二、高污染项目管控

严格执行国家产业政策和准入标准，禁止新建、扩建高污染项目，鼓

---

[1]《中共中央　国务院关于全面加强生态环境保护　坚决打好污染防治攻坚战的意见》，中国政府法制信息网，http：//www.moj.gov.cn/news/content/2018 – 06/25/660＿107181.html，最后访问时间：2020 年 8 月 15 日。

励和支持无污染或者低污染产业发展。我国经济发展已经进入增速换挡、产业结构升级、发展动力转换的高质量发展新时期，需要国家产业政策的支持和引导。所谓国家产业政策是国家制定的，引导国家产业发展方向，助推产业结构优化升级、促进国民经济健康可持续发展的政策。产业政策主要通过制订国民经济计划（包括指令性计划和指导性计划）、财政投融资、项目落实等方式实现。我国产业政策的核心内容是优化升级产业结构，是通过产业结构的升级形成新的经济增长点，拉动经济发展，提高人们的生活水平。作为社会主义市场经济的宏观经济主体，政府通过产业政策自觉进行宏观调控，是保证市场经济正常运转、产业结构升级、经济可持续发展的必要环节。本条第二款要求各级人民政府应当"严格执行国家产业政策和准入标准，禁止新建、扩建高污染项目"。即国家为了保护公众健康，防治环境污染，保证生态安全，合理利用能源和自然资源，依据环境法律和政策制定的，用以规范有关环境的活动和结果的准则[1]，包括国家标准、地方标准和行业标准等。

2012 年，原环境保护部、发展改革委、财政部联合发布《重点区域大气污染防治"十二五"规划》对控制高污染项目建设提出了明确要求[2]：依据国家产业政策的准入要求，提高"两高一资"行业的环境准入门槛，严格控制新建高耗能、高污染项目，遏制盲目重复建设，严把新建项目准入关。重点控制区禁止新、改、扩建除"上大压小"和热电联产以外的燃煤电厂，严格限制钢铁、水泥、石化、化工、有色等行业中的高污染项目。城市建成区、地级及以上城市市辖区禁止新建除热电联产以外的煤电、钢铁、建材、焦化、有色、石化、化工等行业中的高污染项目。城市建成区、工业园区禁止新建 20 蒸吨/小时以下的燃煤、重油、渣油锅炉及直接燃用生物质锅炉，其他地区禁止新建 10 蒸吨/小时以下的燃煤、重油、渣油锅炉及直接燃用生物质锅炉。严格控制高污染行业产能，北京、上海、珠三角严格控制石化产能，辽宁、河北、上海、天津、江苏、山东等

---

〔1〕 周珂、谭柏平、欧阳杉主编：《环境法》（第五版），中国人民大学出版社 2016 年版，第 53 页。

〔2〕 原环境保护部、发展改革委、财政部：《重点区域大气污染防治"十二五"规划》，生态环境部网，http://dqhj.mee.gov.cn/zcfg/201212/W020121205566730379412.pdf，最后访问时间：2020 年 9 月 4 日。

实施钢铁产能总量控制，上海、江苏、浙江、山东、重庆、四川等严格控制水泥产能扩张，实施等量或减量置换落后产能。2013年9月，国务院出台的《大气污染防治行动计划》进一步强调[1]：严控"两高"行业新增产能。修订高耗能、高污染和资源性行业准入条件，明确资源能源节约和污染物排放等指标。有条件的地区要制定符合当地功能定位、严于国家要求的产业准入目录。严格控制"两高"行业新增产能，新、改、扩建项目要实行产能等量或减量置换。当然，在禁止新建、扩建高污染项目的同时，还应当鼓励和支持无污染或者低污染产业发展，两者相辅相成，只有齐抓共管，才能最终实现"提高资源利用效率，减少污染物排放"的目标。

> **第三十五条** 县级以上人民政府及其有关部门应当推动工业集聚区建设，合理规划工业布局，科学确定工业集聚区产业结构，实现资源高效循环利用。
>
> 工业集聚区应当建设相应的污水集中处理设施和配套管网、固体废物收集和处置等环境公共设施，并保障正常运行。

【条文主旨】

本条文是关于工业集聚区资源集约循环利用的规定。

【条文释义】

工业集聚区指政府统一规划，多产业共聚并实现集聚效应的特定区域，是现代工业发展的重要载体，主要包括经济技术开发区、高新技术产业开发区、工业园区、现代服务业园区、科技创新园区等各类开发区和园区。它与传统工业园区、经济开发区的根本区别在于区内企业不是简单集中，而是高度关联、产城融合、城乡统筹。工业集聚区的发展一方面易产生规模效应，拉长产业链，缓解就业压力，带动区域经济发展；另一方

---

[1] 国务院：《大气污染防治行动计划》，中国政府网，http://www.gov.cn/zhengce/content/2013-09/13/content_4561.htm，最后访问时间：2020年9月5日。

面，基于产业经济的外部性，可能加重环境污染。其直接原因是经济集聚会带来产能扩张，生产规模扩大，生产要素消耗增加，污染物排放随之增多。此外，据有关研究表明，1997—2016 年，我国集聚程度一直较高的行业多为资源密集型和劳动密集型行业，如煤炭开采和洗选业、石油和天然气开采业、黑色金属矿采选业、有色金属矿采选业、皮革毛皮羽毛及其制品和制鞋业等。这些行业大多未能摆脱"三高（高投入、高消耗、高污染）"症状，也是导致环境污染加重的重要因素。2015 年 4 月 16 日，国务院发布《水污染防治行动计划》专门强调[1]："集中治理工业集聚区水污染。强化经济技术开发区、高新技术产业开发区、出口加工区等工业集聚区污染治理。集聚区内工业废水必须经预处理达到集中处理要求，方可进入污水集中处理设施。新建、升级工业集聚区应同步规划、建设污水、垃圾集中处理等污染治理设施。"为更好地推进工业集聚区水污染治理工作，2017 年 7 月 28 日，原环境保护部制定印发《工业集聚区水污染治理任务推进方案》，要求以硬措施落实硬任务，明确了各地方人民政府和园区管理机构是落实《水污染防治行动计划》规定的工业集聚区水污染治理任务的责任主体，要不折不扣完成要求；各牵头负责部门要加大调度和信息公开力度，指导存在问题的园区制定整改措施，各级环保部门应组织协调相关部门赴现场督导；原环境保护部会同相关部委加大督导力度，对逾期未完成任务的省级及以上工业集聚区，按规定一律暂停审批和核准其增加水污染物排放的建设项目，并依照有关规定撤销其园区资格[2]。

　　一、工业集聚区建设和管理的主体是县级以上人民政府及其有关部门

　　本条是对国家相关规定的落实和细化，明确了工业集聚区建设和管理的主体是县级以上人民政府及其有关部门。发展工业集聚区有助于树立特色产业，增强产业链的地缘优势，充分吸纳就业，优化生产力要素配置，加快推进新型工业化进程，实现国民经济提速增效。政府及其有关部门应

---

〔1〕　国务院：《水污染防治行动计划》，中国政府网，http：//www. gov. cn/zhengce/content/2015 -04/16/content_ 9613. htm，最后访问时间：2020 年 9 月 6 日。

〔2〕　内蒙古乌海市环保局：《环保部发布〈工业集聚区水污染治理任务推进方案〉》，中国水网，http：//www. h2o - china. com/news/view？ id =267977，最后访问时间：2020 年 9 月 4 日。

当密切配合、协调联动，积极有序地推进工业集聚区建设和发展。

二、合理规划工业布局，科学确定产业结构

所谓工业布局，指某一区域工业再生产的各个环节、各个部门和各生产要素的空间组合与安排。它是生产力布局的主要环节。工业布局是否合理不仅影响经济发展，而且影响生态效益和社会效益。如工业企业是否分布在城市下风向地带，工厂污水排放口是否远离城市水源地等。产业结构是各个产业、部门以及产业部门内部的内在生产联系和数量的构成比例，简言之，就是各产业在经济结构中所占的比重。高质量的工业布局和高水准的产业结构既是经济稳定发展的核心，也是实现生态效益的"枢纽"。因此，本条第一款要求，县级以上人民政府及其有关部门在推动工业集聚区建设过程中，应当抓住"合理规划工业布局，科学确定工业集聚区产业结构"两个关键，并最终促进资源高效循环利用目的的实现。

三、工业集聚区基础设施建设

本条第二款规定："工业集聚区应当建设相应的污水集中处理设施和配套管网、固体废物收集和处置等环境公共设施，并保障正常运行。"这实际上是抓住了工业集聚区环境保护的基础性工作。基础设施是工业集聚区进行环境保护工作的物质条件，唯有基础设施完备，才能真正实现污水、固体废物等的及时处理，减少污染，保护环境。

第三十六条 省人民政府生态环境主管部门应当根据国务院下达的重点污染物排放总量控制指标，制定本省重点污染物排放总量控制计划，报省人民政府批准后组织实施。

设区的市人民政府应当按照省人民政府重点污染物排放总量控制计划的要求，制定本行政区域重点污染物排放总量控制实施方案。

对超过国家重点污染物排放总量控制指标或者未完成国家确定的生态环境质量目标的地区，省人民政府生态环境主管部门应当依法暂停审批其新增重点污染物排放总量的建设项目环境影响评价文件。

【条文主旨】

本条文是关于重点污染物总量控制和区域限批的规定。

【条文释义】

重点污染物排放总量控制制度，是指通过向一定地区和排污单位分配特定污染物排放量指标，将一定地区和排污单位产生的特定污染物数量控制在规定限度内的污染物控制方式及其管理规范的总称[1]。它是环境保护工作从控制污染物排放浓度到保护和改善环境质量的重要措施，是减少生态环境污染的"总阀门"。只有坚定不移地实施，才能有效控制重点污染物排放总量，提升生态环境质量。该制度内容主要包括四个方面。

一、重点污染物排放总量控制对象为重点污染物

重点污染物，是指造成和可能造成一定区域大气污染和一定水域水污染、应当予以严格管制的污染物。"十三五"期间，国家规定的污染排放总量控制指标中的重点污染物主要包括大气污染物中的二氧化硫、氮氧化物，水污染物中的化学需氧量、氨氮等四类[2]。

二、明确制订总量控制计划和实施方案的主体

制订总量控制计划和实施方案的主体分别为省人民政府生态环境主管部门和设区的市人民政府。重点污染物排放总量控制计划是控制重点污染物排放工作的依据和关键，由省级人民政府生态环境主管部门根据国务院下达的重点污染物排放总量控制指标，结合本省环境容量和环境质量要求制订。为保证计划的科学性和可操作性，本条第一款、第二款要求该计划须报省人民政府批准后实施。设区的市人民政府根据省人民政府重点污染物排放总量控制计划的要求，制订本行政区域重点污染物排放总量控制实施方案。

---

[1]　信春鹰：《〈中华人民共和国环境保护法〉学习读本》，中国民主法制出版社 2014 年版，第 192 页。

[2]　汪劲：《环境法学》，北京大学出版社 2018 年版，第 157 页。

三、重点污染物排放总量控制的实施程序

环境保护法第四十四条第一款规定："国家实行重点污染物排放总量控制制度。重点污染物排放总量控制指标由国务院下达，省、自治区、直辖市人民政府分解落实。企业事业单位在执行国家和地方污染物排放标准的同时，应当遵守分解落实到本单位的重点污染物排放总量控制指标。"据此，通常情况下，重点污染物排放总量控制的实施程序为：省人民政府将国务院下达的重点污染物排放总量控制指标分解落实到各市人民政府，各市人民政府再将其分解落实到排污单位，由其直接承担重点污染物排放的总量削减和控制任务。

四、区域限批

环境保护法第四十四条第二款要求："对超过国家重点污染物排放总量控制指标或者未完成国家确定的环境质量目标的地区，省级以上人民政府环境保护主管部门应当暂停审批其新增重点污染物排放总量的建设项目环境影响评价文件。"本条第三款关于区域限批内容的规定是对环境保护法相关规定的强调和落实，目的在于通过暂停审批新增建设项目的方式，促使超过国家重点污染物排放总量控制指标或者未完成国家确定的环境质量目标的地区严格落实重点污染物排放总量控制制度，尽早完成任务。

第三十七条 企业事业单位和其他生产经营者应当采取措施，防治在生产建设或者其他活动中产生的废气、废水、固体废物以及噪声、辐射等对生态环境的污染和危害，不得超过排放标准和重点污染物排放总量控制指标排放污染物。

空气质量不达标、水环境质量未达到控制要求的地区，应当严格控制建设项目新增重点污染物排放总量，按照国家和本省规定可以实行等量或者倍量替代。负责审批建设项目环境影响评价文件的部门和建设项目单位，应当向社会公开重点污染物总量替代情况，接受社会监督。

鼓励开展重点污染物排放总量指标交易。

【条文主旨】

本条文是关于重点污染物总量替代削减的规定。

【条文释义】

总量控制不仅是一种先进的环境管理理念，也是一种有效的环境管理手段。对污染物尤其是重点污染物实行总量控制，有助于促进产业结构优化和清洁生产，实现资源优化配置，进而促使某一时空范围的环境质量达到既定的目标标准。

"总量控制"是相对于"浓度控制"而言的，两者是"面"与"点"的关系，相辅相成、不可分割。"浓度控制"是以控制污染物排放浓度为核心的管理方法，它更侧重对单个污染源的控制。然而即使每个企业都达标排放，总量加起来还是很大，仍然可能对某一地区造成污染。因此，除了浓度控制外，还需要总量控制。总量控制更能真实反映污染物对环境的实际影响，减少"浓度控制"中的不合理稀释现象，并在总量控制的基础上进行总量削减。

重点污染物排放总量控制是一项系统工程，需要多方努力，共同推进。

一、充分发挥企业事业单位和其他生产经营者的"主力军"作用

企业事业单位和其他生产经营者是重点污染物排放总量控制的主体，实现重点污染物排放总量控制需要其积极行动和全力配合。企业事业单位和其他生产经营者应当加强内部管理，健全环境保护管理制度，积极采用先进的生产工艺、技术和设备，防治在生产建设或者其他活动中产生的废气、废水、固体废物以及噪声等对生态环境的污染和危害，不得超过排放标准和重点污染物排放总量控制指标排放污染物。这是企业事业单位和其他生产经营者在创造价值、追求利润的过程中，应当承担的社会责任。一直以来，国家对重点区域、重点行业污染物排放总量控制工作高度重视。2014 年 12 月 30 日，原环境保护部印发《建设项目主要污染物排放总量指标审核及管理暂行办法》，重点规范建设项目主要污染物排放总量指标审

核及管理工作，严格控制新增污染物排放量。该暂行办法明确要求[1]："（二）严格落实污染物排放总量控制制度，把主要污染物排放总量指标作为建设项目环境影响评价审批的前置条件。"建设项目主要污染物排放总量指标审核及管理应与总量减排目标完成情况相挂钩，对未完成上一年度主要污染物总量减排目标的地区或企业，暂停新增相关污染物排放建设项目的环境影响评价审批。

二、对不达标地区实行严格管控

本条第二款明确规定严格控制空气质量不达标、水环境质量未达到控制要求地区的建设项目新增重点污染物排放总量，按照国家和本省规定可以实行等量或者倍量替代。由于上述地区未完成达标排放任务，为避免其污染进一步加剧，须对建设项目新增重点污染物排放总量实施严格管控，其建设项目新增重点污染物排放指标可从项目所在区域内削减的污染物排放指标中替代获得。

三、加强社会监督

一般意义上，社会监督指国家机关以外的自然人、法人和其他组织对各种活动的合法性进行的不具有直接法律效力的监督。与国家监督相比，社会监督不具有国家强制性和直接的法律效力，但它在监督主体、内容、范围和影响上十分广泛，具有较强的普适性，方式多样，是法律监督体系中的重要环节和关键部分。为此，本条第二款要求：负责审批建设项目环境影响评价文件的部门和建设项目单位，应当向社会公开重点污染物总量替代情况，接受社会监督。将重点污染物总量替代情况纳入社会监督范围，既有助于实现企业自律，规范建设项目单位的相关行为，也有助于规范政府的审批行为，最终达到严控重点污染物排放总量的目的。

四、实行排污权交易制度

排污权交易制度的概念最早于 20 世纪 70 年代由美国经济学家戴尔斯

---

〔1〕 原环境保护部：《建设项目主要污染物排放总量指标审核及管理暂行办法》，生态环境部网，http://www.mee.gov.cn/gkml/hbb/bwj/201501/W020150106352131751120.pdf，最后访问时间：2020 年 8 月 16 日。

提出。20 世纪 80 年代，排污权交易制度在我国落地生根。2002 年，山东、山西、江苏、河南、上海、天津、柳州及中国华能集团公司被列为二氧化硫排污权交易试点，我国开始进入排污权交易的试点摸索阶段。2007 年，国务院有关部门在江苏、浙江、天津、湖北、湖南、河南、山西、重庆、陕西、河北和内蒙古 11 个省区市设立排污权有偿使用与交易试点，排污权交易试点进入深化发展阶段。在此基础上，2014 年 8 月，国务院颁布《关于进一步推进排污权有偿使用和交易试点工作的指导意见》，截至 2017 年，试点地区的排污权有偿使用与交易制度基本建立，试点工作基本完成[1]。

所谓排污权，是排污单位利用环境容量资源排放污染物的权利。这一权利的行使需要获得政府的分配，即政府根据环境质量目标，确定一个区域的允许污染物排放总量，并将其分割为若干份规定的排放量作为指标，在保证总量不变的基础上将指标分配给相关企业，并允许企业间通过市场定价进行交易，这就是排污权交易。从经济学意义上看，排污权交易是一种借助市场化行为对企业进行有效激励的环境治理手段。排污权是有价值的稀缺资源，同时也是企业发展必不可少的基本生产要素。企业获得排污权需要支付相应成本，为追求最大利润，企业会积极进行技术创新和清洁生产，降低排污量，将多余的排污权通过交易市场售出，获取利益。但如果排污量过大，企业也会选择通过排污权交易市场购买价格低于自身排污成本的排污权，以节省成本。由此看来，排污权交易的直接效应是降低企业的污染排放量，倒逼企业进行技术革新，使污染物排放总量始终控制在污染物排放总量控制目标范围内。从这个意义上说，排污权交易制度属于"总量控制型制度"。为此，本条第三款专门指出：鼓励开展重点污染物排放总量指标交易，以保障重点污染物排放总量得到控制。

第三十八条　本省实施以排污许可制为核心的固定污染源监管制度。依法对企业事业单位和其他生产经营者实行排污许可重点管理、简化管理和登记管理。

---

[1] 齐红倩、陈苗：《中国排污权交易制度实现污染减排和绿色发展了吗？》，载《西安交通大学学报（社会科学版）》2020 年第 3 期，第 81—82 页。

依法实行排污许可重点管理和简化管理的企业事业单位和其他生产经营者应当如实填报排污许可证申请材料，按照排污许可证规定的污染物种类、浓度、排放去向和许可排放量等要求排放污染物；未取得排污许可证的，不得排放污染物。

实行排污登记管理的企业事业单位和其他生产经营者应当依法进行排污登记，未登记前不得排放污染物。

实行排污许可管理的企业事业单位和其他生产经营者范围，依照国家有关规定执行。

【条文主旨】

本条文是关于排污许可制的规定。

【条文释义】

2019 年 10 月 31 日，中国共产党第十九届中央委员会第四次全体会议通过《中共中央关于坚持和完善中国特色社会主义制度　推进国家治理体系和治理能力现代化若干重大问题的决定》，首次提出"构建以排污许可制为核心的固定污染源监管制度体系"，确立了排污许可制度在固定污染源监管制度体系中的核心地位，具有开创性意义。

排污许可制度，是指向环境排放污染物的企业事业单位和其他生产经营者，应当依法事先申请办理污染物排放许可证，经批准并取得排污许可证后，按照许可证核定的污染物排放种类、数量、浓度等排放污染物，生态环境主管部门依证监管的环境行政许可规则体系。该制度起源于美国，后被很多国家认可并推行，逐步发展为一项国际通行的环境管理基本制度。我国的排污许可制度起步较晚，最早在 1996 年修正的水污染防治法中得到立法确认。经过 20 余年的探索和发展，排污许可制度日趋成熟和完善。2014 年修订的环境保护法第四十五条规定："国家依照法律规定实行排污许可管理制度。实行排污许可管理的企业事业单位和其他生产经营者应当按照排污许可证的要求排放污染物；未取得排污许可证的，不得排放污染物。"2016 年 11

月，国务院办公厅印发《控制污染物排放许可制实施方案》[1]（以下简称《方案》），对完善排污许可制度、实施企业事业单位排污许可管理作出了总体部署和系统安排，对加强污染物排放的管控具有重要意义。《方案》强调指出分步实现排污许可全覆盖。在大气污染物、水污染物的基础上，进一步扩大排污许可证的管理内容，依法逐步纳入其他污染物。按行业分步实现对固定污染源的全覆盖，率先对火电、造纸行业企业核发排污许可证，2017 年完成《大气污染防治行动计划》和《水污染防治行动计划》重点行业及产能过剩行业企业排污许可证核发，2020 年全国基本完成排污许可证核发。为切实保障《方案》的贯彻落实，2017 年 6 月，原环境保护部通过了《固定污染源排污许可分类管理名录（2017 年版）》，明确了许可证发放的范围和时限。2017 年 11 月，原环境保护部组织制定了《排污许可管理办法（试行）》，进一步明确了排污许可证的内容，规范了排污许可证的申请与核发，有力地保障了"2020 年，完成覆盖所有固定污染源的排污许可证核发工作"。2019 年 12 月，生态环境部印发了《固定污染源排污许可分类管理名录（2019 年版）》。相较 2017 版，该名录扩大了排污许可证的管理范围，增加了登记管理类，同时删除了行业发放时限的要求。

为了进一步加强排污许可管理，规范企业事业单位和其他生产经营者排污行为，控制污染物排放，2021 年 1 月 24 日，国务院发布《排污许可管理条例》，要求依照法律规定实行排污许可管理的企业事业单位和其他生产经营者（以下简称排污单位），应当依照《排污许可管理条例》规定，申请取得排污许可证，未取得排污许可证的，不得排放污染物，全面落实排污许可"一证式"管理。各排污单位应当遵守排污许可证规定，按照排污许可证规定的排放口、排放去向、排放浓度、排放总量规范实施排污行为，严格控制污染物排放，建立环境管理制度，并依法开展自行监测、建立环境管理台账记录制度、提交排污许可执行报告、公开污染物排放信息等要求。各排污单位应当配合生态环境主管部门监督检查，如实反映情况，并按照要求提供排污许可证、环境管理台账记录、排污许可证执行报告、自行监测数据等相关材料。

---

[1]　国务院办公厅：《控制污染物排放许可制实施方案》，中国政府网，http：//www. gov. cn/zhengce/content/2016 – 11/21/content_ 5135510. htm，最后访问时间：2020 年 7 月 14 日。

一、排污许可重点管理和简化管理

根据 2019 年 12 月生态环境部印发的《固定污染源排污许可分类管理名录（2019 年版）》（以下简称《管理名录》），以及 2017 年 11 月原环境保护部组织制定的《排污许可管理办法（试行）》规定，对污染物产生量、排放量或者对环境的影响程度较大的排污单位实施排污许可重点管理；对污染物产生量、排放量和对环境的影响程度较小的排污单位，实行排污许可简化管理。设区的市级以上地方环境保护主管部门，应当将实行排污许可重点管理的排污单位确定为重点排污单位。实行重点管理的排污单位在提交排污许可申请材料前，应当将承诺书、基本信息以及拟申请的许可事项向社会公开。实施排污许可重点管理的排污单位，应当按照排污许可证规定安装自动监测设备，并与环境保护主管部门的监控设备联网。

此外，属于《管理名录》第 1 类至第 107 类行业的排污单位，按照名录第 109 类至第 112 类规定的锅炉、工业炉窑、表面处理、水处理等通用工序实施重点管理或者简化管理的，只须对其涉及的通用工序申请取得排污许可证，不需要对其他生产设施和相应的排放口等申请取得排污许可证。

属于《管理名录》第 108 类行业的排污单位，涉及名录规定的通用工序重点管理、简化管理的，应当对其涉及的名录第 109 类至第 112 类规定的锅炉、工业炉窑、表面处理、水处理等通用工序申请领取排污许可证；有下列情形之一的，还应当对其生产设施和相应的排放口等申请取得重点管理排污许可证：（1）被列入重点排污单位名录的；（2）二氧化硫或者氮氧化物年排放量大于 250 吨的；（3）烟粉尘年排放量大于 500 吨的；（4）化学需氧量年排放量大于 30 吨，或者总氮年排放量大于 10 吨，或者总磷年排放量大于 0.5 吨的；（5）氨氮、石油类和挥发酚合计年排放量大于 30 吨的；（6）其他单项有毒有害大气、水污染物污染当量数大于 3000 的。污染当量数按照《中华人民共和国环境保护税法》的规定计算。

在此基础上，本条第二款进一步规定："依法实行排污许可重点管理和简化管理的企业事业单位和其他生产经营者应当如实填报排污许可证申请材料，按照排污许可证规定的污染物种类、浓度、排放去向和许可排放量等要求排放污染物；未取得排污许可证的，不得排放污染物。"这是对国家相关规定的补充和细化。

二、排污许可登记管理

《管理名录》规定：对污染物产生量、排放量和对环境的影响程度很小的排污单位，实行排污登记管理。实行登记管理的排污单位，不需要申请取得排污许可证，应当在全国排污许可证管理信息平台填报排污登记表，登记基本信息、污染物排放去向、执行的污染物排放标准以及采取的污染防治措施等信息。属于名录第108类行业的排污单位，涉及名录规定的通用工序登记管理的，应当对其涉及的名录第109类至第112类规定的锅炉、工业炉窑、表面处理、水处理等通用工序填报排污登记表。本条第三款也明确要求："实行排污登记管理的企业事业单位和其他生产经营者应当依法进行排污登记，未登记前不得排放污染物。"

第三十九条　排放污染物的企业事业单位和其他生产经营者是污染防治的责任主体，应当建立以下生态环境保护责任制度，明确负责人和相关人员的责任：

（一）确定生态环境保护工作机构或者生态环境保护工作人员；

（二）制定、完善生态环境保护管理制度和防治污染设施操作规程；

（三）保证各生产环节符合生态环境保护法律法规和技术规范的要求；

（四）建立健全生态环境保护工作档案；

（五）法律法规规定的其他生态环境保护责任。

【条文主旨】

本条文是关于企事业单位主体责任的规定。

【条文释义】

企业事业单位和其他生产经营者既是市场发展主体，也是污染物排放大户。企业和其他生产经营者在追逐利润的过程中，事业单位在发展过程中都应当肩负环境保护使命，严格控制和规范生产经营及其他活动中的环境利用行为，减少污染物排放，切实承担生态环境保护责任。本条专门对企业事业单位和其他生产经营者的生态环境保护责任进行规定，既体现了河北省对规范市场主体行为，建立最严格环境保护制度的高度重视，更体现了落实中央相关政策精神，保障污染防治攻坚战总体目标得以顺利实现的坚定信心和决心。

制度的生命力在于落实。为保障生态环境保护责任制度落地生根，本条规定了该制度建设的具体内容，主要包括：（1）明确责任主体，即确定生态环境保护工作机构或者生态环境保护工作人员。这是明晰生态环境保护责任红线，坚持有责必究的前提和基础。责任主体不明，就很难真正发挥制度实效，最终导致制度成为"一纸空文"。（2）制定、完善相关的设施操作规程。坚持关口前移、重在预防，通过明确生态环境保护管理制度和防治污染设施操作规程，要求企业事业单位和其他生产经营者加强对生产经营活动的日常监督管理，及时发现问题，纠正错误，防止小问题酿成大灾害。（3）重点加强生产环节的监督管理。生产环节是生产经营活动的关键环节，也是问题易发环节。本条第三项专门强调企业事业单位和其他生产经营者保证各生产环节符合生态环境保护法律法规和技术规范的要求，抓住了制度落实的重点和核心，旨在切实将节能减排、节约资源、环保生产落实到生产经营活动的方方面面。（4）建立工作档案制。工作档案是记录企业事业单位和其他生产经营者生态环境保护工作全部情况的文字材料。一般情况下，工作档案实行集中统一管理，指定专门人员负责。实行工作档案制管理，不仅有助于提升企业事业单位和其他生产经营者的管理水平，实现生态环境保护工作的规范化、制度化、科学化，而且还可以完整保存相关活动的证据材料，一旦发生问题，可以通过档案记载的内容，准确进行责任认定。

第四十条 排放污染物的企业事业单位和其他生产经营者应当按照国家和本省的要求建设、安装、使用防治污染设施，严格控制污染物排放，未经处理不得直接排放污染物。对于生产过程中产生的粉尘和气态污染物的无组织排放，应当加强精细化管理，依法采取措施，严格控制粉尘和气态污染物的排放。

企业事业单位和其他生产经营者应当保障防治污染设施正常运行，因故障、不可抗力等紧急情况停运防治污染设施的，应当立即向当地生态环境主管部门报告。停运防治污染设施应当同时停运相应的生产设施，确因公共利益需要不能同时停运的，应当采取有效措施，减少污染物排放。

严禁通过暗管、渗井、渗坑、灌注或者篡改、伪造监测数据，或者不正常运行防治污染设施等逃避监管的方式违法排放污染物。

鼓励企业事业单位和其他生产经营者建设防治污染备用设施。

【条文主旨】

本条文是关于污染防治设施的规定。

【条文释义】

一、建设、安装、使用防治污染设施

防治污染设施是预防和治理环境污染的"硬件"，只有保证其正常运转才能达到防治效果。实践中，防治污染设施投入不足、管理不善、运行费用得不到保障等问题突出，使污染防治效果大打折扣。为此，本条特别强调：排放污染物的企业事业单位和其他生产经营者应当按照国家和本省的要求，建设、安装、使用防治污染设施并保障其正常运行，严格控制污染物排放，未经处理不得直接排放污染物。如因故障、不可抗力等紧急情况停运防治污染设施的，应当立即向当地生态环境主管部门报告。停运防治污染设施应当同时停运相应的生产设施，确因公共利益需要不能同时停运的，应当采取有效措施，减少污染物排放。要求企业事业单位和其他生产经营者做到防治污染设施与主体工程同时设计、同时施工、同时投产使用。

二、严格控制粉尘和气态污染物的排放

一般意义上的粉尘，又称灰尘、烟尘、尘埃等，泛指悬浮在空气中的固体微粒。国际标准化组织对其进行了量化界定，认为粒径小于 75μm 的固体悬浮物为粉尘。根据粉尘微粒的大小可将其划分为：飘尘（大气中粒径小于 10μm 的固体微粒）、降尘（大气中粒径大于 10μm 的固体微粒）和总悬浮颗粒（大气中粒径小于 100μm 的所有固体微粒）三类。过量粉尘不仅危害人体健康，而且还会腐蚀建筑物，抑制植物生长。

三、严格禁止以逃避监管的方式违法排放污染物

实践中，常见的逃避监管方式主要有：通过暗管、渗井、渗坑、灌注违法排放污染物。所谓暗管是利用地下管道排放污水的方式；渗井是在地层中开凿立式孔洞，将地面水和上层地下水引向更深地下层的污水排放方式；渗坑是挖在地面下，用以渗漏污水或积水的坑洞；灌注是利用泵自上而下输送污水的排放方式。此外，篡改、伪造监测数据、不正常运行防治污染设施也是典型的逃避监管方式。这些方式都具有隐蔽、不易监管、危害性大的特点。对此，环境保护法第四十二条第四款规定："严禁通过暗管、渗井、渗坑、灌注或者篡改、伪造监测数据，或者不正常运行防治污染设施等逃避监管的方式违法排放污染物。"水污染防治法第三十九条也明确："禁止利用渗井、渗坑、裂隙、溶洞，私设暗管，篡改、伪造监测数据，或者不正常运行水污染防治设施等逃避监管的方式排放水污染物。"本条第三款对此也作出了禁止性规定，实际上是对环境保护法和水污染防治法相关规定的再次强调。

四、鼓励企业事业单位和其他生产经营者建设防治污染备用设施

防治污染备用设施，是指在防治污染设施不能运行或者不能正常运行的情况下使用的备用设施，其基本功能是防患于未然。生产经营活动涉及的领域广、突发状况多，难免出现防治污染设施不能运行或者不能正常运行的情况，倘若没有备用设施，就无法及时处理污染物，根据"三同时"的要求，生产活动也将被迫停止。因此，建设备用设施有助于应对突发状况、及时治理污染，进而保障生产活动的正常开展。但因备用设施并非常用设施，本条第四款并没有强制企业事业单位和其他生产经营者必须配置，而只是鼓励建设。

第四十一条　县级以上人民政府应当引导各类资本参与生态环境治理投资、建设、运行，鼓励和支持环境污染第三方治理，探索开展小城镇生态环境综合治理托管服务。

排放污染物的企业事业单位和其他生产经营者可以委托具有相应能力的环境服务机构运营其防治污染设施或者实施污染治理。

受委托的环境服务机构应当加强服务质量管理，对防治污染设施正常运行和污染物达标排放负责。

【条文主旨】

本条文是关于污染防治市场主营的规定。

【条文释义】

改革开放 40 余年，我国经济发展取得了举世瞩目的成就，但我们也付出了生态环境破坏、资源枯竭的代价。党的十八大以来，党和国家面对资源约束趋紧、环境污染严重、生态系统退化的严峻形势，不遗余力，大力推进生态文明建设，努力建设美丽中国，着力提供更多优质生态产品满足人们日益增长的优美生态环境需要。在积极转变政府职能，加大生态环境治理和监督力度的基础上，探索构建"多元共治"的生态环境治理体系。"良好的环境治理体系是加快补齐生态环境短板的基础和保障，是生态文明制度建设的重要内容，是国家治理体系的有机组成部分"[1]。这是一项具有开创性、长远性、复杂性的系统工程，需要政府与社会共同发力。2020 年 3 月，中共中央办公厅、国务院办公厅联合印发了《关于构建现代环境治理体系的指导意见》，将"多方共治"作为构建现代环境治理体系的基本原则之一，要求明晰政府、企业、公众等各类主体权责，畅通参与渠道，形成全社会共同推进环境治理的良好格局[2]。

〔1〕　吴舜泽、秦昌波：《构建多元生态环境治理体系》，载《社会治理》2017 年第 1 期，第 104 页。
〔2〕　《中共中央办公厅　国务院办公厅印发〈关于构建现代环境治理体系的指导意见〉》，中国政府网，http：//www.gov.cn/zhengce/2020－03/03/content_5486380.htm，最后访问时间：2020 年 8 月 2 日。

一、政府主导

我国环境保护法规定，地方各级人民政府应当对本行政区域的环境质量负责。基于生态环境保护的公益性以及政府在协调、整合人力和财力资源方面的独特优势，政府应当成为生态环境治理中的主导力量和监管主体，综合运用各种手段，明确与生态环境主管部门及各相关职能部门的分工，积极引导社会各方力量将生态环境保护工作落到实处。因此，根据地本条第一款规定，县级以上人民政府应当成为生态环境多元共治的积极引导者。

二、社会参与

生态环境治理不等同于生态环境管理，不是政府一家唱"独角戏"，而是强调治理主体的多元化、治理过程的互动性、治理对象的参与性和治理手段的多样化[1]。长期以来，生态环境治理仅仅被视为政府职责，导致政府对相关事务大包大揽，承担了很多本该由企业和社会承担的责任。社会主体参与不足，游离于生态环境治理之外，被视为"体制外作用因素"，不仅不易被接受而且很难形成合力，效果不佳。随着社会公众环保意识及参与能力的不断提升，社会参与的积极作用日益凸显，将其纳入我国生态环境治理体系势在必行。本条第一款顺应了这一发展趋势，将生态环境多元共治作为一个重要问题予以规范。

1. 社会资本参与。社会资本是相对于经济资本和人力资本而言的，广义的社会资本泛指通过社会动员的资源和能力的总和，既包括政府社会资本，也包括民间社会资本；狭义的社会资本仅指政府社会资本以外的民间社会资本。生态环境治理仅仅依靠政府财政是远远不够的，为此，本条第一款鼓励各类社会资本参与生态环境治理投资、建设、运行。实践中，可探索推进特许经营、合作经营、股权基金等多种方式，积极尝试采用

---

[1] 汪乃澄：《论治理理论的中国适应性》，载《当代社科视野》2010 年第 12 期，第 105 页。

BOT、TOT、PPP[1]等模式，吸引社会资本投资，服务于生态环境保护、基础设施建设和公共服务供给；勇于创新直接融资方式，通过灵活运用债务融资工具、股权投资、基金等手段，提升直接融资效益；注重开拓间接融资渠道，通过加强银政、银企合作，借助担保、信贷、授信等便捷途径盘活资源，吸引资金注入。此外，还应当着力构建互联网投融资平台。以移动支付为基础，充分发挥互联网金融优势，实现支付方式、信息处理、资源配置的优化，降低市场信息不对称和金融中介产生的消极影响，提升融资效率。最后，对参与的社会资本应当加强监督，一旦发现虚假注资、违法注资、资金链断裂等问题，及时通过退出机制予以清理[2]。

---

[1] BOT 融资模式（即 Build—Operate—Transfer，建设—经营—移交）是项目融资诸多方式中的一种，在我国又被称作"特许权投融资方式"。一般由东道国政府或地方政府通过特许权协议，将项目授予项目发起人为此专设的项目公司（Projectcompany），由项目公司负责基础设施（或基础产业）项目的投融资、建造、经营和维护；在规定的特许期内，项目公司拥有投资建造设施的所有权（但不是完整意义上的所有权），允许向设施的使用者收取适当的费用，并以此回收项目投融资、建造、经营和维护的成本费用，偿还贷款；特许期满后，项目公司将设施无偿移交给东道国政府。参见百度百科 http://baike.baidu.com/link?url = mVEippE8wWfElWWSzutkycu6V_4YFvMiVJjqo−fkQRjwSry3−r1OOnAiXafkQyvODYKyXTVI5SDmoxG2N9eqkK。TOT 是英文 Transfer—Operate—Transfer 的缩写，即移交—经营—移交。TOT 方式是国际上较为流行的一种项目融资方式，通常是指政府部门或国有企业将建设好的项目的一定期限的产权或经营权，有偿转让给投资人，由其进行运营管理；投资人在约定的期限内通过经营收回全部投资并得到合理的回报，双方合约期满之后，投资人再将该项目交还政府部门或原企业的一种融资方式。参见百度百科 https://www.baidu.com/index.php? tn = 98012088_6_dg&ch = 1#ie = utf−8&f = 3&rsv_bp = 1&rsv_idx = 1&ch = 1&tn = 98012088_6_dg&wd = TOT% E8% 9E% 8D% E8% B5% 84&oq = bot% E8% 9E% 8D% E8% B5% 84&rsv_pq = b29f59f10002b8f8&rsv_t = d2a8pHe% 2BfD6cr% 2BdYTXgXVi0BrMe2fWW9sQlZP4mj% 2B97Gl2xrqWnAEwRJtQ% 2FVRccLlObsfg&rsv_enter = 0&rsv_sug3 = 10&rsv_sug1 = 9&rsv_sug7 = 100&prefixsug = TOT% E8% 9E% 8D% E8% B5% 84&rsp = 0&inputT = 133469&rsv_sug4 = 133469。PPP 模式是一种政府和社会资本合作模式，是在基础设施及公共服务领域建立的一种长期合作关系。通常模式是由社会资本承担设计、建设、运营、维护基础设施的大部分工作，并通过"使用者付费"及必要的"政府付费"获得合理投资回报；政府部门负责基础设施及公共服务价格和质量监管，以保证公共利益最大化。政府是整个 PPP 项目的发起人与最终所有者，是 PPP 项目的控制主体，决定着是否设立此项目，是否采取 PPP 方式。它有权在项目进行过程中对必要的环节进行监督和管理。在项目特许到期时，还具有无偿收回该项目的权利。金融机构是 PPP 项目融资中的资金提供者，即一些商业银行和非银行金融机构，有时还包括国家的出口信贷机构和世界银行或地区性开发银行。通常，PPP 项目的负债率高达 70%—90%，因而金融机构是 PPP 项目的主要出资人。参见百度百科 http://baike.baidu.com/link?url = I8M5−abgDECxD3Kh4LYTMvdj_xrAgPYE8dNHpxAcslnJN1F4−LlzBMldD8m−PYjvxIAgu1tR3F−FVgX−JWlwMt800b2DmjbeVrOuCfEzQS。

[2] 刘茜：《生态福利法律制度研究》，法律出版社 2019 年版，第 175—177 页。

2. 环境污染第三方治理。这是一种排污者通过缴纳或按合同约定支付费用，委托环境服务公司进行污染治理的新模式。党的十八届三中全会发布的《中共中央关于全面深化改革若干重大问题的决定》提出[1]：建立吸引社会资本投入生态环境保护的市场化机制，推行环境污染第三方治理。在相关政策的积极带动下，环境污染第三方治理发展迅速，并以其较高的污染治理效率和较低的污染治理成本，为解决生态环境治理难题带来了一剂"良药"，有效推进了环保设施建设和运营的专业化、产业化，促进了环境服务业的向前发展。环境污染第三方治理需要借助市场化运作，充分尊重企业的选择意愿，由政府引导推动。为保障其健康可持续发展，2014年12月27日，国务院印发《关于推行环境污染第三方治理的意见》（以下简称《意见》）[2]，强调要坚持排污者付费、市场化运作、政府引导推动的基本原则，尊重企业主体地位，积极培育可持续的商业模式，创新投资运营机制，加强政策扶持和激励，强化市场监管和服务，使污染治理效率和专业化水平明显提高，社会资本进入环境治理市场的活力进一步激发。《意见》提出，一是要推进环境公用设施投资运营市场化。在城镇污水垃圾处理设施领域，采取特许经营、委托运营等方式引入社会资本，通过资产租赁、资产证券化等方式盘活存量资产。对污染场地治理和区域环境整治，采用环境绩效合同方式引入第三方治理。同时，推进审批便利化，强化实施方案的评估论证，改进审批方式，提高审批效率。统筹好公益性和经营性的关系，合理确定收益，完善价格调整机制，保障公共环境权益。二是要创新企业第三方治理机制，明确相关方责任，规范合作关系，培育企业污染治理新模式，选择若干有条件的地区，探索实施限期第三方治理。三是要健全第三方治理市场，扩大市场规模、加快创新发展、发挥行业组织作用，规范市场秩序、完善监管体系。支持第三方治理企业加强科技创新、服务创新、商业模式创新；推动建立环境服务公司诚信档案和信用累积制度；实行从准入、运营到退

---

[1] 《中共中央关于全面深化改革若干重大问题的决定》，中国网，http：//news. china. com. cn/2013 - 11/15/content_ 30615132. htm，最后访问时间：2020年8月10日。

[2] 《国务院办公厅印发〈关于推行环境污染第三方治理的意见〉》，中国政府网，http：//www. gov. cn/zhengce/content/2015 - 01/14/content_ 9392. htm，最后访问时间：2020年8月11日。

出全过程监管。为进一步对第三方治理推行工作提出专业化意见，原环境保护部于2017年8月出台了《关于推进环境污染第三方治理的实施意见》，重点明确了第三方治理责任、规范了企业排放技术和管理要求、创新了第三方治理机制和实施方式[1]。本条第二款对第三方治理的规定不仅是相关实践经验的合理吸收，而且是对国家相关政策的及时转化。此外，根据本条第三款规定，受委托的环境服务机构应当具备运营防治污染设施或者实施污染治理的资质和能力，并对防治污染设施正常运行和污染物达标排放负责。

3. 生态环境综合治理托管服务。生态环境综合治理托管服务模式是以小城镇或园区环境质量改善为目标，委托具有专业能力的环境服务供应商提供水、气、土等多要素、多领域协同治理服务，包括系统解决方案、工程建设投融资、设计与施工、调试运营及后期维护管理等长周期的系统服务，服务付费与环境质量改善或污染减排量等环境效果挂钩[2]。这是一种新型的多环境介质污染协同增效治理机制，"强调契约关系、权益（产权、使用权、经营权等）和责任的分割、可经营性"[3]，具体而言，有以下特点：第一，以合同形式明确双方权责利。生态环境综合治理托管服务的委托方既可以是政府，也可以是企业，可以是一个主体，也可以是多个主体；受托方必须明确且具体，具备提供生态环境综合治理托管服务的资质和能力，可以是一家环保企业，也可以是具有契约关系的企业联合体。双方通过合同明确服务内容、风险负担、合作模式等。第二，受托方提供系统性综合服务。生态环境综合治理托管服务提供的产品并非针对某单个项目的解决方案，而是涵盖工程建设投融资、设计与施工、调试运营及后期维护管理等多领域，涉及水、气、土多要素的长周期、系统性、管家式环保服务，强调多产融合、多领域协同、长期运营、资源综合利用、立体联防联控。第三，以环境质量改善效果为付费依据。受托方收益的基准在于提供服务后是

---

〔1〕《环境保护部关于推进环境污染第三方治理的实施意见》，中华人民共和国生态环境部网，http：//www. mee. gov. cn/gkml/hbb/bh/201708/t20170816 _ 419759. htm，最后访问时间：2020年8月5日。

〔2〕《生态环境部：关于推荐环境综合治理托管服务模式试点项目的通知》，北极星大气网，http：//huanbao. bjx. com. cn/news/20190516/980908. shtml，最后访问时间：2020年9月5日。

〔3〕张维迎：《博弈论与信息经济学》，上海三联书店、上海人民出版社1996年版，第38页。

否达到合同预期的生态环境治理效果。服务企业只有完成合同既定的生态环境治理目标并获得预定的绩效考评结果才能得到相关费用。生态环境综合治理托管服务不同于第三方治理，虽然两者均强调"环境绩效""合同服务"，但前者比后者更强调"综合治理"和"协同防治"。2016年12月，国务院发布的《"十三五"国家战略性新兴产业发展规划》和《"十三五"生态环境保护规划》中提出"开展环境综合治理托管服务试点"。为此，2019年5月，生态环境部发布《关于推荐环境综合治理托管服务模式试点项目的通知》，对试点目标、试点内容、试点申报与实施主体、申报条件、试点实施程序等进行了明确规定。本条对生态环境综合治理托管服务的规定是对国家相关政策的立法转化与强化，具备法律强制力的生态环境综合治理托管服务制度必将更好地发挥制度优势，有力推进生态环境治理体系建设。

> **第四十二条** 排放污染物的企业事业单位和其他生产经营者应当按照国家和本省有关规定设置、管理和使用污染物排放口及其监测点位监测设施，并在污染物排放口安装标志牌。

【条文主旨】

本条文是关于排污口设置的规定。

【条文释义】

污染物排放口是将污染物向环境排放的废水排放口。设置、管理和使用污染物排放口及其监测点位监测设施是排放污染物的企业事业单位和其他生产经营者的基本义务。水污染防治法第二十二条规定："向水体排放污染物的企业事业单位和其他生产经营者，应当按照法律、行政法规和国务院环境保护主管部门的规定设置排污口；在江河、湖泊设置排污口的，还应当遵守国务院水行政主管部门的规定。"1996年5月，原国家环境保护总局发布了《排污口规范化整治技术要求（试行）》，明确了排污口规范化设置的要求，以实现污染物排放的科学化、定量化，做好排污口规范化整治工作，进一步加大环境监督执法力度。

一、排污口设置原则

排污口规范化设置应遵循便于采集样品,计量监测,日常现场监督检查和维护管理的原则。

二、排污口规范化设置

(一)污水排放口

合理确定污水排放口位置。按照《污染源监测技术规范》设置采样点。如工厂总排放口、排放一类污染物的车间排放口、污水处理设施的进水和出水口等。应设置规范的、便于测量流量、流速的测流段。

(二)废气排放口

有组织排放废气。对其排气筒数量、高度和泄漏情况进行监督检查。排气筒应设置便于采样、监测的采样口。采样口的设置应符合《污染源监测技术规范》要求。采样口位置无法满足规范要求的,其监测地位置由当地环境监测部门确认。无组织排放有毒有害气体的,应加装引风装置,进行收集、处理,并设置采样点。

三、排污口立标、建档

(一)排污口立标要求

一切排污单位的污染物排放口(源)和固体废物贮存、处置场,必须实行规范化整治,按照国家标准《环境保护图形标志》(GB 15562.1—1995)(GB 15562.2—1995)的规定,设置与之相适应的环境保护图形标志牌。开展排放口(源)和固体废物贮存、处置场规范化整治的单位,必须使用由国家环境保护局统一定点制作和监制的环境保护图形标志牌。环境保护图形标志牌设置位置应距污染物排放口(源)及固体废物贮存(处置)场或采样点较近且醒目处,并能长久保留,其中:噪声排放源标志牌应设置在距选定监测点较近且醒目处。设置高度一般为:环境保护图形标志牌上缘距离地面 2 米。重点排污单位的污染物排放口(源)或固体废物贮存、处置场,以设置立式标志牌为主;一般排污单位的污染物排放口(源)或固体废物贮存、处置场,可根据情况分别选择设置立式或平面固定式标志牌。一般性污染物排放口（源）或固体废物贮存、处置场，设置提示性环境保护图形标志牌。排放剧毒、致癌物及对人体有严重危害物质的排放口（源）或危险废物贮存、处置场，设置警告性环境保护图形标志牌。环境保护图形标志牌的辅助标志上，需要填写的栏目，应由环境保护部门统一组织填写，要求字迹工整，字的颜色，与标志牌颜色要总体协调。

（二）排污口建档要求

各级环保部门和排污单位均需使用由国家环境保护局统一印制的《中华人民共和国规范化排污口标志登记证》，并按要求认真填写有关内容。登记证与标志牌配套使用，由各地环境保护部门签发给有关排污单位。登记证的一览表中的标志牌编号及登记卡上标志牌的编号应与标志牌辅助标志上的编号相一致。排污口的顺序编号数字由各地环境保护部门自行规定。各地环境保护部门根据登记证的内容建立排污口管理档案，如排污单位名称，排污口性质及编号，排污口地理位置，排放主要污染物种类、数量、浓度，排放去向，立标情况，设施运行情况及整改意见等。

四、排污口环境保护设施管理

规范化整治排污口的有关设施（如计量装置、标志牌等）属环境保护设施，各地环境保护部门应按照有关环境保护设施监督管理规定，加强日常监督管理，排污单位应将环境保护设施纳入本单位设备管理，制定相应的管理办法和规章制度。排污单位应选派责任心强，有专业知识和技能的兼、专职人员对排污口进行管理，做到责任明确、奖罚分明。

五、排污口规范化设置的步骤

污染物排放口规范化设置的步骤大致分为：调查、立标、建档、监测四个阶段。首先，根据排污申报情况，现场调查污染物排放口的地理位置、排放污染物的种类、浓度、数量、排放去向及对周围环境的影响等。其次，完成污染物排放口的立标工作，登记证的一览表中的标志牌编号、登记卡上的标志牌编号与标志牌辅助标志上的编号相一致。再次，建立各污染物排放口的监督管理档案。最后，对污染物排放口的排放情况进行监测。监测一般分为定期常规监测和重点监测。生态环境主管部门也需要根据污染源调查结果，判断污染源排放的污染物是否符合国家污染物排放标准或者地方污染物排放标准，据此确定该排污单位需要缴纳的环境税费额度。从这个意义上说，这也是生态环境主管部门对污染源常规管理的重要工作之一。因此，排放污染物的企业事业单位和其他生产经营者不仅应当按照国家和本省有关规定设置、管理和使用污染物排放口，而且还应当设置、管理和使用监测点位监测设施，以保证监测工作的正常开展。

第四十三条　设区的市人民政府生态环境主管部门应当商有关部门依法确定重点排污单位名录并向社会公布。重点排污单位应当按照国家和本省有关规定以及相关监测规范安装使用污染物排放自动监测设备，与生态环境主管部门的监控设备联网，保障自动监测设备正常运行，并向社会公开自动监测数据。

重点排污单位自动监测设备应当安装独立、不可修改、规范统一的数据存储模块，实时记录设备工作参数、运行情况，实现所有操作全程留痕记录。

重点排污单位不得破坏、损毁或者擅自拆除、闲置自动监测设备。

重点排污单位的自动监测数据以及生态环境主管部门委托的生态环境监测机构出具的监测数据，可以作为生态环境执法和管理的依据。

【条文主旨】

本条文是关于重点排污单位监测的规定。

【条文释义】

重点排污单位是污染排放大户，应当履行规范安装、使用污染物排放自动监测设备，并保证其正常运行的义务，本条专门对此作出了明确具体的规定。

一、确定重点排污单位名录

2017 年，原环境保护部印发《重点排污单位名录管理规定（试行）》。

根据该规定，重点排污单位名录实行分类管理。按照受污染的环境要素的不同，可以将重点排污单位名录分为水环境重点排污单位名录、大气环境重点排污单位名录、土壤环境污染重点监管单位名录、声环境重点排污单位名录，以及其他重点排污单位名录五类，同一家企业事业单位因排污种类不同可以同时属于不同类别重点排污单位。纳入重点排污单位名录的企业事业单位应明确所属类别和主要污染物指标。

（一）应当纳入水环境重点排污单位名录的企业

1. 一种或几种废水主要污染物年排放量大于设区的市级环境保护主管部门设定的筛选排放量限值。废水主要污染物指标是指化学需氧量、氨氮、总磷、总氮以及汞、镉、砷、铬、铅等重金属。筛选排放量限值根据环境质量状况确定，排污总量占比不得低于行政区域工业排污总量的65%。

2. 有事实排污且属于废水污染重点监管行业的所有大中型企业。废水污染重点监管行业包括：制浆造纸，焦化，氮肥制造，磷肥制造，有色金属冶炼，石油化工，化学原料和化学制品制造，化学纤维制造，有漂白、染色、印花、洗水、后整理等工艺的纺织印染，农副食品加工，原料药制造，皮革鞣制加工，毛皮鞣制加工，毛（绒）加工，农药，电镀，磷矿采选，有色金属矿采选，乳制品制造，调味品和发酵制品制造，酒和饮料制造，有表面涂装工序的汽车制造，有表面涂装工序的半导体液晶面板制造等。

3. 实行排污许可重点管理的已发放排污许可证的产生废水污染物的单位。

4. 设有污水排放口的规模化畜禽养殖场、养殖小区。

5. 所有规模的工业废水集中处理厂、日处理10万吨及以上或接纳工业废水日处理2万吨以上的城镇生活污水处理厂。各地可根据本地实际情况降低城镇污水集中处理设施的规模限值。

6. 产生含有汞、镉、砷、铬、铅、氰化物、黄磷等可溶性剧毒废渣的企业。

7. 设区的市级以上地方人民政府水污染防治目标责任书中承担污染治理任务的企业事业单位。

8. 三年内发生较大及以上突发水环境污染事件或者因水环境污染问题

造成重大社会影响的企业事业单位。

9. 三年内超过水污染物排放标准和重点水污染物排放总量控制指标被环境保护主管部门予以"黄牌"警示的企业，以及整治后仍不能达到要求且情节严重被环境保护主管部门予以"红牌"处罚的企业。

（二）应当纳入大气环境重点排污单位名录的企业

1. 一种或几种废气主要污染物年排放量大于设区的市级环境保护主管部门设定的筛选排放量限值。废气主要污染物指标是指二氧化硫、氮氧化物、烟粉尘和挥发性有机物。筛选排放量限值根据环境质量状况确定，排污总量占比不得低于行政区域工业排放总量的65%。

2. 有事实排污且属于废气污染重点监管行业的所有大中型企业。废气污染重点监管行业包括：火力发电、热力生产和热电联产，有水泥熟料生产的水泥制造业，有烧结、球团、炼铁工艺的钢铁冶炼业，有色金属冶炼，石油炼制加工，炼焦，陶瓷，平板玻璃制造，化工，制药，煤化工，表面涂装，包装印刷业等。各地可根据本地实际情况增加相关废气污染重点监管行业。

3. 实行排污许可重点管理的已发放排污许可证的排放废气污染物的单位。

4. 排放有毒有害大气污染物（具体参见原环境保护部发布的有毒有害大气污染物名录）的企业事业单位；固体废物集中焚烧设施的运营单位。

5. 设区的市级以上地方人民政府大气污染防治目标责任书中承担污染治理任务的企业事业单位。

6. 环保警示企业、环保不良企业、三年内发生较大及以上突发大气环境污染事件，或者因大气环境污染问题造成重大社会影响或被各级环境保护主管部门通报处理尚未完成整改的企业事业单位。

（三）应当纳入土壤环境重点排污单位名录的企业

1. 有事实排污且属于土壤污染重点监管行业的所有大中型企业。土壤污染重点监管行业包括：有色金属矿采选、有色金属冶炼、石油开采、石油加工、化工、焦化、电镀、制革等。各地可根据本地实际情况增加相关土壤污染重点监管行业。

2. 年产生危险废物 100 吨以上的企业事业单位。

3. 持有危险废物经营许可证，从事危险废物贮存、处置、利用的企业事业单位。

4. 运营维护生活垃圾填埋场或焚烧厂的企业事业单位，包含已封场的垃圾填埋场。

5. 三年内发生较大及以上突发固体废物、危险废物和地下水环境污染事件，或者因土壤环境污染问题造成重大社会影响的企业事业单位。

（四）应当纳入噪声环境重点排污单位名录的企业

1. 噪声敏感建筑物集中区域噪声排放超标工业企业。

2. 因噪声污染问题纳入挂牌督办的企业事业单位。

（五）应当纳入其他重点排污单位名录的企业

1. 具有试验、分析、检测等功能的化学、医药、生物类省级重点以上实验室、二级以上医院等污染物排放行为引起社会广泛关注的或者可能对环境敏感区造成较大影响的企业事业单位。

2. 因其他环境污染问题造成重大社会影响，或经突发环境事件风险评估划定为较大及以上环境风险等级的企业事业单位。

3. 其他有必要列入的情形。

二、规范安装、使用污染物排放自动监测设备

本条第一款规定："……重点排污单位应当按照国家和本省有关规定以及相关监测规范安装使用污染物排放自动监测设备……"环境保护法第四十二条第三款明确要求："重点排污单位应当按照国家有关规定和监测规范安装使用监测设备，保证监测设备正常运行，保存原始监测记录。"2020 年 3 月，河北省生态环境厅下发《关于实行全方位加强污染源自动监测设备监督管理若干强化措施的通知》，进一步对规范安装、使用污染物排放自动监测设备作出了规定，重点排污单位自动监测设备应装尽装、应联尽联。重点排污单位应当保证自动监测设备正常运行，对自动监测数据的准确性、真实性负责；应如实填报超标（异常）数据发生的原因，并提供相应的佐证材料。各级生态环境部门负责审核判定，并根据结果移交同级执法部门处置。重点排污单位对超标（异常）处置

单不填报、乱填报甚至弄虚作假的，实行首次提醒、三次警示、五次公开约谈，有效提升企业主体责任意识[1]。同时，本条第一款中强调："重点排污单位应当……与生态环境主管部门的监控设备联网，保障自动监测设备正常运行，并向社会公开自动监测数据。"这一规定旨在保障生态环境主管部门和社会公众对重点排污单位进行有效监督，是实现信息公开，保障公众知情权的集中体现。

三、全过程记录

本条第二款要求："重点排污单位自动监测设备应当安装独立、不可修改、规范统一的数据存储模块，实时记录设备工作参数、运行情况，实现所有操作全程留痕记录。"其目的主要在于有效防止重点排污单位弄虚作假，篡改监测信息，保障监测信息的真实性、准确性和可靠性。

四、禁止破坏、损毁、拆除、闲置自动监测设备

自动监测设备只有正常运行，才能实时监测重点排污单位的排污情况，如果被破坏、损毁、拆除或者闲置，就无法发挥其功能和价值。因此，本条第三款要求重点排污单位不得破坏、损毁或者擅自拆除、闲置自动监测设备，保障其正常运行。

五、监测数据可以作为执法依据

重点排污单位的自动监测数据以及生态环境主管部门委托的生态环境监测机构出具的监测数据，能够客观反映重点排污单位的排污情况，为生态环境执法提供精准线索，可以作为生态环境执法和管理的依据。2017 年9 月，中共中央办公厅、国务院办公厅联合印发《关于深化环境监测改革提高环境监测数据质量的意见》，提出明确污染源自动监测要求……确保监测数据完整有效。自动监测数据可作为环境行政处罚等监管执法的依据。

---

[1] 《河北省厅"11 条措施"加强污染源在线监测》，生态环境部污染源监控中心网站，http：//www.envsc.cn/details/index/6629，最后访问时间：2022 年 1 月 20 日。

第四十四条　排放污染物的企业事业单位和其他生产经营者应当按照国家和本省有关规定建立环境管理台账，记录防治污染设施运行管理、监测记录以及其他环境管理等信息，并对台账的真实性和完整性负责。

台账的保存期限不得少于三年，法律法规另有规定的除外。

企业事业单位和其他生产经营者应当依法真实、准确、完整、及时填报环境统计报表，不得提供不真实或者不完整的统计资料，不得拒报、迟报。

【条文主旨】

本条文是关于环境管理台账及统计报表的规定。

【条文释义】

排放污染物的企业事业单位和其他生产经营者建立环境管理台账，真实、准确、完整、及时填报环境统计报表，是实现排污单位精细化、规范化管理，强化安全生产的必要手段。

一、环境管理台账

环境管理台账，是指排污单位根据排污许可证的规定，对自行监测、日常环境管理信息等记录的总称，包括电子台账和纸质台账两种。2018年3月，生态环境部发布《排污单位环境管理台账及排污许可证执行报告技术规范总则（试行）》要求：排污单位应建立环境管理台账记录制度，落实环境管理台账记录的责任单位和责任人，明确工作职责，并对环境管理台账的真实性、完整性和规范性负责。一般按日或按批次进行记录，异常情况应按次记录。

（一）环境管理台账的基本内容

包括基本信息、生产设施运行管理信息、污染防治设施运行管理信息、监测记录信息及其他环境管理信息等。

（二）环境管理台账的存储及保存

1. 纸质存储。应将纸质台账存放于保护袋、卷夹或保护盒等保存介质中；由专人签字、定点保存；应采取防光、防热、防潮、防细菌及防污染等措施；如有破损应及时修补，并留存备查；保存时间原则上不低于 3 年。

2. 电子化存储。应存放于电子存储介质中，并进行数据备份；可在排污许可管理信息平台填报并保存；由专人定期维护管理；保存时间原则上不低于 3 年。

本条第一款、第二款规定："排放污染物的企业事业单位和其他生产经营者应当按照国家和本省有关规定建立环境管理台账，记录防治污染设施运行管理、监测记录以及其他环境管理等信息，并对台账的真实性和完整性负责。台账的保存期限不得少于三年，法律法规另有规定的除外。"这实际上是对相关技术规范的立法转化和强化，以帮助排污单位"摸清家底"、明确责任，并实时记录防治污染设施运行管理、监测记录以及其他环境管理等信息，同时也便于监管部门对排污单位进行有效监督，执法有据，提升执法公信力。

二、环境统计报表

环境统计报表，是指为统计调查和分析环境状况和环境保护工作情况，提供统计信息和咨询，实行统计监督而制定的环境统计指标体系、报表表式、技术规定、填报指南、数据审核等系列内容的总称。1980 年，国务院环境保护领导小组办公室（简称国环办）在北京召开第一次全国环境统计工作会议，审议通过了环境统计报表制度[1]。历经 40 年的发展，该制度越发成熟和完善，为我国生态环境保护和管理提供了大量基础性数据，为总量控制、环境绩效评价等工作的顺利开展作出了突出贡献。《中华人民共和国统计法》第七条规定："国家机关、企业事业单位和其他组织以及个体工商户和个人等统计调查对象，必须依照本法和国家有关规定，真实、准确、完整、及时地提供统计调查所需的资料，不得提供不真实或者不完整的统计资料，不得迟报、拒报统计资料。"2008 年 11 月，由

---

〔1〕　中国环境监测总站：《在实践中创新环境统计报表制度》，载《环境保护》2010 年第 7 期，第 20 页。

原环境保护部制定、国家统计局批准通过《环境统计专业报表制度》[1]，对环境统计报表制度的内容作出了规定。

环境统计报表主要有环境统计综合年报和环境统计专业年报两类。环境统计综合年报的实施范围有污染排放的工业企业、医院、城镇生活及其他排污单位、实施污染物集中处置的危险废物集中处置厂和城市污水处理厂。环境统计专业年报的实施范围是除核安全和外事以外的所有环境保护业务部门的工作，包括人大建议、政协提案有关环境保护的办理情况，档案工作，排污费使用情况，环境法制工作，环保系统能力建设，环境科技、环保产业，建设项目环境影响评价和"三同时"制度的执行情况，环境监测工作，污染源治理、城市环境综合治理等。"十一五"环境统计专业报表制度由22张年报表、7张季报表、639个指标组成[2]。

本条第三款要求："企业事业单位和其他生产经营者应当依法真实、准确、完整、及时填报环境统计报表，不得提供不真实或者不完整的统计资料，不得拒报、迟报。"这一规定旨在实现环境统计数据全面、科学、及时、准确地反映环境状况，提高环境统计的完整性、科学性、时效性、可靠性。

第四十五条　各级人民政府及其有关部门和企业事业单位，应当依法做好突发环境事件的风险控制、应急准备、应急处置和事后恢复等工作。

企业事业单位应当依法制定突发环境事件应急预案，并报生态环境主管部门和有关部门备案。在发生或者可能发生突发环境事件时，应当立即启动应急预案，采取切断或者控制污染源以及其他防止危害扩大的必要措施，及时通报可能受到危害的单位和居民，并向生态环境主管部门和有关部门报告；生态环境主管部门接到报告后，应当向当地人民政府和上级人民政府生态环境主管部门报告，并通报可能受到影响的邻近地区的同级人民政府生态环境主管部门。

---

[1] 原环境保护部：《环境统计专业报表制度》，百度文库，https://wenku.baidu.com/view/b059ec1959eef8c75fbfb345，最后访问时间：2020年9月10日。

[2] 中国环境监测总站：《在实践中创新环境统计报表制度》，《环境保护》2010年第7期，第21页。

【条文主旨】

本条文是关于突发环境事件管理及应对的规定。

【条文释义】

突发环境事件，是指由于污染物排放或自然灾害、生产安全事故等因素，导致污染物或放射性物质等有毒有害物质进入大气、水体、土壤等环境介质，突然造成或可能造成环境质量下降，危及公众身体健康和财产安全，或造成生态环境破坏，或造成重大社会影响，需要采取紧急措施予以应对的事件，主要包括大气污染、水体污染、土壤污染等突发性环境污染事件和辐射污染事件。做好突发环境事件的风险控制、应急准备、应急处置和事后恢复等工作，科学高效有序地应对突发环境事件，有利于保障人民群众生命财产安全和环境安全，促进社会全面、协调、可持续发展。

2014 年 12 月，国务院出台《国家突发环境事件应急预案》，重在明确应急准备环节的有关工作。考虑到既有的法律法规缺乏对环境应急管理的针对性，2014 年 12 月，原环境保护部颁布了《突发环境事件调查处理办法》，2015 年 3 月，又制定《突发环境事件应急管理办法》。可以说，我国已经建立了比较成熟、完善的突发环境事件应急处置制度体系，为相关工作的顺利开展奠定了坚实基础。

河北省也将突发环境事件应急处置作为一项重点工作，予以积极推进。2009 年 6 月，省政府颁布了《河北省人民政府突发公共事件总体应急预案》，旨在加强和规范对突发公共事件应急工作的管理，提高各级人民政府保障公共安全和处置突发公共事件的能力，最大限度地预防和减少突发公共事件及其造成的损害，保障公众的生命财产安全，维护国家安全和社会稳定，促进全省经济和社会全面、协调、可持续发展。2021 年河北省政府修编《河北省突发环境事件应急预案》，以提高应对突发环境事件的预防、预警和应急处置能力，控制、减轻和消除突发环境事件的风险和危害，保障人民群众生命财产安全和健康，维护环境安全。

本条第一款在贯彻前述立法精神、吸收前期立法经验的基础上，进一步规定：各级人民政府及其有关部门和企业事业单位，应当依法做好突发环境事件的风险控制、应急准备、应急处置和事后恢复等工作。

一、突发环境事件分级

按照事件严重程度，突发环境事件分为特别重大、重大、较大和一般四级。

（一）特别重大的突发环境事件

特别重大突发环境事件主要包括：（1）因环境污染直接导致30人以上死亡或100人以上中毒或重伤的。（2）因环境污染疏散、转移5万人以上的。（3）因环境污染造成直接经济损失1亿元以上的。（4）因环境污染造成区域生态功能丧失或该区域国家重点保护物种灭绝的。（5）因环境污染造成设区的市级以上城市集中式饮用水水源地取水中断的。（6）Ⅰ、Ⅱ类放射源丢失、被盗、失控并造成大范围严重辐射污染后果的；放射性同位素和射线装置失控导致3人以上急性死亡的；放射性物质泄漏，造成大范围辐射污染后果的。（7）造成重大跨国境影响的境内突发环境事件。

（二）重大突发环境事件

重大突发环境事件主要包括：（1）因环境污染直接导致10人以上30人以下死亡或50人以上100人以下中毒或重伤的。（2）因环境污染疏散、转移1万人以上5万人以下的。（3）因环境污染造成直接经济损失2000万元以上1亿元以下的。（4）因环境污染造成区域生态功能部分丧失或该区域国家重点保护野生动植物种群大批死亡的。（5）因环境污染造成县级城市集中式饮用水水源地取水中断的。（6）Ⅰ、Ⅱ类放射源丢失、被盗的；放射性同位素和射线装置失控导致3人以下急性死亡或者10人以上急性重度放射病、局部器官残疾的；放射性物质泄漏，造成较大范围辐射污染后果的。（7）造成跨省级行政区域影响的突发环境事件。

（三）较大突发环境事件

较大突发环境事件主要包括：（1）因环境污染直接导致3人以上10人以下死亡或10人以上50人以下中毒或重伤的。（2）因环境污染疏散、转移5000人以上1万人以下的。（3）因环境污染造成直接经济损失500万元以上2000万元以下的。（4）因环境污染造成国家重点保护的动植物物种受到破坏的。（5）因环境污染造成乡镇集中式饮用水水源地取水中断的。（6）Ⅲ类放

射源丢失、被盗的；放射性同位素和射线装置失控导致 10 人以下急性重度
放射病、局部器官残疾的；放射性物质泄漏，造成小范围辐射污染后果的。
（7）造成跨设区的市级行政区域影响的突发环境事件。

（四）一般突发环境事件

一般突发环境事件主要包括：（1）因环境污染直接导致 3 人以下死亡
或 10 人以下中毒或重伤的。（2）因环境污染疏散、转移 5000 人以下的。
（3）因环境污染造成直接经济损失 500 万元以下的。（4）因环境污染造成
跨县级行政区域纠纷，引起一般性群体影响的。（5）Ⅳ、Ⅴ类放射源丢
失、被盗的；放射性同位素和射线装置失控导致人员受到超过年剂量限值
的照射的；放射性物质泄漏，造成厂区内或设施内局部辐射污染后果的；
铀矿冶、伴生矿超标排放，造成环境辐射污染后果的。（6）对环境造成一
定影响，尚未达到较大突发环境事件级别的。

上述分级标准有关数量的表述中，"以上"含本数，"以下"不含
本数。

二、突发环境事件应对原则

突发环境事件应对工作坚持统一领导、分级负责，属地为主、协调联
动，快速反应、科学处置，资源共享、保障有力的原则。突发环境事件发
生后，各级人民政府和有关部门立即自动按照职责分工和相关预案开展应
急处置工作。

三、突发环境事件风险控制

企业事业单位应当按照国务院生态环境主管部门的有关规定开展突发
环境事件风险评估，确定环境风险防范和环境安全隐患排查治理措施；应
当按照环境保护主管部门的有关要求和技术规范，完善突发环境事件风险
防控措施，如有效防止泄漏物质、消防水、污染雨水等扩散至外环境的收
集、导流、拦截、降污等；应当按照有关规定建立健全环境安全隐患排查
治理制度，建立隐患排查治理档案，及时发现并消除环境安全隐患。对于
发现后能够立即治理的环境安全隐患，企业事业单位应当立即采取措施，
消除环境安全隐患。对于情况复杂、短期内难以完成治理，可能产生较大

环境危害的环境安全隐患，应当制订隐患治理方案，落实整改措施、责任、资金、时限和现场应急预案，及时消除隐患。

县级以上地方生态环境主管部门应当按照本级人民政府的统一要求，开展本行政区域突发环境事件风险评估工作，分析可能发生的突发环境事件，提高区域环境风险防范能力；应当对企业事业单位环境风险防范和环境安全隐患排查治理工作进行抽查或者突击检查，将存在重大环境安全隐患且整治不力的企业信息纳入社会诚信档案，并可以通报行业主管部门、投资主管部门、证券监督管理机构以及有关金融机构。

四、突发环境事件应急准备

企业事业单位应当按照国务院环境保护主管部门的规定，在开展突发环境事件风险评估和应急资源调查的基础上制定突发环境事件应急预案，并按照分类分级管理的原则，报县级以上环境保护主管部门备案。县级以上地方环境保护主管部门应当根据本级人民政府突发环境事件专项应急预案，制定本部门的应急预案，报本级人民政府和上级环境保护主管部门备案。

突发环境事件应急预案制定单位应当定期开展应急演练，撰写演练评估报告，分析存在问题，并根据演练情况及时修改完善应急预案。环境污染可能影响公众健康和环境安全时，县级以上地方环境保护主管部门可以建议本级人民政府依法及时公布环境污染公共监测预警信息，启动应急措施。县级以上地方环境保护主管部门应当建立本行政区域突发环境事件信息收集系统，通过"12369"环保举报热线、新闻媒体等多种途径收集突发环境事件信息，并加强跨区域、跨部门突发环境事件信息交流与合作。县级以上地方环境保护主管部门应当建立健全环境应急值守制度，确定应急值守负责人和应急联络员并报上级环境保护主管部门。

企业事业单位应当将突发环境事件应急培训纳入单位工作计划，对从业人员定期进行突发环境事件应急知识和技能培训，并建立培训档案，如实记录培训的时间、内容、参加人员等信息。县级以上环境保护主管部门应当定期对从事突发环境事件应急管理工作的人员进行培训。

省级环境保护主管部门以及具备条件的市、县级环境保护主管部门应当设立环境应急专家库。县级以上地方环境保护主管部门和企业事业单位应当加强环境应急处置救援能力建设。县级以上地方环境保护主管部门应当加强环境应急能力标准化建设，配备应急监测仪器设备和装备，提高重点流域区域水、大气突发环境事件预警能力。县级以上地方环境保护主管部门可以根据本行政区域的实际情况，建立环境应急物资储备信息库，有条件的地区可以设立环境应急物资储备库。企业事业单位应当储备必要的环境应急装备和物资，并建立完善相关管理制度。

五、突发环境事件应急处置

企业事业单位造成或者可能造成突发环境事件时，应当立即启动突发环境事件应急预案，采取切断或者控制污染源以及其他防止危害扩大的必要措施，及时通报可能受到危害的单位和居民，并向事发地县级以上生态环境主管部门报告，接受调查处理。应急处置期间，企业事业单位应当服从统一指挥，全面、准确地提供本单位与应急处置相关的技术资料，协助维护应急秩序，保护与突发环境事件相关的各项证据。

获知突发环境事件信息后，事件发生地县级以上地方生态环境主管部门应当按照《突发环境事件信息报告办法》规定的时限、程序和要求，向同级人民政府和上级生态环境主管部门报告。突发环境事件已经或者可能涉及相邻行政区域的，事件发生地生态环境主管部门应当及时通报相邻区域同级生态环境主管部门，并向本级人民政府提出向相邻区域人民政府通报的建议。获知突发环境事件信息后，县级以上地方生态环境主管部门应当立即组织排查污染源，初步查明事件发生的时间、地点、原因、污染物质及数量、周边环境敏感区等情况；应当按照《突发环境事件应急监测技术规范》开展应急监测，及时向本级人民政府和上级生态环境主管部门报告监测结果。应急处置期间，事发地县级以上地方生态环境主管部门应当组织开展事件信息的分析、评估，提出应急处置方案和建议报本级人民政府。突发环境事件的威胁和危害得到控制或者消除后，事发地县级以上地方生态环境主管部门应当根据本级人民政府的统一部署，停止应急处置措施。

六、突发环境事件事后修复

应急处置工作结束后，县级以上地方生态环境主管部门应当及时总结、评估应急处置工作情况，提出改进措施，并向上级生态环境主管部门报告；在本级人民政府的统一部署下，组织开展突发环境事件环境影响和损失等评估工作，并依法向有关人民政府报告；按照有关规定开展事件调查，查清突发环境事件原因，确认事件性质，认定事件责任，提出整改措施和处理意见；在本级人民政府的统一领导下，参与制订环境恢复工作方案，推动环境恢复工作。

七、突发环境事件应急预案

突发环境事件应急预案，是指针对可能发生的突发环境事件，为确保迅速、有序、高效地开展应急处置，减少人员伤亡和经济损失而预先制订的计划或方案。为规范突发环境事件应急预案管理，完善环境应急预案体系，增强环境应急预案的科学性、实效性和可操作性，2010 年 9 月，原环境保护部制定《突发环境事件应急预案管理暂行办法》，对突发环境事件应急预案的编制、评估、备案、实施与监督管理及法律责任作出了全面规定。

（一）突发环境事件应急预案的编制

突发环境事件应急预案的编制应当符合以下要求：（1）国家相关法律、法规、规章、标准和编制指南等规定；（2）本地区、本部门、本单位突发环境事件应急工作实际；（3）建立在环境敏感点分析基础上，与环境风险分析和突发环境事件应急能力相适应；（4）应急人员职责分工明确、责任落实到位；（5）预防措施和应急程序明确具体、操作性强；（6）应急保障措施明确，并能满足本地区、本单位应急工作要求；（7）预案基本要素完整，附件信息正确；（8）与相关应急预案相衔接。

县级以上人民政府生态环境主管部门应当根据有关法律、法规、规章和相关应急预案，按照相应的环境应急预案编制指南，结合本地区的实际情况，编制环境应急预案，由本部门主要负责人批准后发布实施，同时，应当结合本地区实际情况，编制国家法定节假日、国家重大活动期间的环境应急预案。其具体内容包括：（1）总则，包括编制目的、编制依据、适用范围和工作原则等；（2）应急组织指挥体系与职责，包括领导机构、工作机构、地方机构或者现场指挥机构、环境应急专家组等；（3）预防与预警机制，包括应急准备措施、环境风险隐患排查和整治措施、预警分级指标、预警发布或者解除程序、预警相应措施等；（4）应急处置，包括应急预案启动条件、信息报告、先期处置、分级响应、指挥与协调、信息发布、应急终止等程序和措施；（5）后期处置，包括善后处置、调查与评估、恢复重建等；（6）应急保障，包括人力资源保障、财力保障、物资保障、医疗卫生保障、交通运输保障、治安维护、通信保障、科技支撑等；（7）监督管理，包括应急预案演练、宣教培训、责任与奖惩等。县级以上人民政府环境保护主管部门和企业事业单位，应当组织专门力量开展环境应急预案编制工作，并充分征求预案涉及的有关单位和人员的意见。有关单位和人员应当以书面形式提出意见和建议。环境应急预案涉及重大公共利益的，编制单位应当向社会公告，并举行听证。

　　向环境排放污染物的企业事业单位，生产、贮存、经营、使用、运输危险物品的企业事业单位，产生、收集、贮存、运输、利用、处置危险废物的企业事业单位，以及其他可能发生突发环境事件的企业事业单位，应当编制环境应急预案。企业事业单位的环境应急预案包括综合环境应急预案、专项环境应急预案和现场处置预案。对环境风险种类较多、可能发生多种类型突发事件的，企业事业单位应当编制综合环境应急预案。综合环境应急预案应当包括本单位的应急组织机构及其职责、预案体系及响应程序、事件预防及应急保障、应急培训及预案演练等内容。对某一种类的环境风险，企业事业单位应当根据存在的重大危险源和可能发生的突发事件类型，编制相应的专项环境应急预案。专项环境应急预案应当包括危险性分析、可能发生的事件特征、主要污染物种类、应急组织机构与职责、预防措施、应急处置程序和应急保障等内容。对危险性较大的重点岗位，企业事业单位应当编制重点工作岗位的现场处置预案。现场处置预案应当包括危险性分析、可能发生的事件特征、应急处置程序、应急处置要点和注意事项等内容。企业事业单位编制的综合环境应急预案、专项环境应急预案和现场处置预案之间应当相互协调，并与所涉及的其他应急预案相互衔接。工程建设、影视拍摄和文化体育等群体性活动有可能造成突发环境事件的，主办单位应当在活动开始前编制临时环境应急预案。企业事业单位可以委托相关专业技术服务机构编制环境应急预案。

　　（二）突发环境事件应急预案的评估

　　县级以上人民政府生态环境主管部门应当在环境应急预案草案编制完

成后，组织评估小组对本部门编制的环境应急预案草案进行评估。企业事业单位应当在环境应急预案草案编制完成后，组织评估小组对本单位编制的环境应急预案进行评估。环境应急预案评估小组应当重点评估环境应急预案的实用性、基本要素的完整性、内容格式的规范性、应急保障措施的可行性以及与其他相关预案的衔接性等内容。环境应急预案的编制单位应当根据评估结果，对应急预案草案进行修改。

（三）突发环境事件应急预案的备案

县级以上人民政府生态环境主管部门编制的环境应急预案应当报本级人民政府和上级人民政府生态环境主管部门备案。

企业事业单位编制的环境应急预案，应当在本单位主要负责人签署实施之日起 30 日内报所在地生态环境主管部门备案。国家重点监控企业的环境应急预案，应当在本单位主要负责人签署实施之日起 45 日内报省级人民政府生态环境主管部门备案。工程建设、影视拍摄和文化体育等群体性活动的临时环境应急预案，主办单位应当在活动开始 3 个工作日前报当地人民政府生态环境主管部门备案。

（四）突发环境事件应急预案的实施监督

县级以上人民政府生态环境主管部门，应当将环境应急预案的监督管理作为日常环境监督管理的一项重要内容。县级以上人民政府生态环境主管部门和企业事业单位，应当采取有效形式，开展环境应急预案的宣传教育，普及突发环境事件预防、避险、自救、互救和应急处置知识，提高从业人员环境安全意识和应急处置技能；应当每年至少组织一次预案培训工作，通过各种形式，使有关人员了解环境应急预案的内容，熟悉应急职责、应急程序和岗位应急处置预案。

县级以上人民政府生态环境主管部门应当建立健全环境应急预案演练制度，每年至少组织一次应急演练。企业事业单位应当定期进行应急演练，并积极配合和参与有关部门开展的应急演练。环境应急预案演练结束后，有关人民政府生态环境主管部门和企业事业单位应当对环境应急预案演练结果进行评估，撰写演练评估报告，分析存在问题，对环境应急预案提出修改意见。

本条第二款明确要求："企业事业单位应当依法制定突发环境事件应

急预案，并报生态环境主管部门和有关部门备案。在发生或者可能发生突发环境事件时，应当立即启动应急预案，采取切断或者控制污染源以及其他防止危害扩大的必要措施，及时通报可能受到危害的单位和居民，并向生态环境主管部门和有关部门报告；生态环境主管部门接到报告后，应当向当地人民政府和上级人民政府生态环境主管部门报告，并通报可能受到影响的邻近地区的同级人民政府生态环境主管部门。"这实际上是对企业事业单位依法制定突发环境事件应急预案及进行突发环境事件应急处置的再次明确和强调，具有十分重要的意义。

> **第四十六条　实行大气环境质量管控制度。**设区的市人民政府生态环境主管部门根据大气环境质量改善目标，会同相关部门制定按照污染物排放绩效分级的差别化管控方案，报设区的市人民政府批准后组织实施。
>
> 各县（市、区）人民政府应当制定本级管控方案，并组织实施。

【条文主旨】

本条文是关于大气环境质量管控制度的规定。

【条文释义】

近年来，河北省一直致力于打好污染防治攻坚战，协同推进经济高质量发展和生态环境高质量保护，生态环境质量实现大幅改善。据《2020年河北省生态环境状况公报》显示：2020年，河北省环境空气质量创2013年以来最好水平，各社区市PM2.5平均浓度44.8微克/立方米，优良天数比例69.9%，超额完成'十三五'规划目标和蓝天保卫战三年行动计划目标[1]。同时也应当看到，河北省大气污染防治工作依然任重而道远。"造成河北省大气污染防治压力持续不减的原因主要有：①产业转移的影响。《京

---

[1]　河北省生态环境厅：《2020年河北省生态环境状况公报》，河北省生态环境厅网，http://hbepb.hebei.gov.cn/res/hbhjt/upload/file/20210527/52beab3193614b0bb940966ba682527e.pdf，最后访问日期为2021年7月9日。

津冀协同发展规划纲要》提出，京津冀协同发展战略以"有序疏解北京的非首都职能"为核心，河北省成为承接北京市产业转移的主阵地。2010 年以来，河北省为疏解北京的非首都职能、承接产业转移而增加的开发区多达 90 个[1]，其中不乏高污染行业，如能源电力、石油化工、建材冶金、交通运输等，严重威胁大气质量。②治理能力有限。受制于经济发展水平的限制，河北省大气污染防治能力与北京、天津相比有很大差距。北京、天津的污染监测和防治技术、设备、环保队伍及人员技术水平都属国内前列，远高于河北。③产业发展不平衡。河北省的第二产业比重长期保持在 50% 以上，第三产业持续位于 30%—40%，仍处于工业化发展阶段，为河北省带来了巨大的污染治理压力。至 2014 年，河北省的化学需氧量（COD）排放量升至 126.9 万吨，占京津冀区域比重的 80% 以上，是北京的 7.5 倍，是天津的 5.9 倍；二氧化硫（SO_2）排放量占区域的 76% 以上[2]。因此，在河北省实行大气环境质量管控制度势在必行。

所谓大气环境质量管控，是指综合运用行政、法律、科技等各种手段，使大气质量保持在稳定状态的管理手段，它是生态环境管理部门的基本职能之一。大气污染防治法以保护和改善环境，防治大气污染为目标，为大气环境质量管控提供了宏观指导和基本方向。2012 年 10 月，原环境保护部、发展改革委、财政部联合发布《重点区域大气污染防治"十二五"规划》，为解决区域性复合型的大气环境问题，推进重点区域大气环境质量管控提供了切实可行的思路和措施。2013 年 9 月，国务院发布《大气污染防治行动计划》旨在严惩环境违法行为，联合多部门建立并完善区域大气污染联防联控机制。2016 年 3 月，新修订的《河北省大气污染防治条例》，结合河北省实际，重点针对煤炭、工业、扬尘、机动车等污染，规定了一系列具体的大气环境质量管控措施。

本条创新性地提出了差别化管控思路，要求："设区的市人民政府生态环境主管部门根据大气环境质量改善目标，会同相关部门制定按照污染

---

[1] 赵新峰、袁宗威：《京津冀区域政府间大气污染治理政策协调问题研究》，《中国行政管理》2014 年第 11 期，第 18—23 页。

[2] 李珵：《协同治理中的"合力困境"及其破解——以京津冀大气污染协同治理实践为例》，《行政论坛》2020 年第 5 期，第 150 页。

物排放绩效分级的差别化管控方案，报设区的市人民政府批准后组织实施。各县（市、区）人民政府应当制定本级管控方案，并组织实施。"所谓差别化管控，是指为采取切实有效改善大气环境质量，促进经济社会与生态环境保护协调发展，以区域空间环境承载力为约束，以主体功能区规划和产业规划布局为引领，实施分区域差别化的环境准入政策。2019 年 4 月，河北省生态环境厅印发《关于改善大气环境质量实施区域差别化环境准入的指导意见》，对实施大气环境质量差别化管控作出了总体部署和安排。

一、差别化管控的意义

按照党中央、国务院对加快生态文明建设的部署，加快落实党的十九大关于生态文明建设重大决策，推动京津冀协同发展规划纲要的落实。强化源头预防和优化国土空间开发格局，加大生态环境保护力度，切实改善河北省大气环境质量，是当前生态环境保护工作的重要任务。实施区域差别化管控，有利于从区域发展源头落实大气环境改善目标要求；有利于合理优化开发布局，控制区域开发强度，引导和约束各类开发行为；有利于促进产业结构调整和升级转型，强化政府对国土空间管控，促进绿色发展和高质量发展，推进供给侧结构性改革，更好地发挥政府作用，抓好各项政策措施的有效贯彻落实。

二、差别化管控指导思想

深入学习贯彻习近平生态文明思想，坚持以改善大气环境质量为核心，以落实主体功能定位和区域生态环境保护规划、计划和区域空间"三线一单"为主线，以区域大气环境承载能力为约束，以影响区域大气环境质量的重要行业为污染源防控重点。坚持问题导向，找准影响大气环境质量改善的短板，强化源头防控，严格环境准入，强化区域大气环境改善管理，加快实现大气环境质量改善目标，推进绿色发展、可持续发展和高质量发展。

三、差别化管控的基本原则

1. 保护优先，改善质量。改善区域大气环境质量，实行最严格的源头环境保护制度，在生态环境保护与产业布局发展中，把保护生态环境放在优先位置。

2. 立足实际，分区管控。根据有关规划、区划和原则要求，结合京津冀地区战略环境评价成果和环境质量改善目标要求，避免"一刀切"粗放式管理，实施精准化区域空间环境管控，强化目标导向和问题导向，保障差别化准入和管控要求落地。

3. 依法推进，政策协同。严格依法加强准入管理，强化禁止类、限制类环境准入的刚性约束。充分考虑城乡规划及其他空间性规划和空间管控准入要求，共同引导规范区域开发建设活动，形成合力，促进经济和环境协调发展。

四、差别化管控的保障措施

1. 要充分认识以环境承载力为基本约束条件，从责任主体、组织实施、资金来源等方面明确实施差别化环境准入政策的各项保障措施，充分发挥市场配置资源的基础性作用和政府宏观调控作用，加大财政、税收、金融、国土等政策支持力度，强化区域生态保护红线、环境质量底线、资源利用上线和环境准入负面清单的约束作用。

2. 加强督导监察，将地方实施大气区域差别化准入政策的落实情况纳入考核，建立健全督导检查机制，对市、县政策落实情况定期进行督导监察，对未完成大气环境质量改善任务的，督促其收严环境准入要求，必要时采取约谈、区域限批等限制性措施。

3. 加强企业自查、政府监督和事中事后监管，对各类建设项目环保要求落实情况，以及环境质量变化、污染物排放情况等实施动态监控，对未落实环境准入要求的建设项目依法严格处罚、督促整改，对问题严重的，依法关停或取缔。

4. 根据有关法律法规规定、环境保护要求以及区域环境质量变化情况等，适时调整区域差别化环境准入要求。

本条要求制定按照污染物排放绩效分级的差别化管控方案，既是对相关规定的强调，也是进一步细化。所谓按照污染物排放绩效分级的差别化管控，是指基于绩效分级对相关企业进行差异化管控，以达到国家标杆、省级标杆的企业为指引，确保同一区域、同一行业内，同等绩效水平的企业减排措施相对一致，推动行业治理水平整体升级的管控方式。

第四十七条　县级以上人民政府应当制定重污染天气应急预案，依据重污染天气的预警等级，及时启动应急预案并向社会公布。根据应急需要，责令有关企业采取应急减排措施，并可以采取限制部分机动车行驶、禁止燃放烟花爆竹、停止工地土石方作业和建筑物拆除施工、停止工程爆破作业、停止混凝土搅拌、停止喷涂粉刷和护坡喷浆作业、停止露天烧烤、停止幼儿园和学校组织的户外活动、组织开展人工影响天气作业等应急管控措施。

根据重污染天气应急预案对大气污染物排放重点行业企业按照其污染治理水平、污染物排放强度、企业管理水平、交通运输方式等进行评价和绩效分级，实施应急减排差异化管控；鼓励企业结合行业生产特点和对空气质量的影响，采取季节性生产调控措施。

大气污染物排放重点企业根据重污染天气应急预案编制重污染天气应急响应操作方案，执行重污染天气应急减排措施。大气污染物排放重点企业清单由生态环境主管部门向社会公布。

【条文主旨】

本条是关于重污染天气应对的规定。

【条文释义】

近年来，全国范围内重污染天气频发，尤其是河北省深受雾霾影响。雾霾是一种因近地面悬浮水汽凝结而导致的能见度低于一千米的极端重污染天气现象。据统计，2013 年河北省平均超标天数为 236 天，超标率为 64.7%，其中重度污染以上级别的天数平均为 80 天[1]。2015 年，河北省

<hr>

[1]《2013 年度河北省设区城市空气质量状况"出炉"》，河北新闻网，http：//hebei. hebnews. cn/2014－02/19/content_ 3790304. htm，最后访问日期：2022 年 1 月 20 日。

11—12月雾霾日为45.9天，较常年同期偏多15.9天，为历年同期最多。平均重度雾霾日11天，较常年偏多3.8天[1]。2013年9月，空气"国十条"强调建立监测预警应急体系，妥善应对重污染天气。2016年，《河北省大气污染防治条例》设专章规定重污染天气应对问题。2018年，新修正的大气污染防治法专门在第六章规定了重污染天气应对的系列措施。2019年12月，河北省人民政府印发《河北省重污染天气应急预案（2019—2020年)》，以提高重污染天气应急管理精细化水平，及时有效应对重污染天气，保障人民群众身体健康和社会稳定。

本条以专门条文规定重污染天气应急处置，充分体现了对该问题的高度重视。主要内容包括：一是县级以上人民政府重污染天气应急处置职责；二是大气污染物排放重点企业重污染天气应急减排义务。

一、重污染天气应急工作原则

1. 重污染天气应急管控措施应减少对城市正常运转的影响，尤其是以保障民生和安全为前提，科学制定应急管控措施，最大限度减少污染物排放，保障公众健康。

2. 以人为本、预防为主。把保障公众身体健康作为重污染天气应对工作的出发点。坚持底线思维、底线意识、底线行动，排查夯实减排清单，科学制定减排措施，切实发挥减排效应，最大限度降低重污染天气带来的危害。

3. 科学预警、及时响应。加强大气污染源监测，做好空气质量和气象条件的预报预测，及时分析准确把握空气质量和气象条件的变化趋势，完善重污染天气的监测、预报、预警、响应体系，提前发布预警，减缓污染程度。

4. 绩效评级、差异管控。全面开展重点行业排放绩效评级工作，严格落实差别化管控要求，坚持"多排多限、少排少限、不排不限"，实现清单式管理，鼓励先进，鞭策后进，严禁"一刀切"。确保同一区域、同一行业内，同等排放绩效的企业减排措施相对一致，推动行业治理水平整体

---

[1] 《河北2015年后两月雾霾日45.9天》，中国新闻网，http://www.chinanews.com/gn/2016/01 –10/7709471.shtml，最后访问时间：2020年8月31日。

升级，促进经济高质量发展。

5. 措施可行、有据可查。科学制定应急减排措施，做到可操作、可检测、可核查。工业企业减排措施以停止生产线或者主要生产排污环节（设备）排放污染物为主，对于不可临时中断的生产线或生产工序，应提前调整生产计划，确保预警期间能够落实减排措施。

6. 安全第一、强化落实。工业企业应急减排措施，应符合安全生产管理要求。各地要明确各有关部门和单位职责分工，厘清工作重点，明确工作程序，实施奖惩并举，确保检测、预报、预警、响应、督导检查等应急工作各环节有据、有序、高效执行。

7. 属地管理、区域统筹。省大气污染防治工作领导小组统一指挥全省重污染天气应对工作，各级政府负责本行政区域内的重污染天气应对工作，各成员单位各司其职、密切配合，完善应急联动、信息共享和信息公开机制。

二、县级以上人民政府重污染天气应急处置职责

县级以上人民政府应当建立重污染天气监测预警和应急处置机制，编制重污染天气应急预案，向上一级人民政府生态环境主管部门备案，并向社会公布。省、设区的市人民政府环境保护主管部门应当会同气象等有关部门建立重污染天气预警和会商机制，提高大气环境质量预报和监测水平。可能发生重污染天气的，应当及时向所在地人民政府报告。设区的市人民政府统一发布预警信息，其他任何单位和个人不得擅自向社会发布。县级以上人民政府应当依据重污染天气的预警级别，按照规定程序，及时启动应急预案，通过媒体向社会发布重污染天气预警信息，实施下列应急响应措施：（1）责令有关企业停产或者限产、限排；（2）规定限制部分机动车行驶的区域和时段；（3）禁止燃放烟花爆竹；（4）停止或者限制建设工地易产生扬尘的施工作业；（5）禁止露天烧烤；（6）国家和本省规定的其他应急响应措施。预警信息发布后，设区的市人民政府及其有关部门应当通过电视、广播、网络、短信等告知公众采取健康防护措施。根据重污染天气应急响应级别，可以减免公众乘坐公共交通工具费用，有关单位应当停止举办露天群体性活动；幼儿园和中小学校应当减少或者停止户外活

动，必要时可以停课。县级以上人民政府应当编制突发大气污染事件应急预案，在突发可能影响公众健康和环境安全大气污染事件时，采取应急措施。所在地人民政府生态环境主管部门应当及时对突发环境事件产生的大气污染物进行监测，并向社会公布监测信息。

本条第一款对县级以上人民政府可以采取的应急响应措施进行了细化，增加了停止工地土石方作业和建筑物拆除施工、停止工程爆破作业、停止混凝土搅拌、停止喷涂粉刷和护坡喷浆作业、组织开展人工影响天气作业等应急管控措施。主要是考虑到这些作业均为高污染作业，如果重污染天气下不停止作业，极易加重污染，本条第一款增加上述内容，属于立法创新。

三、大气污染物排放重点企业重污染天气减排义务

（一）实行应急减排差异化管控

《河北省重污染天气应急预案（2019—2020年）》对涉气企业应急减排差异化管控进行了较为细致的规定：所有涉气企业依据排污数量与治污水平，分为重点企业、小微涉气企业和其他企业，实施差异化管控。《重污染天气重点行业应急减排措施制定技术指南》明确了40个重点行业。各地对钢铁、焦化、铸造、碳素、医药（农药）等21个行业，根据其污染治理技术、组织管控、监测监控水平、排放限值和运输方式等情况进行绩效评级，将企业分为A级、B级和C级，实施差异化管控；对水泥、砖瓦窑、包装印刷等19个行业，根据装备水平、产品结构、污染物治理等情况，实施差异化管控。小微涉气企业，是指非燃煤、非燃油、污染物组分单一、排放的大气污染物中无有毒有害气体、污染物每年排放总量100公斤以下的企业，对此类企业重点管控重型柴油车辆，重污染天气期间禁止使用国四及以下重型载货车辆（含燃气）进行运输。其他企业由各地结合实际，制定科学、合理、有效的差异化管控措施，形成正向激励指标，分类施治、科学管控，严防"一刀切"。

（二）采取季节性生产调控措施

所谓季节性生产调控措施，是指根据自然季节交替，在某些季节或时间段生产，其他季节或时间段停产的一种生产组织形式。采取季节性生产

的主要目的在于尽可能控制易发重污染天气季节（秋冬季）的生产规模，避免加重污染。尤其是大气污染物排放重点企业排污多、污染重，更应自觉结合行业生产特点和对空气质量的影响，采取季节性生产调控措施。本条第二款对大气污染物排放重点企业采取季节性生产调控措施持鼓励态度，而非强制执行，意在培养相关企业的环境社会责任意识，引导其"错季生产"，最大限度减少重污染天气污染物排放。

（三）编制重污染天气应急响应操作方案

本条第三款要求大气污染物排放重点企业根据重污染天气应急预案编制重污染天气应急响应操作方案。应急响应操作方案是对应急预案的细化和具体化。制订应急响应操作方案有助于进一步明确应急操作的流程和措施，保障应急响应工作的顺利实施。

> **第四十八条** 国家确定的温室气体重点排放单位应当依法加强温室气体排放管理，对温室气体排放情况进行监测，合理控制温室气体排放量。从事碳排放权交易的应当遵守碳排放权交易规则。
>
> 温室气体重点排放单位应当按照国务院生态环境主管部门的规定，每年向所在地生态环境主管部门提交本单位上年度温室气体排放报告和核查机构的核查报告。

【条文主旨】

本条是关于温室气体排放管理的规定。

【条文释义】

温室气体，是指大气中能吸收地面反射的太阳辐射，并重新发射辐射的气体，如二氧化碳（CO_2）、氧化亚氮（NO）、氟利昂、甲烷（CH_4）等。它们是导致"温室效应"的罪魁祸首。地球红外线在向太空的辐射过程中被这些气体吸收，最终导致全球温度普遍上升，它们就像温室玻璃，只允许太阳光进，而阻止其反射，进而实现保温、升温作用，因此被称为温室气体。温室效应引发全球变暖，进而对自然生态系统产生影响，如气候异常、海平面升高、冰川退缩、冻土融化等。不仅如此，温室气体过量排放可能造成热带扩展，副热带、暖热带和寒带缩小，草原和荒漠的面积增加，森林的面积减少。二氧化碳和气候变化可能影响农业种植结构、土地利用、农业投入和技术改进等一系列问题。

国家一直积极致力于控制温室气体排放，应对气候变化。2007年，中央政府制订《中国应对气候变化国家方案》，明确了到2010年中国应对气候变化的具体目标、基本原则、重点领域及其政策措施。

本条是关于温室气体排放管理的规定，主要内容包括如下。

一、温室气体重点排放单位

温室气体排放单位属于全国碳排放权交易市场覆盖行业或者年度温室气体排放量达到2.6万吨二氧化碳当量的，应当列入温室气体重点排放单位（以下简称重点排放单位）名录。省级生态环境主管部门应当按照生态环境部的有关规定，确定本行政区域重点排放单位名录，向生态环境部报告，并向社会公开。重点排放单位应当控制温室气体排放，报告碳排放数据，清缴碳排放配额，公开交易及相关活动信息，并接受生态环境主管部门的监督管理。存在下列情形之一的，确定名录的省级生态环境主管部门应当将相关温室气体排放单位从重点排放单位名录中移出：连续二年温室气体排放未达到2.6万吨二氧化碳当量的；因停业、关闭或者其他原因不再从事生产经营活动，因而不再排放温室气体的。温室气体排放单位申请纳入重点排放单位名录的，确定名录的省级生态环境主管部门应当进行核实；经核实符合本办法第八条规定条件的，应当将其纳入重点排放单位名录。纳入全国碳排放权交易市场的重点排放单位，不再参与地方碳排放权交易试点市场。

二、碳排放配额总量分配与登记

生态环境部根据国家温室气体排放控制要求，综合考虑经济增长、产业结构调整、能源结构优化、大气污染物排放协同控制等因素，制定碳排放配额总量确定与分配方案。省级生态环境主管部门应当根据生态环境部制定的碳排放配额总量确定与分配方案，向本行政区域内的重点排放单位分配规定年度的碳排放配额。碳排放配额分配以免费分配为主，可以根据国家有关要求适时引入有偿分配。

省级生态环境主管部门确定碳排放配额后，应当书面通知重点排放单位。重点排放单位对分配的碳排放配额有异议的，可以自接到通知之日起七个工作日内，向分配配额的省级生态环境主管部门申请复核；省级生态环境主管部门应当自接到复核申请之日起十个工作日内，作出复核决定。重点排放单位应当在全国碳排放权注册登记系统开立账户，进行相关业务操作。重点排放单位发生合并、分立等情形需要变更单位名称、碳排放配额等事项的，应当报经所在地省级生态环境主管部门审核后，向全国碳排放权注册登记机构申请变更登记。全国碳排放权注册登记机构应当通过全国碳排放权注册登记系统进行变更登记，并向社会公开。国家鼓励重点排放单位、机构和个人，出于减少温室气体排放等公益目的自愿注销其所持有的碳排放配额。自愿注销的碳排放配额，在国家碳排放配额总量中予以等量核减，不再进行分配、登记或者交易。相关注销情况应当向社会公开。

三、碳排放权交易

全国碳排放权交易市场的交易产品为碳排放配额，生态环境部可以根据国家有关规定适时增加其他交易产品。重点排放单位以及符合国家有关交易规则的机构和个人，是全国碳排放权交易市场的交易主体。碳排放权交易应当通过全国碳排放权交易系统进行，可以采取协议转让、单向竞价或者其他符合规定的方式。

全国碳排放权交易机构应当按照生态环境部有关规定，采取有效措施，发挥全国碳排放权交易市场引导温室气体减排的作用，防止过度投机的交易行为，维护市场健康发展。全国碳排放权注册登记机构应当根据全国碳排放权交易机构提供的成交结果，通过全国碳排放权注册登记系统为交易主体及时更新相关信息。全国碳排放权注册登记机构和全国碳排放权交易机构应当按照国家有关规定，实现数据及时、准确、安全交换。

四、排放核查与配额清缴

重点排放单位应当根据生态环境部制定的温室气体排放核算与报告技

术规范，编制该单位上一年度的温室气体排放报告，载明排放量，并于每年3月31日前报生产经营场所所在地的省级生态环境主管部门。排放报告所涉数据的原始记录和管理台账应当至少保存五年。重点排放单位对温室气体排放报告的真实性、完整性、准确性负责。重点排放单位编制的年度温室气体排放报告应当定期公开，接受社会监督，涉及国家秘密和商业秘密的除外。省级生态环境主管部门应当组织开展对重点排放单位温室气体排放报告的核查，并将核查结果告知重点排放单位。核查结果应当作为重点排放单位碳排放配额清缴依据。省级生态环境主管部门可以通过政府购买服务的方式委托技术服务机构提供核查服务。技术服务机构应当对提交的核查结果的真实性、完整性和准确性负责。重点排放单位对核查结果有异议的，可以自被告知核查结果之日起七个工作日内，向组织核查的省级生态环境主管部门申请复核；省级生态环境主管部门应当自接到复核申请之日起十个工作日内，作出复核决定。重点排放单位应当在生态环境部规定的时限内，向分配配额的省级生态环境主管部门清缴上年度的碳排放配额。清缴量应当大于等于省级生态环境主管部门核查结果确认的该单位上年度温室气体实际排放量。重点排放单位每年可以使用国家核证自愿减排量抵销碳排放配额的清缴，抵销比例不得超过应清缴碳排放配额的5%。相关规定由生态环境部另行制定。

用于抵销的国家核证自愿减排量，不得来自纳入全国碳排放权交易市场配额管理的减排项目。

第四十九条　排放污染物的企业事业单位和其他生产经营者应当采取措施，防治在生产建设或者其他活动中产生的扬尘、餐饮油烟、放射性物质等对环境的污染和危害。

【条文主旨】

本条文是关于其他污染控制的规定。

【修改提示】

本条文属于新增加的内容。

【条文释义】

扬尘、餐饮油烟、放射性物质等对环境的污染和危害极大，本条专门就排污单位防治扬尘、餐饮油烟、放射性物质等对环境的污染和危害问题作出了明确规定。

一、扬尘污染防治

扬尘污染，是指因建设工程施工、建（构）筑物拆除、装饰装修、物料运输、物料堆放、园林绿化、道路养护保洁、矿产资源开采和加工、码头作业等活动以及土地裸露产生的粉尘颗粒物对大气环境造成的污染。2012 年，《重点区域大气污染防治"十二五"规划》就有针对扬尘污染的专项规定。依据该规划，防治扬尘污染应当加强城市扬尘污染综合管理，强化施工扬尘监管，控制道路扬尘污染，推进堆场扬尘综合治理，加强城市绿化建设，加强秸秆焚烧环境监管，推进餐饮业油烟污染治理。2018年，大气污染防治法设专节规定扬尘污染防治问题。

河北省非常重视扬尘污染防治工作。2018 年 10 月、2020 年 1 月，河北省先后出台《河北省人民代表大会常务委员会关于加强扬尘污染防治的决定》《河北省扬尘污染防治办法》，旨在依法治尘，确保扬尘污染防治各项措施落地落实落细，用最严格的标准、最严密的措施、最严肃的责任、最严厉的处罚，推动河北省大气污染防治工作提档升级。依据上述规定，各排污单位防治扬尘污染的具体措施包括如下。

1. 从事各类工程建设等施工活动以及物料运输、堆放和其他产生扬尘污染物的建设单位和施工单位，应当向所在地人民政府负责监督管理扬尘污染防治的主管部门备案，并采取措施防止产生扬尘污染。

2. 建设单位应当将施工扬尘污染防治费用纳入工程预算，并在施工合同中明确施工单位扬尘污染防治责任，施工单位应当制订具体施工扬尘污染防治方案并负责实施。建设单位和施工单位应当：

（1）开工前，在施工现场周边设置围挡并进行维护；暂未开工的建设用地，对裸露地面进行覆盖；超过 3 个月未开工的，应当采取临时绿化等防尘措施。

（2）在施工现场出入口公示施工现场负责人、环保监督员、扬尘污染控制措施、举报电话等信息。

（3）在施工现场出口处设置车辆冲洗设施并配套设置排水、泥浆沉淀设施，施工车辆不得带泥上路行驶，施工现场道路以及出口周边的道路不得存留建筑垃圾和泥土。

（4）施工现场出入口、主要道路、加工区等采取硬化处理措施。

（5）在施工工地内堆放水泥、灰土、砂石等易产生扬尘污染的物料，以及工地堆存的建筑垃圾、工程渣土、建筑土方应当采取遮盖、密闭或者其他抑尘措施。

（6）装卸和运输渣土、砂石、建筑垃圾等易产生扬尘污染物料的，应当采取完全密闭措施。

（7）出现重污染天气状况时，施工单位应当停止土石方作业、拆除工程以及其他可能产生扬尘污染的施工建设行为。

3. 矿产资源开采、加工企业应当采用减尘工艺、技术和设备，采取洒水喷淋、运输道路硬化等抑尘措施，落实矿山生态恢复有关规定。

4. 企业料堆场应当按照有关规定进行封闭，不能封闭的应当安装防尘设施或者采取其他抑尘措施。装卸易产生扬尘的物料时，应当采取密闭或者喷淋等抑尘措施。垃圾填埋场、建筑垃圾以及渣土消纳场，应当按照相关标准和要求采取抑尘措施。

5. 城镇道路应当使用低尘机械化湿式清扫作业方式，进行降尘或者冲洗；采用人工方式清扫的，应当符合作业规范，减少扬尘。运输渣土、砂石、建筑垃圾等易产生扬尘污染物料的车辆应当密闭，物料不得沿途散落或者飞扬，并按照规定路线行驶。

二、餐饮油烟污染防治

餐饮油烟也是加重大气污染的主要源头之一。为此，2018年，新修订的大气污染防治法强调：排放油烟的餐饮服务业经营者应当安装油烟净化设施并保持正常使用，或者采取其他油烟净化措施，使油烟达标排放，并防止对附近居民的正常生活环境造成污染。禁止在居民住宅楼、未配套设立专用烟道的商住综合楼以及商住综合楼内与居住层相邻的商业楼层内新建、改建、扩建产生油烟、异味、废气的餐饮服务项目。

三、放射性物质污染防治

放射性物质污染，是指由于人类活动造成物料、人体、场所、环境介质表面或者内部出现超过国家标准的放射性物质或者射线。放射性物质可以导致中枢神经系统、神经—内分泌系统及血液系统的破坏；可使血管通透性改变，导致出血以及并发感染。为防治放射性污染，保护环境，保障人体健康，促进核能、核技术的开发与和平利用，2003年，第十届全国人民代表大会常务委员会第三次会议通过《中华人民共和国放射性污染防治法》，对放射性污染防治的监督管理、核设施的放射性污染防治、核技术利用的放射性污染防治、铀（钍）矿和伴生放射性矿开发利用的放射性污染防治，以及放射性废物管理问题进行了规定。根据该法，核设施营运单位、核技术利用单位、铀（钍）矿和伴生放射性矿开发利用单位，负责本单位放射性污染的防治，接受环境保护行政主管部门和其他有关部门的监督管理，并依法对其造成的放射性污染承担责任；必须采取安全与防护措施，预防发生可能导致放射性污染的各类事故，避免放射性污染危害；应当对其工作人员进行放射性安全教育、培训，采取有效的防护安全措施。

> 第五十条　县级以上人民政府应当严格控制工业污染、城镇生活污染、船舶污染，防治农业面源污染，推进生态治理和修复，预防、控制和减少水环境污染和生态破坏。
>
> 县级以上人民政府应当加强对南水北调以及其他饮用水水源保护，按照国家有关规定划定饮用水水源保护区，加强水源地生态涵养和治理修复，确保饮用水安全。

【条文主旨】

本条文是关于水污染防治的规定。

【条文释义】

本条要求县级以上人民政府要做好水污染防治工作。具体内容包括：

一、严控水污染

（一）城镇污水污染防治

县级以上地方人民政府应当通过财政预算和其他渠道筹集资金，统筹安排建设城镇污水集中处理设施及配套管网，提高本行政区域城镇污水的收集率和处理率。城镇污水集中处理设施的运营单位按照国家规定向排污者提供污水处理的有偿服务，收取污水处理费用，保证污水集中处理设施的正常运行。向城镇污水集中处理设施排放污水、缴纳污水处理费用的，不再缴纳排污费。收取的污水处理费用应当用于城镇污水集中处理设施的建设和运行，不得挪作他用。向城镇污水集中处理设施排放污水污染物，应当符合国家或者地方规定的污水污染物排放标准。

城镇污水集中处理设施的出水水质达到国家或者地方规定的污水污染物排放标准的，可以按照国家有关规定免缴排污费。城镇污水集中处理设施的运营单位，应当对城镇污水集中处理设施的出水水质负责。环境保护主管部门应当对城镇污水集中处理设施的出水水质和水量进行监督检查。建设生活垃圾填埋场，应当采取防渗漏等措施，防止造成水污染。

（二）船舶污染防治

根据水污染防治法的要求，进行船舶污染防治，应当注意做好以下工作：

1. 船舶排放含油污水、生活污水，应当符合船舶污染物排放标准。从事海洋航运的船舶进入内河和港口的，应当遵守内河的船舶污染物排放标准。船舶的残油、废油应当回收，禁止排入水体。禁止向水体倾倒船舶垃圾。船舶装载运输油类或者有毒货物，应当采取防止溢流和渗漏的措施，防止货物落水造成水污染。

2. 船舶应当按照国家有关规定配置相应的防污设备和器材，并持有合法有效的防止水域环境污染的证书与文书。船舶进行涉及污染物排放的作业，应当严格遵守操作规程，并在相应的记录簿上如实记载。

3. 港口、码头、装卸站和船舶修造厂应当备有足够的船舶污染物、废弃物的接收设施。从事船舶污染物、废弃物接收作业，或者从事装载油类、污染危害性货物船舱清洗作业的单位，应当具备与其运营规模相适应的接收处理能力。

（三）水环境污染防治

根据《中华人民共和国水法》《中华人民共和国水污染防治法》的相关规定，进行水环境污染防治，应当全民参与，建设节水防污型社会；根据江河水功能区划，水资源承载能力和水环境承载能力，制订计划，控制各河段用水总量和排污总量；制定用水定额和排污定额标准，达标排放；改革水价，提高城市中水回用率；建设节水农业，提高水的利用效率；加强水的需求侧管理，以水定产业发展规模，定城市规模；建设项目必须获得取水许可和排污许可；推进水权、排污权制度和准市场管理，逐步实现资源、环境的优化配置。在全国范围，全民参与，节约水资源，保护水环境[1]。

二、加强南水北调及饮用水水源保护

我国是一个水资源丰富而又短缺的国家。在全国 600 多个建制城市中，有 400 多个存在供水不足的问题，其中严重缺水的城市有 110 个，全国城市缺水总量达 60 亿立方米。为此，国家积极致力于南水北调工程建设及饮用水水源保护。南水北调工程是旨在改变中国南涝北旱，北方地区水资源严重短缺局面，将长江流域丰盈的水资源抽调一部分送到华北和西北地区，以促进南北经济、社会与人口、资源、环境协调发展的重大战略性工程。该工程包括东线、中线和西线三条调水线路，总投资额 5000 亿元人民币[2]。为保证工程建设质量，2006 年 3 月，国务院南水北调工程建设委

---

〔1〕　默然：《我国水环境污染现状及其防治》，搜狐"西部洗染"，https：//mp. weixin. qq. com/s？src = 11&timestamp = 1602431343&ver = 2638&signature = RbVgkPDu4w9 * DVWq * XHs6wvumKbj9 ZWdXNyMHJumqCaHay8cXC6h5w0By0xKRnW8bnRd04x * vPiKg2MhGH8tBs * uxnvO3YFH LfgRU-hXGu OVKaGtyqFjKJUA1k – DWFy44&new = 1，最后访问时间：2020 年 8 月 31 日。

〔2〕　《南水北调工程》，搜狗百科，https：//baike. sogou. com/v1712197. htm？fromTitle = % E5% 8D% 97% E6% B0% B4% E5% 8C% 97% E8% B0% 83，最后访问时间：2020 年 9 月 5 日。

员会办公室先后发布《南水北调工程建设重特大安全事故应急预案》《南水北调工程验收管理规定》，分别对南水北调工程建设过程中的重特大安全事故应急处置和验收管理问题作出了专门规定。2007年，国务院南水北调工程建设委员会办公室发布《南水北调工程质量监督信息管理办法》，以规范质量监督信息管理工作。2012年，针对南水北调工程建设关键工序施工问题，国务院南水北调工程建设委员会办公室又发布《南水北调工程建设关键工序施工质量考核奖惩办法（试行)》，旨在加强南水北调工程建设质量管理，进一步明确各参建单位质量管理职责，加强施工质量过程控制。

此外，国务院先后发布《关于实行最严格水资源管理制度的意见》和《关于印发水污染防治行动计划的通知》对饮用水水源地的保护提出了更加严格的要求。为落实《国务院办公厅关于加强饮用水安全保障工作的通知》精神，水利部对重要饮用水水源地实行核准和安全评估制度，陆续向各省级人民政府公布了供水人口在50万以上或向省会城市供水的《全国重要饮用水水源地名录》（以下简称《名录》），并按照水法、水污染防治法的要求，重点从水源工程、供水水质水量、日常管理等方面推动开展重要饮用水水源地达标建设工作[1]。根据上述规定，应当从以下几个方面加强饮用水水源保护。

1. 划定饮用水水源保护区。饮用水水源保护区的划定，由设区的市、县（市、区）人民政府提出划定方案，报省人民政府批准。饮用水水源保护区分为一级保护区和二级保护区；必要时，可以在饮用水水源保护区外围划定一定的区域作为准保护区。除因饮用水水源功能发生变化、水质不能满足饮用水要求、饮用水水源安全受到威胁等原因确需调整外，饮用水水源保护区一经划定不得调整。饮用水水源保护区调整应当报省人民政府批准。

2. 在饮用水水源一级保护区内禁止下列行为：（1）新建、改建、扩建与供水设施和保护水源无关的建设项目；（2）从事网箱养殖、旅

---

〔1〕《饮用水水源地》，搜狗网，https：//baike.sogou.com/v73532508.htm？fromTitle=%E9%A5%AE%E7%94%A8%E6%B0%B4%E6%B0%B4%E6%BA%90%E5%9C%B0，最后访问时间：2020年9月30日。

游、游泳、垂钓或者其他可能污染饮用水水体的活动。已建成的与供水设施和保护水源无关的建设项目，由县级以上人民政府责令拆除或者关闭。

在饮用水水源二级保护区内禁止下列行为：（1）新建、改建、扩建排放污染物的建设项目；（2）从事网箱养殖等可能污染饮用水水体的活动。已建成的排放污染物的建设项目，由县级以上人民政府责令拆除或者关闭。

3. 禁止在饮用水水源准保护区内新建、扩建对水体污染严重的建设项目；改建建设项目，不得增加排污量。禁止在饮用水水源保护区内设置排污口。

4. 饮用水水源保护区所在地人民政府应当加强饮用水水源地隔离防护设施建设。在饮用水水源保护区的边界建设护栏围网或者生态隔离设施，并设立明确的地理界标和明显的警示标志。禁止毁损、擅自移动护栏围网、地理界标和警示标志。

5. 县级以上人民政府应当组织环境保护等部门对饮用水水源保护区、地下水型饮用水源的补给区以及供水单位周边区域的环境状况和污染风险进行调查评估，筛查可能存在的污染风险因素，并采取相应的风险防范措施。饮用水水源受到污染可能威胁供水安全的，环境保护主管部门应当责令有关企业事业单位和其他生产经营者采取停止排放水污染物等措施，并通报饮用水供水单位和供水、卫生、水行政等部门；跨行政区域的，还应当通报相关地方人民政府。县级以上人民政府有关部门应当监测、评估本行政区域内饮用水水源、供水单位供水和用户水龙头出水的水质等饮用水安全状况，至少每季度向社会公开一次饮用水安全状况信息。饮用水供水单位应当做好取水口和出水口的水质检测工作，确保供水设施安全可靠运行，并对供水水质负责。

6. 设区的市人民政府应当建设应急水源或者备用水源，有条件的地区可以开展区域联网供水。

第五十一条　海洋生态环境保护应当建立海洋生态环境整治与陆源污染控制统筹推进、海洋资源开发与生态环境保护相结合的机制。

> 港口所在地市、县人民政府（开发区管理委员会）应当加强港口污染防治工作，制定港口污染防治方案，建设船舶污染物、废弃物的接收、转运、处理处置设施，实现与城市公共转运、处置设施的有效衔接。港口经营人应当采取有效措施，减少污染物排放。推进绿色港口建设，鼓励港口应用先进适用的环保技术，优先使用新能源、清洁能源设施设备。
>
> 设置入海排污口或者向海域排放陆源污染物的，应当符合海洋功能区划和海洋生态环境保护规划。禁止在海洋自然保护区、海洋特别保护区、重要渔业水域、盐场纳水口水域和海滨的风景名胜区、旅游度假区等需要特殊保护的区域新建入海排污口。

【条文主旨】

本条文是关于海洋生态环境污染防治的规定。

【条文释义】

一、加强港口污染防治

港口污染，是指船舶在港口停留和港口各种作业可能污染港口环境，港口污染包括水污染、大气污染和噪声污染。针对由港口建设、运行等环节可能产生的环境问题，港口法第十五条第二款和第三款规定："建设港口工程项目，应当依法进行环境影响评价。""港口建设项目的安全设施和环境保护设施，必须与主体工程同时设计、同时施工、同时投入使用。"海洋环境保护法第六十九条规定："港口、码头、装卸站和船舶修造厂必须按照有关规定备有足够的用于处理船舶污染物、废弃物的接收设施，并使该设施处于良好状态。装卸油类的港口、码头、装卸站和船舶必须编制溢油污染应急计划，并配备相应的溢油污染应急设备和器材。"并对港口未履行环境保护的法律责任作出规定。根据环境噪声污染防治法第三十八条规定，港口指挥作业时使用广播喇叭的，应当控制音量，减轻噪声对周围生活环境的影响。

本《条例》第五十一条第二款规定了港口所在地市、县人民政府（开发区管理委员会）的港口污染防治责任以及港口经营人的减少港口污染排放义务。就港口所在地市、县人民政府（开发区管理委员会）的港口污染防治责任而言，包括制定港口污染防治方案，建设船舶污染物、废弃物的接收、转运、处理处置设施，实现与城市公共转运、处置设施的有效衔接。根据交通运输部制订的《船舶与港口污染防治专项行动实施方案（2015—2020 年）》（以下简称《实施方案》），船舶与港口污染防治紧密相连，应当港航联动，河海并举，标本兼治，协同推进，紧密结合船舶与港口污染防治工作。同时，实现港口污染防治也应当坚持政府推动与企业施治相结合，在充分发挥污染防治企业主体作用和市场调节作用的同时，发挥好政府的政策引导和监督管理作用，形成政府、企业协同推进工作格局。《实施方案》还就港口污染防治的主要任务作出规定，具体包括如下。

1. 按照国家污染防治总体要求，完善相关管理制度，加强船舶与港口污染防治相关法规、标准、规范的制修订工作，强化标准约束，做好船舶与港口污染防治标准，以及与国家有关标准的衔接。

2. 积极开展港口作业污染专项治理。加强港口作业扬尘监管，开展干散货码头粉尘专项治理，全面推进主要港口大型煤炭、矿石码头堆场防风抑尘设施建设和设备配备；推进原油成品油码头油气回收治理。

3. 协同推进船舶污染物接收处置设施建设。加强港口、船舶修造厂环卫设施、污水处理设施建设规划与所在地城市设施建设规划的衔接。会同工信、环保、住建等部门探索建立船舶污染物接收处置新机制，推动港口、船舶修造厂加快建设船舶含油污水、化学品洗舱水、生活污水和垃圾等污染物的接收设施，做好船港之间、港城之间污染物转运、处置设施的衔接，提高污染物接收处置能力，满足到港船舶污染物接收处置需求。

4. 积极推进 LNG 燃料应用。进一步完善 LNG 加注设施的相关标准规范体系，统筹 LNG 加注站点布局规划与建设，有序推进船舶与港口应用 LNG 试点示范工作，加大 LNG 动力船船员、码头操作人员的培训力度，逐步扩大 LNG 燃料在水运行业的应用范围。

5. 大力推动靠港船舶使用岸电。推动建立船舶使用岸电的供售电机制和激励机制，降低岸电使用成本，引导靠港船舶使用岸电。开展码头岸电示范项目建设，加快港口岸电设备设施建设和船舶受电设施设备改造。

6. 提升污染防治科技水平。鼓励企业开展港口污染防治技术研究，积极争取国家重点专项对港口污染防治的支持，加强污染防治新技术在水运领域的转化应用。重点开展港口污染物监测与治理、危险化学品运输泄漏事故应急处置等方面的技术和装备研究。

7. 提升污染事故应急处置能力。建立健全应急预案体系，统筹港口污染事故应急能力建设，完善应急资源储备和运行维护制度，强化应急救援队伍建设，改善应急装备，提高人员素质，加强应急演练，提升油品、危险化学品泄漏事故应急能力。

本《条例》第五十一条第二款还就推进绿色港口建设作出规定。2017年，交通运输部先后发布《推进交通运输生态文明建设实施方案》《关于全面深入推进绿色交通发展的意见》，将强力开展绿色港口创建活动作为建设交通基础设施生态保护工程的重要内容。绿色港口作为在环境影响和经济利益之间获得良好平衡的可持续发展港口，其关键在于将港口资源科学布局、合理利用，把港口发展和资源利用、环境保护有机结合起来，走能源消耗少、环境污染小、增长方式优、规模效应强的可持续发展之路，最终做到港口发展与环境保护和谐统一、协调发展。2018年，交通运输部公布《深入推进绿色港口建设行动方案（2018—2022年）（征求意见稿）》（以下简称《行动方案》），要求将绿色发展贯穿到港口规划、建设和运营的全过程，构建资源节约、环境友好的港口绿色发展体系，从更深层次、更广范围、更高要求建设绿色港口，为水运绿色发展和高质量发展提供有力支撑。根据《行动方案》提出的行动目标，到2020年，全面完成"十三五"相关规划明确的绿色港口建设目标任务；2020—2022年期间，每年建成一批资源利用集约高效、生态环境清洁友好、运输组织科学合理的港口（港区），示范带动全国绿色港口建设。到2022年，实现港口资源利用效率稳步提升，生态保护措施全面落实，能源消费和运输组织结构明显优化，污染防治和绿色管理能力明显提升，我国港口绿色发展水平整体处于世界前列。同时，《行动方案》还明确了绿色港口建设的具体任务，提出分别从深入贯彻绿色发展理念、着力优化能源消费结构、节约和循环利用资源、加强港区污染防治、推进港区生态修复和景观建设、创新绿色运输组织方式、提升绿色港口节能环保管理能力等方面推进绿色港口建设。此外，交通运输部为确保绿色港口建设示范引领作用以及标准统一，还制定了《绿色港口等级评价指南》，对绿色港口等级评价的体系、计算方法、污染数值、低碳指标等内容作出明确规定。

根据《河北省海洋功能区划（2011—2020 年）》关于港口航运区的规定，河北省港口建设应当集约、高效利用岸线和海域空间，合理控制围填海规模、时序和方式，优化空间布局；港口岸线利用、集疏运体系建设要与临港城市总体规划做好衔接；禁止进行捕捞、养殖等与港口作业和航运无关、有碍航行安全的活动，禁止在船舶定线制警戒区、通航分道及其端部的附近水域锚泊，严禁建设与港口航运无关的其他永久性设施；港口建设应减少对海洋水动力环境、岸滩及海底地形地貌的影响，防治海岸侵蚀；加强港口建设与运营期污染防治、实施废弃物达标排放，严格控制船只倾倒、排污活动，有效防范危险品泄漏、溢油等风险事故的发生，降低对海洋生态环境的影响。同时，港口区执行不劣于四类海水水质标准、不劣于三类海洋沉积物和海洋生物质量标准，邻近海域生态敏感区的港口航运区还应提高海域环境质量标准。2019 年 3 月，河北省人民政府制定《河北省防治船舶污染海洋环境管理办法》，作为对《河北省防治船舶污染水域管理办法》的修订，该办法进一步明确了管理办法的适用范围，剔除内河、聚焦海洋，明确了船舶污染物接收转运处置联合监管制度、船舶铅封管理、绿色港口建设、港口码头联防机制建设等规定，并将违法处罚力度进一步提升，分别从船舶污染物的排放与接收、船舶有关作业的污染防治、船舶污染事故应急处置三个方面就加强海洋环境污染防治，推动绿色港口建设作出规定。2020 年 4 月，河北省交通运输厅制订《2020 年交通运输领域污染防治工作方案》，明确将港区污染治理作为河北省交通运输领域污染防治工作的重点环节。提出全面开展港区污染治理，加快推进港口岸电建设，2020 年底前，实现全省至少 36 个 5 万吨级以上泊位具备向船舶供应岸电能力。持续提升港口扬尘治理能力，100% 大型煤炭、矿石码头堆场实现抑尘网全封闭。推广使用电动或天然气等清洁能源船舶，沿海港口新增、更换拖船优先使用清洁能源；新增或更换的岸吊、场吊、吊车、叉车、牵引车和作业车辆主要采用新能源或清洁能源车辆。积极推进绿色港口建设，加快港口粉尘治理先进技术推广应用。此外，2020 年 7 月，河北省第十三届人民代表大会常务委员会第十八次会议通过《河北省人民代表大会常务委员会关于加强船舶大气污染防治的若干规定》，作为一部有针对性地加强船舶大气污染防治的专门立法，该规定不仅对海事、渔业、交通以及发改、生态环境等部门职责作出了明确规定，还专门就船舶低硫燃油使用、岸电设施建设使用等减少船舶排放大气污染物重点环节作出规定，并创新性提出了船舶大气污染防治的信用信息管理制度。

二、海洋陆源污染物防治

2017 年，海洋环境保护法予以修正。其中，第三十条对防治入海排污口对海洋生态环境的污染作出规定，提出"入海排污口位置的选择，应当根据海洋功能区划、海水动力条件和有关规定，经科学论证后，报设区的市级以上人民政府环境保护行政主管部门备案。环境保护行政主管部门应当在完成备案后十五个工作日内将入海排污口设置情况通报海洋、海事、渔业行政主管部门和军队环境保护部门。在海洋自然保护区、重要渔业水域、海滨风景名胜区和其他需要特别保护的区域，不得新建排污口。"以此为界，我国入海排污口监管正式步入"备案制度＋禁限规定"的新阶段。2018 年，生态环境部、国家发展改革委等部门联合发布《渤海综合治理攻坚战行动计划》，2019 年，生态环境部制订《渤海地区入海排污口排查整治专项行动方案》，以两部文件为契机，通过不断完善入海排污口名录、建设统一的入海排污口信息管理系统、明确备案程序和要求等一系列措施，我国入海排污口监管逐步实现精细化、动态化管理。

如上文所述，本《条例》第五十一条第三款对于设置入海排污口或者向海域排放陆源污染物的规定实际上是对《中华人民共和国海洋环境保护法》《中华人民共和国防治陆源污染物污染损害海洋环境管理条例》《渤海综合治理攻坚战行动计划》等政策法律制度的转化。根据本《条例》第五十一条第三款对于"设置入海排污口或者向海域排放陆源污染物的，应当符合海洋功能区划和海洋生态环境保护规划"的规定，并结合《河北省海洋功能区划（2011—2020 年）》《河北省海洋环境保护规划（2016—2020

年)》可知，河北省将海洋倾废监督利用区划分为两个区，总面积 393 公顷，包括秦皇岛港维护性疏浚工程临时海洋倾倒区和唐山港京唐港区维护性疏浚物临时海洋倾倒区，该区域的管控要求包括：

1. 加强对海洋倾倒活动的监视和监督，严格按照倾废许可证注明的倾废物种类、数量和倾倒方式等进行倾倒。

2. 定期开展环境监测与跟踪评价，避免对渔业资源和其他海上活动造成有害影响。

3. 临时倾废区使用期满予以关闭，如需要延长使用期限，应提前向主管部门审查批准。

4. 该区域执行不劣于三类海水水质质量标准、不劣于二类海洋沉积物和海洋生物质量标准。

此外，本《条例》第五十一条第三款还对新设置入海排污口进行了禁止性规定，包括海洋自然保护区、海洋特别保护区、重要渔业水域、盐场纳水口水域和海滨的风景名胜区、旅游度假区等需要特殊保护的区域。

> **第五十二条**　县级以上人民政府农业农村等有关部门应当指导农业生产经营者科学种植和养殖，科学合理施用农药、化肥等化学投入品，加强农药包装废弃物回收和废弃农用薄膜回收利用，防止农业面源污染。推行绿色有机肥施用和平衡施肥，促进化肥减施增效。鼓励采取生物防治，替代或者减少农药的使用。
>
> 畜禽养殖场、养殖小区、定点屠宰企业等场所的选址、建设和管理应当符合有关法律法规规定。从事畜禽养殖和屠宰的单位和个人应当采取措施，对畜禽粪便、尸体和污水等废弃物进行科学处置，防止污染环境。

【条文主旨】

本条文是关于农业污染防治的规定。

【条文释义】

随着我国农业集约化程度不断提高以及规模化养殖的快速发展，由农业生产过程中的农药化肥的流失、养殖场畜禽排泄物污染、农作物秸秆焚烧污染以及农业塑料膜等所引起的污染逐年加大，正成为工业污染源之后的又一个重要的污染物来源，解决农业面源污染的威胁已经迫在眉睫。本《条例》第五十二条聚焦农业污染防治，对县级以上人民政府农业农村等有关部门的农业污染防治职责以及从事畜禽养殖和屠宰的单位和个人的农业污染防治责任分别作出规定。

一、县级以上人民政府农业农村等有关部门的农业污染防治职责

本《条例》第五十二条第一款对县级以上人民政府农业农村等有关部门的农业污染防治职责作出规定。现代农业的发展离不开农药、化肥、农田薄膜等农业投入品的使用，这些农业投入品在推动农业发展的同时，其不合理使用却对农业生态环境造成严重污染。其中，大量化肥的使用，一方面造成了土壤肥力的下降，土壤板结，而农民为了获得更好的产量，就增大化肥的用量，这样就形成了一个恶性循环的怪圈，造成土壤的肥力持续下降；[1] 另一方面，化肥的流失严重污染了水体，地表水和地下水均不同程度地受到了流失的肥料的污染。就农药使用而言，未得到合理使用的农药通过各种渠道流入水体，致使水体各种污染物质含量超标，水质恶化。同时，农药的不当使用造成对农业有益动物和植物的危害，容易造成对农业生态环境中生物食物链的破坏。就农田薄膜而言，其主要成分是塑料，含有有机氯化合物等有害物质，在自然环境中较难降解，容易造成土地退化。同时，由于农用地膜较难回收，土壤中农膜的残留量逐年增加，对土壤的物理性状产生显著的影响，影响农作物根系的生长及其对土壤养分的吸收，影响农作物根系的伸展，容易造成农作物倒伏、死苗、弱苗和减产。

基于农业污染问题的重要性与紧迫性，国家高度重视并积极开展农业污染防治。2019 年，《中共中央、国务院关于坚持农业农村优先发展做好"三农"工作的若干意见》就上述相关问题指出，加大农业面源污染治理力度，开展农业节肥节药行动，实现化肥农药使用量负增长；发展生态循

---

[1] 莫凤鸾、廖波、林武：《农业面源污染现状及防治对策》，《环境科学导刊》2009 年第 4 期。

环农业，推进畜禽粪污、秸秆、农膜等农业废弃物资源化利用。2020 年，《中共中央　国务院关于抓好"三农"领域重点工作　确保如期实现全面小康的意见》就相关问题提出，应当大力推进畜禽粪污资源化利用，基本完成大规模养殖场粪污治理设施建设。深入开展农药化肥减量行动，加强农膜污染治理，推进秸秆综合利用。同时，我国通过法律制度、监管机制的不断建立和完善来促进农业经济可持续发展、缓解农业生产者与生态环境之间的利益冲突。2021 年"中央一号文件"再次强调，要推进农业绿色发展，持续推进化肥农药减量增效，加强畜禽粪污资源化利用，全面实施秸秆综合利用和农膜、农药包装物回收行动，加强水生生物资源养护，发展节水农业和旱作农业，推进荒漠化、石漠化、坡耕地水土流失综合治理和土壤污染防治、重点区域地下水保护与超采治理，实施水系连通及农村水系综合整治，科学开展大规模国土绿化行动，完善草原生态保护补助奖励政策。环境保护法作为环境保护领域的综合性法律，规定由各个环境要素组成的整体环境保护的基本问题，而环境保护法第四十九条对于农业农村污染防治的相关规定也成为本《条例》第五十二条的最直接上位法依据。水污染防治法第五十三条规定了农业投入品质量与使用标准制定应当适应水环境保护需要。第五十五条规定了县级以上地方人民政府农业主管部门和其他有关部门应当积极履行农药使用引导责任，防止造成水污染。土壤污染防治法第二十六条、第二十七条规定了国务院农业农村、林业草原主管部门对于农药、化肥、农用薄膜等农业投入品的标准制定责任、总量控制责任、安全性评价责任、合理使用农业投入品引导责任等内容。水土保持法第三十六条规定了在饮用水水源保护区，地方各级人民政府及其有关部门具有组织单位和个人严格控制化肥和农药使用的职责和义务。

　　如上所述，结合条文内容，本《条例》第五十二条第一款主要从种植业污染和养殖业污染两个方面，对县级以上人民政府农业农村等有关部门的农业污染防治职责作出规定。针对防治种植业污染而言，主要包括以下内容：（1）持续推进农药减量增效，提高农民科学施肥用药意识和技能，严格控制高毒高风险农药使用，鼓励研发推广高效低残留农药、生物农药等新型农药，推动农药使用量实现负增长。（2）加强农膜废弃物资源化利用，推进农膜回收利用，推广地膜减量增效技术，完善废旧地膜等回收处理制度，从源头保障地膜可回收性。（3）提高农民科学施肥意识和能力，集成推广化肥机械深施、种肥同播、水肥一体等绿色高效技术，研发推广高效缓控释肥料和先进施肥机械，带动绿色高效化肥和技术的更大范围应用。针对防治养殖业污染而言：（1）推进养殖生产清洁化和产业模式生态化，优化调整畜禽养殖布局，推进畜禽养殖标准化示范创建升级，带动畜牧业绿色可持续发展。（2）加强畜禽粪污资源化利用，推进畜禽粪污资源化利用。（3）严格畜禽规模养殖环境监管，将规模以上畜禽养殖场纳入重点污染源管理。

需要特别指出的是，河北省近年来高度重视农业污染防治，已经打响农业农村污染治理攻坚战。2019年1月，河北省生态环境厅、农业农村厅联合印发《河北省农业农村污染治理攻坚战实施方案》，针对农业污染防治提出，到2020年，亩均化肥施用量降低7%，主要农作物化肥利用率达到40%以上；亩均农药使用量降低6%，主要农作物农药利用率达到40%以上；规模化畜禽养殖场（小区）粪污处理设施装备配套率达到100%，畜禽粪污综合利用率达到75%以上。并且，明确了打好河北省农业农村污染防治攻坚战的重点任务，其中，就农业污染防治而言，具体包括以下方面。

其一，强力推进养殖业污染防治。推进生态健康养殖，发展多种形式的标准化生态健康养殖模式，建立健全生态健康养殖相关管理制度；严格养殖环境管控，从严环境准入，将规模以上畜禽养殖场纳入重点污染源管理；开展畜禽养殖污染治理专项执法检查，重点检查畜禽养殖场粪污处理设施装备建设、运行和综合利用，环境影响评价和环保"三同时"制度落实，排污许可证核发和执行等情况；加强养殖废弃物资源化利用，督促落实规模养殖场粪污资源化利用主体责任，制订"一场一策一方案"；加强水产养殖污染防治，优化水产养殖空间布局，依法划定水产养殖禁止养殖区、限制养殖区和养殖区，加强养殖基础设施提升改造。

其二，有效防控种植业污染。推广生态化种植模式，大力发展绿色、有机农产品，带动绿色农业技术应用；实施节肥工程，推动精准施肥，调整化肥使用结构，引导肥料产品和肥料机械的优化升级；实施节药工程，积极应用绿色防控技术，严格控制高毒高残留高风险农药使用，推广应用生物农药、高效低毒低残留农药和先进施药机械；加强农膜废弃物资源化回收利用，大力推广应用标准厚度地膜，保障地膜可回收，逐步降低地膜覆盖依赖度，促进地膜的减量增效。

二、从事畜禽养殖和屠宰的单位和个人的农业污染防治责任

畜禽养殖和屠宰产生的废弃物中含有大量的有害微生物、寄生虫、碳水化合物、含碳化合物。其不仅会造成地表水的有机污染和富营养化，还会产生大气恶臭污染甚至地下水污染，其中的有害微生物、寄生虫所含病原体还会对人体健康产生威胁。就河北省而言，畜禽养殖和屠宰的集约化程度较低，且从事畜禽养殖和屠宰的主体多为农民，其信息获取能力与环境保护意识相较于专业化集体而言较为薄弱，因此，应当通过立法形式明确从事畜禽养殖和屠宰的单位和个人的农业污染防治责任。本《条例》第五十二条第二款便分别从畜禽养殖场、养殖小区、定点屠宰企业等场所的选址、建设和管理以及畜禽养殖和屠宰的科学处置两个方面对其农业污染防治责任作出规定。

（一）畜禽养殖场、养殖小区、定点屠宰企业等场所的选址、建设和管理应当符合有关法律法规规定

目前，从国家层面到河北省层面已经有多部法律法规对畜禽养殖场、养殖小区、定点屠宰企业等场所的选址、建设和管理作出规定。就国家层面而言，具体包括：畜牧法第三十九条第一款、第二款规定了畜禽养殖场、养殖小区应当具备的条件，具体包括：（1）有与其饲养规模相适应的生产场所和配套的生产设施；（2）有为其服务的畜牧兽医技术人员；（3）具备法律、行政法规和国务院畜牧兽医行政主管部门规定的防疫条件；（4）有对畜禽粪便、废水和其他固体废弃物进行综合利用的沼气池等设施或者其他无害化处理设施。养殖场、养殖小区兴办者应当将养殖场、养殖小区的名称、养殖地址、畜禽品种和养殖规模，向养殖场、养殖小区所在地县级人民政府畜牧兽医行政主管部门备案，取得畜禽标识代码。第四十条则规定了建设畜禽养殖场、养殖小区的禁止性区域，具体包括：（1）生活饮用水的水源保护区、风景名胜区，以及自然保护区的核心区和缓冲区；（2）城镇居民区、文化教育科学研究区等人口集中区域。固体废物污染环境防治法第

四十六条第三款规定，国家支持畜禽养殖场、养殖小区建设畜禽粪便、废水及其他固体废弃物的综合利用设施。水污染防治法第五十六条第一款规定，国家支持畜禽养殖场、养殖小区建设畜禽粪便、废水的综合利用或者无害化处理设施。城乡规划法第十八条第二款将畜禽养殖场的用地布局、建设要求规定为乡规划与村庄规划的内容。《畜禽规模养殖污染防治条例》作为国务院防治畜禽规模养殖污染的专门性立法，分别规定了禁止建设畜禽养殖场、养殖小区区域；新建、改建、扩建畜禽养殖场、养殖小区的具体要求；畜禽养殖场、养殖小区污染防治的配套设施。《生猪屠宰管理条例》作为国务院针对生猪屠宰管理的专门性立法，规定了生猪定点屠宰厂（场）的设置规划、建设条件、生猪定点屠宰证书和生猪定点屠宰标志牌管理，以及屠宰过程管理等内容。就河北省层面而言，目前并未针对畜禽养殖场、养殖小区、定点屠宰企业等场所的选址、建设和管理制定专门法规，但在其他法规中能够找到相关方面规定。例如，《河北省乡村环境保护和治理条例》第十九条第一款明确规定，县级以上人民政府农业行政主管部门应当会同环境保护主管部门科学划定畜禽养殖禁养区、限养区。第十九条第二款规定，规模化畜禽养殖场（小区）、畜禽养殖户应当远离村庄和人群聚集地，根据污染防治的需要，配套建设粪便、污水的贮存、处理、利用设施并保证正常运转。《河北省水污染防治条例》第三十一条规定，畜禽养殖场、养殖小区建设畜禽粪便、废水的综合利用或者无害化处理设施。《河北省发展循环经济条例》第二十七条第二款规定，新建畜禽养殖场，应当同步建设畜禽粪便收集、贮运、处理、利用设施。

（二）从事畜禽养殖和屠宰的单位和个人应当采取措施对畜禽废弃物科学处置

环境保护法第四十九条第三款规定："……从事畜禽养殖和屠宰的单位和个人应当采取措施，对畜禽粪便、尸体和污水等废弃物进行科学处置，防止污染环境。"成为从事畜禽养殖和屠宰的单位和个人应当负有科学处置畜禽废弃物责任的直接上位法依据。此外，畜牧法第四十六条第一款规定："畜禽养殖场、养殖小区应当保证畜禽粪便、废水及其他固体废弃物综合利用或者无害化处理设施的正常运转，保证污染物达标排放，防止污染环境。"《畜禽规模养殖污染防治条例》第十九条规定："从事畜禽养殖活动和畜禽养殖废弃物处理活动，应当及时对畜禽粪便、畜禽尸体、污水等进行收集、贮存、清运，防止恶臭和畜禽养殖废弃物渗出、泄漏。"针对畜禽废弃物的科学处置，国务院于2017年6月制定《关于加快推进畜禽养殖废弃物资源化利用的意见》。此后，河北省以此为基础，结合河北省畜禽养殖和屠宰实际，专门制定《河北省畜禽养殖废弃物资源化利用工作方案》（以下简称《工作方案》），以此构建河北省畜禽养殖废弃物资源化利用循环经济发展新机制。根据《工作方案》，河北省于2017年9月起通过六项措施推动畜禽废弃物的科学处置。具体而言：

1. 加快畜牧业转型升级。优化畜牧业养殖布局，推进畜牧业结构调整，继续开展畜禽养殖标准化示范创建，加快畜禽品种改良进程，定期开展兽药和饲料添加剂专项整治，推广节水、节料等清洁养殖工艺和干清粪、微生物发酵等实用技术，实现源头减量。

2. 开展环境承载能力评估。建设省级畜禽养殖污染监测评估中心，提升监测评估能力。按照粪肥养分综合平衡要求，开展畜禽养殖环境承载能力评估，根据畜禽粪肥供给量与农田负荷量，合理确定养殖规模，探索建立畜禽养殖污染评估机制。

3. 推进肥料化利用。落实肥料登记管理制度，强化商品有机肥原料和质量的监管与认证。充分发挥畜禽粪污肥料化属性，实施有机肥替代化肥行动，支持在田间地头配套建设管网和储粪（液）池等方式，解决粪肥还田"最后一公里"问题。

4. 促进能源化利用。充分利用畜禽粪污能源化特性，支持大型畜禽养殖场建设池容1000立方米以上沼气工程，支持建设沼气配套管网入户工程，加快农村"煤改气"和清洁能源利用。突出沼渣、沼液肥用功能，开展沼肥加工、田间配送，用于粮食、蔬菜、林果、花卉等农业生产，实现循环利用。

5. 开展养殖密集区治理。在畜禽养殖密集区推行"养治分离、专业生产、市场运作"的第三方治理模式，引导社会资本投入畜禽养殖环境治理领域，建立粪便污水分户贮存、统一收集、集中处理的市场化运行机制。

6. 建立生态循环体系。引导就近就地消纳畜禽养殖粪污，构建种养结合主体双向小循环；充分发挥大中型沼气工程、有机肥加工企业作用，构建产业融合、种养平衡、农牧结合的区域多向中循环；统筹农牧产业、沼气工程建设、有机肥加工、农牧业废弃物收集加工、休闲农业、美丽乡村等配套服务措施，构建县域生态农牧业立体大循环。

> 第五十三条 县级以上人民政府及其有关部门应当加强土壤保护和合理利用，有效预防土壤污染。
>
> 对农用地实行分类管理，建立优先保护制度，严格风险管控措施，提升安全利用水平。禁止向农用地排放重金属或者其他有毒有害物质含量超标的污水、污泥，以及可能造成土壤污染的清淤底泥、尾矿、矿渣等。
>
> 对建设用地依法开展调查评估，严格落实建设用地土壤污染风险管控和修复名录制度。未按照规定开展调查评估和未达到土壤污染风险评估确定的风险管控、修复目标的建设用地地块，禁止开工建设任何与风险管控、修复无关的项目。
>
> 生产、使用、贮存、运输、回收、处置、排放有毒有害物质的单位和个人，应当采取有效措施，防止有毒有害物质渗漏、流失、扬散，避免土壤受到污染。

【条文主旨】

本条文是关于土壤污染防治的规定。

【条文释义】

土壤污染，是指由于人为因素导致某种物质进入陆地表层土壤，引起土壤化学、物理、生物等方面特性的改变，影响土壤功能和有效利用，危害公众健康或者破坏生态环境的现象。我国土壤环境总体状况并不乐观，部分地区土壤污染较重，耕地土壤环境质量堪忧，工矿业废气地土壤环境问题突出，土壤污染成因较为复杂，土壤污染防治面临诸多挑战。针对土壤污染问题，2017 年 3 月，河北省印发《河北省"净土行动"土壤污染防治工作方案》，提出到 2020 年，全省土壤环境质量稳中向好，重点区域土壤污染加重趋势得到控制，农用地土壤环境得到有效保护，全省土壤环境监管能力得到显著提升；全省受污染耕地安全利用率达到 91% 左右，污染地块安全利用率达到 90% 以上。2018 年 12 月，河北省实施《河北省净土保卫战三年行动计划（2018—2020 年）》，提出全面摸清土壤环境污染状况、加快推进农用地分类管理、严格实施建设用地准入管理、整治农业面源污染、强化涉重金属污染整治、提高固体废物管理水平、加快建设土壤污染综合防治先行区等 7 项重点任务改善土壤环境质量，2020 年 1 月，河北省人民政府办公厅印发《关于进一步加强全省土壤污染防治工作的实施意见》，为河北省"净土保卫战"实现完美收官提出进一步的土壤污染防治意见。"净土行动"实施以来，河北省土壤污染防治工作得到了进一步强化。未来，河北省还将继续以改善土壤环境质量为核心，以有效防控土壤环境风险为目标，以打好土壤污染防治攻坚战为主线，突出农用地和建设用地两大重点领域，全面完成河北省土壤污染防治的目标任务。在此背景下，本《条例》第五十三条全面聚焦土壤污染防治，并分别就县级以上人民政府及其有关部门的土壤污染防治职责、农用地土壤污染防治、建设用地土壤污染防治以及单位和个人的土壤污染防治责任相关内容作出规定。

一、关于农用地土壤污染防治的规定

相较于其他类型土地而言，农用地污染存在如下特征：（1）显性特征不明显，土壤污染状况较难被评估。（2）土壤污染形成具有累积性与多源性，土壤污染状态的形成周期较长，污染源较为复杂。（3）由于土壤的自我净化能力较弱，且农用地污染来源多为化学或者重金属物质，因此土壤污染治理具有复杂性与不可逆性。正如前文所述，农用地土壤污染不仅会造成农产品质量下降并最终危害人体健康，同时也会破坏环境和生态系统，最终造成环境和社会危机。我国高度重视农用地污染防治，并不断探索建立行之有效的农用地土壤污染防治法律制度体系。其中，环境保护法第三十三条规定了各级人民政府的防治农用地土壤污染的责任。农业法第五十八条规定了农业行政主管部门、农民、农业生产经营组织防止农用地污染、破坏和地力衰退的责任。此外，土地管理法、固体废物污染环境防治法、水土保持法、农产品质量安全法等单行法中对于农用地土壤污染防治均分别作出规定。

2016 年 5 月，《土壤污染防治行动计划》的制订为我国明确了土壤污染防治工作的基本原则，即"预防为主、保护优先、风险管控，突出重点区域、行业和污染物，实施分类别、分用途、分阶段治理，严控新增污染、逐步减少存量，形成政府主导、企业担责、公众参与、社会监督的土壤污染防治体系"。然而，《土壤污染防治行动计划》并未针对农用地土壤污染防治作出细化规定。直到 2018 年 8 月，土壤污染防治法针对农用地污染设置专节予以规定，我国土壤污染防治法治化正式步入快车道。其中，土壤污染防治法第四章第二节对于农用地污染防治的规定主要围绕农用地分类管理制度而展开。反观本《条例》第五十三条第二款的内容，即"对农用地实行分类管理，建立优先保护制度，严格风险管控措施，提升安全利用水平"。可以依据土壤污染防治法第四章第二节的法律规定对本《条例》第五十三条第二款的相关内容进行细化解释。具体而言：

1. 土壤污染防治应当建立优先保护制度。县级以上地方人民政府应当将符合条件的优先保护类耕地划分为永久基本农田，实行严格保护，在永久基本农田集中区域，不得新建可能损害土壤环境的建筑物。

2. 应当提升农用地的安全利用水平。对于安全利用类耕地，土壤污染防治法提出应当结合主要农作物品种和种植习惯等情况，制订并实施安全利用方案。其中，安全利用方案应当包括以下内容：（1）农艺调控、替代种植；（2）定期开展土壤和农产品协同监测与评价；（3）对农民、农民专业合作社及其他农业生产经营主体进行技术指导和培训；（4）其他风险管控措施。

3. 应当严格风险管控措施。对于严格管控类耕地，土壤污染防治法提出应当针对严格管控类耕地采取有效的管控措施，管控措施具体包括以下方面：（1）提出划定特定农产品禁止生产区域的建议，报本级人民政府批准后实施；（2）按照规定开展土壤和农产品协同监测与评价；（3）对农民、农民专业合作社及其他农业生产经营主体进行技术指导和培训；（4）其他风险管控措施。

此外，对于严格管控类农用地，县级以上人民政府及其相关部门应当采取调整种植结构、退耕还林还草、退耕还湿、轮作休耕、轮牧休牧等风险管控措施，并给予相应的政策支持。

　　本《条例》第五十三条第二款还就农用地污染物排放防治作出规定，其中，《条例》将重金属、有毒有害物质含量超标的污水、污泥以及可能造成土壤污染的清淤底泥、尾矿、矿渣作为农用地土壤污染物防治重点。2017 年 9 月，原环境保护部、原农业部制定《农用地土壤环境管理办法（试行）》（以下简称《管理办法》），《管理办法》的制定为农用地土壤环境管理工作提供依据，对农用地土壤环境管理，防控农用地土壤污染风险，保障农产品质量安全具有重要意义。对于农用地土壤污染物排放防治，《管理办法》规定了排放污染物的企业事业单位和其他生产经营者的污染物达标处理责任；从事固体废物和化学品储存、运输、处置企业的防止污染物排放责任；从事规模化畜禽养殖和农产品加工的单位和个人的废物无害化处理责任，以及政府及相关主管部门的农用地土壤污染防治监管、宣传等职责。《管理办法》第十二条还分别就防治固体废物、废水污染农用地土壤作出规定。就固体废物防治而言，提出禁止在农用地排放、倾倒、使用污泥、清淤底泥、尾矿（渣）等可能对土壤造成污染的固体废物；就废水污染防治而言，农田灌溉用水应当符合相应的水质标准，防止污染土壤、地下水和农产品。禁止向农田灌溉渠道排放工业废水或者医疗污水。向农田灌溉渠道排放城镇污水以及未综合利用的畜禽养殖废水、农产品加工废水的，应当保证其下游最近的灌溉取水点的水质符合农田灌溉水质标准。

　　需要特别指出的是，河北省已经将强化农用地土壤污染防治作为全省推进土壤污染防治工作，打好污染防治攻坚战的重要领域。《2019 年河北省土壤污染防治工作要点》将全面摸清农用地土壤环境质量状况、完成雄安新区和产粮（油）大县耕地土壤环境质量类别划分作为河北省土壤污染防治的主要目标，并针对农用地土壤污染防治提出如下重点任务：（1）摸清农用地土壤污染状况。按照国家部署安排，加快推进农用地土壤污染状况详查收尾工作。（2）启动农用地分类管理，划分耕地土壤环境质量类别，强化农用地土壤污染风险管控。（3）整治农业面源污染，减少由农业面源污染引发的农用地土壤污染。

二、关于建设用地土壤污染防治的规定

　　本《条例》第五十三条第三款是关于土壤污染风险管控和修复名录制

度的规定。根据生态环境部制定的《建设用地土壤污染风险管控和修复术语》（HJ 682—2019），"建设用地土壤污染风险管控和修复"，是指"建造建筑物、构筑物的土地，包括城乡住宅和公共设施用地、工矿用地、交通水利设施用地、旅游用地、军事设施用地等进行土壤污染风险管控和修复的过程，这一过程涵盖土壤污染状况调查和土壤污染风险评估、风险管控、修复、风险管控效果评估、修复效果评估、后期管理等活动"。根据土壤污染防治法的规定，国家针对建设用地实行土壤风险管控和修复名录制度，对土壤污染状况调查报告评审表明污染物含量超过土壤污染风险管控标准的建设用地地块，土壤污染责任人、土地使用权人应当按照国务院生态环境主管部门的规定进行土壤污染风险评估，并制定土壤污染风险评估报告，生态环境主管部门应当会同自然资源主管部门对土壤污染风险评估报告组织评审，及时将需要实施风险管控、修复的地块纳入建设用地土壤污染风险管控和修复名录。为更好地实施建设用地土壤污染风险管控和修复名录制度，2019 年 12 月，生态环境部联合自然资源部印发《建设用地土壤污染状况调查、风险评估、风险管控修复效果评估报告评审指南》（以下简称《评审指南》），明确了开展建设用地土壤污染状况调查、风险评估、风险管控修复效果评估的适用范围、组织评审机制、评审依据及有关原则、评审程序及时限、专家评审要求、第三方专业机构评审要求、评审意见内容、评审后的管理要求以及相关主体责任。其中，《评审指南》明确了生态环境主管部门在建设用地土壤污染状况调查、风险评估、风险管控修复效果评估过程中的职能，包括：（1）确定组织评审方式；（2）受理申请；（3）建立专家库；（4）档案、信息管理；（5）报告质量信息公开；（6）会同自然资源主管部门建立建设用地土壤污染风险管控和修复名录。《评审指南》还规定了土壤污染风险评估报告应当涉及的内容，具体包括：（1）土壤污染状况调查的数据是否能够满足风险评估的要求。（2）土壤污染风险评估程序与方法是否符合国家相关标准规范要求。（3）土壤污染风险评估报告是否包括以下内容：主要污染物状况；土壤及地下水污染范围；暴露情景与公众健康风险；风险管控、修复的目标和基本要求等。（4）是否需要实施风险管控、修复。（5）风险管控、修复的目标和基本要求等是否科学合理。（6）报告是否通过。此外，土壤污染防治法第六十三条明确了列入土壤污染风险管控和修复名录中建设用地地块的风险管控措施，具体包括：（1）提出划定隔离区域的建议，报本级人民政府批准后实施；（2）进行土壤及地下水污染状况监测；（3）其他风险管控措施。其中，划定隔离区域，是指生态环境主管部门通过发布公告、设立标志和标识，在隔离区域内禁止无关人员进入、禁止扰动土壤等，达到风险管控的目标，以此避免受体与污染土壤接触；进行土壤及地下水污染状况监测，是指通过对土壤及地下水污染状况进行定期监测，及时了解隔离区域污染状况变化趋势，并根据监测结果采取针对性的措施；其他风险管控措施还包括对隔离区周边的民众进行告知，对隔离区及周边地下水的开采使用进行限制，对周边土地的开发利用进行限定等。

自 2018 年河北省实施"净土行动三年计划"以来，河北省以建设用地中的污染地块为重点，严格实施建设用地准入管理，对建设用地按不同用途，确定管控措施，严格用地准入。2020 年 1 月，河北省人民政府办公厅制定《关于进一步加强全省土壤污染防治工作的实施意见》（以下简称《实施意见》）。《实施意见》提出开展建设用地土壤污染风险调查评估、科学合理规划土地用途、严格建设用地转入管理以及强化污染地块风险管控与治理修复等措施。针对未达到土壤污染风险管控、修复目标的地块，《实施意见》强调禁止开工建设任何与风险管控、修复无关的项目；有关部门不得批准环境影响评价技术文件、建设工程规划许可证等事项。同时，《实施意见》的制定还意味着建设用地土壤污染风险管控制度在河北省的建立。土壤污染风险管控制度要求河北省各市、县（市、区）政府在编制城市总体规划时，应当根据污染地块名录确定暂不开发利用或现阶段不具备治理修复条件的污染地块，对暂不开发利用的污染地块，实施风险管控，并由所在地政府组织划定管控区域，设立标识、发布公告，并组织开展土、地表水、地下水、空气环境监测；对拟开发利用为居住用地和商业、学校、医疗、养老机构等公共设施用地的污染地块，实施以安全利用为目的的风险管控。河北省还有针对性地建立建设用地土壤污染管控名录。2019 年 10 月，河北省生态环境厅联合自然资源厅印发《关于建立河北省建设用地土壤污染风险管控和修复名录的公告》（以下简称《公告》）。《公告》决定将原河北铬盐化工有限公司场地等 5 个地块，列入风险管控和修复名录，并明确了项目地块面积、四至范围和主要污染物；提出纳入本名录的地块，实行动态更新，不允许开工建设与风险管控、修复无关的项目。《公告》明确，列入建设用地土壤污染风险管控和修复名录的地块，实行动态更新，对达到土壤污染风险评估报告确定的风险管控、修复目标的建设用地地块，土壤污染责任人、土地使用权人可以申请省级人民政府生态环境主管部门移出建设用地土壤污染风险管控和修复名录，并在官方网站进行公布。此外，2020 年 8 月，河北省地方标准《建设用地土壤污染风险筛选值》（DB13/T 5216—2020）的制定为河北省开展建设用地土壤污染风险的评估与管控提供了科学参考。

三、生产等环节涉及有毒有害物质的单位和个人的土壤污染防治责任

土地安全事关我国社会安全、经济安全与环境安全，任何组织和个人都有保护土壤、防止土壤污染的义务。土地使用权人从事土地开发利用活动，企业事业单位和其他生产经营者从事生产经营活动，应当采取有效措施，防止、减少土壤污染，对所造成的土壤污染依法承担责任。本条文第四款充分体现预防为主的原则，将应当采取有效措施防止有毒有害物质渗漏、流失、扬散，避免土壤受到污染的主体进一步明确，可以被视为对相关单位和个人防止土壤污染的最基本要求。同样，土壤污染防治法第十九条就生产等环节涉及有毒有害物质的单位和个人的土壤污染防治责任作出规定，可以被视为本条第四款的直接上位法依据。此外，我国还就防治危险废物污染环境制定了一系列法律法规，例如，固体废物污染环境防治法第六章，对从事生产、收集、贮存、利用、处置危险废物经营活动的单位的危险废物防治环境污染责任作出规定。《危险废物经营许可证管理办法》提出，应当加强对危险废物收集、贮存和处置经营活动的监督管理，防治危险废物污染环境。在我国境内从事危险废物收集、贮存、处置经营活动的单位应当依法领取危险废物经营许可证。

第五十四条 各级人民政府应当确定重点防控的重金属污染地区、行业和企业，加强对涉铅、镉、汞、铬和类金属砷等重金属加工企业的环境监管，防治重金属污染。

禁止在重点防控区域内新建、改建、扩建增加重金属污染物排放总量的建设项目。

【条文主旨】

本条文是关于重金属污染防治的规定。

【条文释义】

重金属污染，是指重金属或其化合物造成的环境污染，主要是由于采矿、废气排放、污水灌溉和使用重金属制品等人类活动，导致环境中的重金属含量增加，超出正常范围，并导致环境质量恶化。[1] 重金属污染与其他有机化合物的污染不同，不少有机化合物可以通过自然界本身物理的、化学的或生物的净化，使有害性降低或解除，而重金属具有富集性，很难在环境中降解。我国长期面临着重金属污染风险，《国务院关于2018年度环境状况和环境保护目标完成情况的报告》显示，全国环境风险态势保持稳定，环境风险管理得到加强。全年共发生各类突发环境事件286起，同比下降5.3%。但环境安全形势依然严峻，涉危险化学品、危险废物、重金属等重大环境风险源大量存在，重大突发环境事件仍有发生。基于此，本《条例》第五十四条重点聚焦重金属污染防治，并明确了重金属污染重点防治的对象以及重金属重点防控区域内的建设项目准入标准。

2011年10月，国务院印发《关于加强环境保护重点工作的意见》（以下简称《意见》），其中将"切实加强重金属污染防治"列为影响科学发展和损害群众健康的突出环境问题予以解决，针对重金属污染防治，《意见》提出，应当对重点防控的重金属污染地区、行业和企业进行集中治理。合理调整涉重金属企业布局，严格落实卫生防护距离，坚决禁止在重点防控区域新改扩建增加重金属污染物排放总量的项目。加强重金属相关企业的环境监管，确保达标排放。对造成污染的重金属污染企业，加大处

---

〔1〕《重金属污染事件频发》，网易新闻，https：//news.163.com/12/0201/05/7P5EEBAB000 14AED.html，最后访问时间：2020年9月2日。

罚力度，采取限期整治措施，仍然达不到要求的，依法关停取缔。规范废弃电器电子产品的回收处理活动，建设废旧物品回收体系和集中加工处理园区。积极妥善处理重金属污染历史遗留问题。目前，我国并未就重金属污染防治进行专门立法，但是其他单行法已经就如下范围内的重金属污染防治作出规定，具体包括：

1. 就农用地重金属污染防治而言，环境保护法第四十九条第二款规定，施用农药、化肥等农业投入品及进行灌溉，应当采取措施，防止重金属和其他有毒有害物质污染环境。土壤污染防治法第二十八条规定，禁止向农用地排放重金属。固体废物污染环境防治法第七十二条第二款规定，禁止重金属含量超标的污泥进入农用地。

2. 就林地重金属污染防治而言，森林法第三十九条第二款规定，禁止向林地排放重金属。

3. 就海洋重金属污染防治而言，海洋环境保护法第三十三条第三款规定，严格控制向海域排放含有重金属的废水。

4. 就农产品重金属污染防治而言，农产品质量安全法第三十三条第二项规定，禁止销售农药、兽药等化学物质残留或者含有的重金属等有毒有害物质的农产品。

本《条例》第五十四条第一款强调，各级人民政府应当明确需要重点防控的重金属污染地区、行业、企业，加强重金属污染监管与防治。根据生态环境部制定的《关于加强涉重金属行业污染防控的意见》，需要重点防控的重金属污染行业包括：重有色金属矿（含伴生矿）采选业、重有色金属冶炼业、铅蓄电池制造业、皮革及其制品业、化学原料及化学制品制造业、电镀行业。重点重金属污染物包括：铅、汞、铬、镉和类金属砷。进一步聚焦铅锌矿采选、铜矿采选以及铅锌冶炼、铜冶炼等涉铅、涉镉行业；进一步聚焦铅、镉减排，在各重点重金属污染物排放量下降的前提下，原则上削减铅、镉；进一步聚焦群众反映强烈的重金属污染区域。

对于重金属污染监管与防治而言，本条文第一款提出加强对涉铅、镉、汞、铬和类金属砷等重金属加工企业的环境监管，防治重金属污染。结合《关于加强涉重金属行业污染防控的意见》的要求，开展重金属污染监管与防治应当包括以下措施：

1. 结合排污许可制度，建立全口径涉重金属重点行业清单。控制污染物排放许可制度是依法规范企事业单位排污行为的基础性环境管理制度，生态环境部门通过对企事业单位发放排污许可证开展污染物排放监管。涉及重金属的行业、产业是控制污染物排放许可制度的重要规范领域。生态环境部门通过结合排污许可制度，充分利用水、土壤、大气等污染状况详查重点污染物信息，全面排查本地区涉重金属重点行业企业，建立全口径涉重金属重点行业企业清单。其中，"全口径"意味着该清单应当包括在产企业、停产企业、未纳入环境统计范围的企业、2014年及以后关闭的企业等。

2. 分解落实减排指标和措施。基于重金属污染物总量控制制度，将地区重金属污染防治的目标分解至各重金属污染重点行业企业，明确重金属污染重点行业企业应当采取的淘汰落后产能、工艺提升改造、清洁生产技术改造、实行特别排放限制等一批减排措施和工程。同时，确保涉重金属重点行业企业减排目标和管理要求纳入排污许可证制度。为确保减排指标和措施的科学、有效落实，生态环境主管部门针对重金属污染防治还制定了有关标准，包括：《铅、锌工业污染排放标准》（GB 25466—2010）、《铜、镍、钴工业污染物排放标准》（GB 25467—2010）、《锡、锑、汞工业污染物排放标准》（GB 30770—2014）、《再生铜、铝、铅、锌工业污染物排放标准》（GB 31574—2015）。

3. 开展全过程重金属污染整治。生态环境主管部门应当对可能涉及重金属污染的重金属开采、冶炼、制造、运输、废物处理等全过程开展污染整治。具体包括：（1）以重金属采选、冶炼集中区域及耕地重金属污染突出区域为重点，开展污染源排查，切断重金属污染物排放链条。（2）加强涉重金属企业管理，推动相关企业达标排放，依法整治无证经营行为，督促涉重金属开展污染物自行监测，加强重金属废物渣场的规范性治理与无序性排放治理。（3）加强源头装载治理，防治由运输过程的遗撒、碾压导致重金属污染。

本《条例》第五十四条第二款规定了在重金属重点防控区域内的建设项目准入标准。根据原环境保护部制定的《建设项目主要污染物排放总量指标审核及管理暂行办法》，实现防止重点防控区域内由新建、改建、扩建建设项目引发重金属污染物排放量增加的问题，应当严格落实污染物排放总量控制制度与建设项目环境影响评价制度，并将"重点防控区域"范围予以明确。一方面，对于涉重金属的建设项目应当将重金属排放总量指标作为建设项目环境影响评价审批的必要条件，排放重金属的建设项目应当在环境影响评价文件审批前，取得主要污染物排放总量指标。同时，建设项目重金属排放总量指标审核应当与总量减排目标完成情况相挂钩，对于未完成上一年度主要污染物总量减排目标的地区或企业，暂停新增相关污染物排放建设项目的环评审批。另一方面，涉重金属建设项目的环境评价文件应当包含重金属总量控制内容，明确主要生产工艺、生产设施规模、资源能源消耗情况、污染治理设施建设和运行监管要求等，提出总量指标及替代削减方案，列出详细测算依据等，并附项目所在地生态环境主管部门出具的有关总量指标、替代削减方案的初审意见。河北省高度重视重金属污染综合防治，对重金属污染综合防治重点防控区域予以明确，其中确定辛集、无极、安新、徐水4县为国家重点防控区，清苑、蠡县两县为河北省重点防控区，并确定了149家重金属排放重点企业。对于重金属污染物排放量，要求国家重点防控区要削减15%，省级重点防控区削减5%，非重点防控区重金属污染物总量维持2007年水平。

第五十五条 产生固体废物的企业事业单位和其他生产经营者应当防止或者减少固体废物对生态环境的污染，不得擅自倾倒、堆放、丢弃、遗撒固体废物。

邮政、快递企业应当使用环保材料对邮件、快件进行包装，并且不得使用有毒物质作为邮件、快件填充材料。电子商务经营者等邮政、快递协议用户提供的封装用品和胶带应当符合国家规定。鼓励邮政、快递企业采取措施回收邮件、快件包装材料，实现包装材料的减量化利用和再利用。

鼓励、支持科研机构、高等院校和企业研发和推广全生物降解塑料产品，鼓励、引导公民减少一次性不可降解塑料制品使用。

县级以上人民政府应当根据区域卫生规划，合理布局医疗废物集中处置设施，加强医疗废物集中处置设施建设，并保障其正常运行。

【条文主旨】

本条文是关于固体废物污染防治的规定。

【条文释义】

固体废物管理与大气、水、土壤污染防治密切相关，是整体推进生态环境保护工作不可或缺的重要一环。随着我国工业化和城镇化的快速推进，固体废物产生量与日俱增，固体废物管理与污染防治形势更显严峻艰巨。河北省是工业大省，也是产废大省，据统计，河北省 2017 年工业固体废物产生量 3.7 亿吨，危险废物产生量约 190 万吨。[1][2] 本《条例》第五十五条聚焦固体废物污染防治，分别就企业事业单位和其他生产经营者的固体废物污染防治责任、邮政与快递行业固体废物污染防治、鼓励生物降解塑料研发与减少不可降解塑料制品使用、医疗废物集中处置设施能力建设作出规定。

一、企业事业单位和其他生产经营者的固体废物污染防治责任

本《条例》第五十五条第一款明确了固体废物产生环节的企业事业单位和其他生产经营者污染防治责任，并对其处置固体废物的禁止性行为作出规定。目前，我国对于固体污染防治已经形成了一套较为成熟的法律法规体系，对相关主体的固体废物污染防治责任予以明确。需要特别强调的是，2020 年 4 月 29 日，第十三届全国人大常委会第十七次会议通过了新修订的《中华人民共和国固体废物污染环境防治法》，并已于 2020 年 9 月 1 日起正式施行。新修订的固体废物污染环境防治法的一个显著变化是，明确了固体废物污染环境防治坚持减量化、资源化和无害化处理的原则，进一步强化了固体废物产生单位（"产废单位"）的主体责任。强调任何单位和个人都应当采取措施，减少固体废物的产生量，促进固体废物的综合

---

〔1〕《2010—2017 年河北省一般工业固体废物产生量及处理情况统计》，华经情报网：https：//www. huaon. com/story/393858。

〔2〕《2010—2017 年河北省危险废物产生量及处理情况统计》，华经情报网：https：//www. huaon. com/story/394181。

利用，降低固体废物的危害性。循环经济促进法作为固体废物污染防治领域的重要法律，对固体废物的减量化、再利用和资源化给出定义，提出减量化，是指在生产、流通和消费等过程中减少资源消耗和废物产生。再利用，是指将废物直接作为产品或者经修复、翻新、再制造后继续作为产品使用，或者将废物的全部或者部分作为其他产品的部件予以使用。资源化，是指将废物直接作为原料进行利用或者对废物进行再生利用。此外，河北省针对固体废物污染专门制定了《河北省固体废物污染环境防治条例》，其中第三条规定了产品的生产者、销售者、进口者、使用者对其产生的固体废物依法承担污染防治责任，第九条第二款规定了相关主体在涉固体污染各环节应当采取防止固体废物污染环境措施的责任。该条例将各方的主体责任压实，将固体废物处理各环节的主体责任进一步细化，建立了全链条担责机制。

二、邮政与快递行业固体废物污染防治

中国快递业已进入每年 600 亿件时代，包装污染问题也日益凸显，据估算，我国快递业每年消耗的纸类废弃物超过 900 万吨、塑料废弃物约 180 万吨，并呈快速增长趋势，对环境造成的影响不容忽视。近几年，我国加大力度推进快递行业的绿色发展，正在着力构建"政府监管、行业自律、社会参与"三位一体的快递包装合作治理体系。其中，快递行业上下游企业是推动快递包装标准化、减量化和循环化的中坚力量，环保包装材料的推广使用、包装回收体系的建立完善都有赖于企业的积极参与。为明确邮政与快递企业的固体废物污染防治责任，固体废物污染环境防治法第六十八条第四款规定，电子商务、快递等行业应当优先采用可重复使用、易回收利用的包装物，优化物品包装，减少包装物的使用，并积极回收利用包装物。此外，2019 年 1 月，电子商务法实施，从生态安全的角度对快递物流运营者提出了环境保护要求。2019 年 3 月，《快递暂行条例》修订，鼓励经营快递业务的企业和寄件人使用可降解、可重复利用的环保包装材料，鼓励经营快递业务的企业采取措施回收快件包装材料，实现包装材料的减量化利用和再利用。2020 年 2 月，《邮政业寄递安全监督管理办法》施行，要求邮政、快递企业及相关用户应当防止邮件、快件过度包装，减

少包装废弃物。并采取措施回收邮件、快件包装材料，实现包装材料的减量化利用和再利用。由上文可知，本《条例》第五十五条第二款重点围绕推动邮政与快递行业固体废物的绿色化、减量化与可循环展开，并分别对推动邮政与快递行业固体废物污染防治提出不同程度的要求，具体包括：

1. 实现绿色化。应当积极贯彻《邮件快件绿色包装规范》《关于加强快递绿色包装标准化工作的指导意见》等绿色包装法规标准政策，以加速快递包装新材料、新技术、新产品相关成果转化为标准，不断完善覆盖设计、材料、生产、使用、评价、回收利用、处置等全生命周期的快递绿色包装标准体系，推动企业建立实施绿色采购制度，督促寄递企业采购使用符合国家标准、行业标准及国家有关规定的包装产品。

2. 实现减量化。根据《河北省 2020 年邮政行业生态环境保护工作实施方案》，应当不断提高 45 毫米以下"瘦身胶带"封装比例，降低电商快件二次包装率，提升循环中转袋使用率，提升全行业按照规范封装操作的比例、符合标准的包装材料应用比例，提升电子运单使用率与免胶带纸箱应用比率，实现电子运单使用基本全覆盖。

3. 实现可循环。《邮件快件绿色包装规范》提出，应当鼓励寄递企业使用可循环包装，建设使用循环包装信息系统和回收设施设备，积极探索完善运行模式，提升循环使用效率。在寄递企业之间、寄递企业与第三方机构等按照共建共享、互利共赢的原则建立可循环包装共享平台，健全共享机制，逐步扩大可循环包装应用范围。同时，积极回收包装物。鼓励寄递企业在营业场所、分拨中心配备符合规定的包装回收容器，建立相应的工作机制和业务流程，推进包装物回收再利用。

三、鼓励生物降解塑料研发与减少不可降解塑料制品使用

本《条例》第五十五条第三款是国家对减少一次性不可降解塑料制品使用、推动全生物降解塑料产品研发和推广的鼓励性条款。

2020 年 2 月，海南省制定了我国第一部针对禁止一次性不可降解塑料制品的地方性法规《海南经济特区禁止一次性不可降解塑料制品规定》，其中对"一次性不可降解塑料袋、塑料餐具等塑料制品"的范围作出界定，具体包括：（1）含有非生物降解高分子材料的一次性袋类，包括购物

袋、日用塑料袋、纸塑复合袋等商品包装袋和用于盛装垃圾的塑料袋；（2）含有非生物降解高分子材料的一次性餐饮具类，包括盒（含盖）、碗（含盖）、碟、盘、饮料杯（含盖）等；（3）省人民政府根据实际确定的其他需要禁止的一次性不可降解塑料制品。从 2007 年国务院办公厅印发《关于限制生产销售使用塑料购物袋的通知》（暨"限塑令"）伊始，我国便正式向"白色污染"宣战，严格限制塑料购物袋的生产、销售、使用等相关活动。目前，我国已经有多部法律法规针对不可降解塑料制品污染防治作出规定，其中，环境保护法第三十六条第一款提出，引导社会使用利于保护环境的产品和再生产品，可被视为环境基本法对于减少不可降解塑料制品使用的规定。固体废物污染环境防治法第六十九条提出，禁止、限制生产、销售和使用不可降解塑料袋等一次性塑料制品，积极推广应用可循环、易回收、可降解的替代产品。循环经济促进法第二十八条规定了限制一次性消费品在我国的生产和销售，并对其制定限制性的税收和出口等措施。此外，2020 年以来，为进一步推动塑料污染治理工作，国家发展改革委员会等部门先后印发《关于进一步加强塑料污染治理的意见》《关于扎实推进塑料污染治理工作的通知》，为实现有序禁止、限制部分塑料制品的生产、销售和使用，积极推广替代产品，规范塑料废弃物回收利用，建立健全塑料制品生产、流通、使用、回收处置等环节的管理制度，建立健全塑料制品长效管理机制提供了有力指引。

在进一步加强塑料污染治理的国家意志与时代背景下，河北省明确了实现塑料污染治理的时间表与路线图。2020 年 7 月，河北省发展和改革委员会、生态环境厅联合印发《关于进一步加强塑料污染治理的实施方案》（以下简称《实施方案》），提出到 2020 年底，石家庄、承德、秦皇岛、雄安新区、张家口市崇礼区等城市建成区和重点领域禁止、限制部分塑料制品的生产、销售和使用。到 2022 年底，禁限区域扩大至各市（含定州、辛集市，下同）城市建成区，一次性塑料制品消费量明显减少，替代产品有效推广，资源化能源化利用比例显著提高。到 2025 年，全省塑料制品生产、流通、消费、回收处置等环节管理制度基本建立，一次性塑料制品消费量进一步减少，塑料垃圾基本实现零填埋，替代产品开发应用水平进一步提升，塑料污染得到有效控制。从塑料污染治理的手段上，《实施方案》

规定了禁止生产和销售的塑料制品、禁止和限制使用的塑料制品、推广应用替代产品、培育优化新业态新模式、加快培育替代产业、加强塑料废弃物回收和清运、推进资源化能源化利用、开展塑料垃圾清理专项行动等。

　　针对塑料污染治理，一方面应当减少一次性不可降解塑料制品使用；另一方面也要积极研发和推广全生物降解塑料产品。基于此，循环经济促进法提出多项激励措施支持循环经济的科技研究开发、循环经济技术和产品的示范与推广、重大循环经济项目的实施、发展循环经济的信息服务等。包括：增加财政资金支持与税收优惠鼓励、提供配套金融服务与信贷支持、增强价格导向指引、实施政府采购支持、给予表彰和奖励。同时，根据《关于进一步加强塑料污染治理的实施方案》，河北省也为支持全生物降解塑料产品的研发与推广制定了综合性支持政策，包括：加大对绿色包装研发生产等重大项目资金支持；支持可降解塑料产品生产企业享受税收优惠政策；落实好固体废物综合利用企业环保税免征政策；加大对符合标准的绿色产品的政府采购力度；将符合生态环境监管正面清单要求的相关领域龙头企业纳入正面清单，实施差异化管控；支持智能回收和专业化回收设施的投放；全省公共机构带头停止使用不可降解一次性塑料制品。

四、提升医疗废物集中处置设施能力建设

　　根据国务院制定的《医疗废物管理条例》，"医疗废物"，是指医疗卫生机构在医疗、预防、保健以及其他相关活动中产生的具有直接或者间接感染性、毒性以及其他危害性的废物。由于医疗废物中可能含有大量病原微生物和有害化学物质，甚至会有放射性和损伤性物质，使得医疗废物成为导致疾病传播或相关公共卫生问题的重要危险性因素。因此，对于医疗废物，我国采取集中处置的方式处置。《医疗废物管理条例》针对医疗废物集中处置单位以及医疗废物集中处置设施等作出明确规定。其中，医疗废物集中处置单位的设置应当满足以下条件：（1）具有符合环境保护和卫生要求的医疗废物贮存、处置设施或者设备；（2）具有经过培训的技术人员以及相应的技术工人；（3）具有负责医疗废物处置效果检测、评价工作的机构和人员；（4）具有保证医疗废物安全处置的规章制度。针对医疗废物集中处置设施，该条例提出各地区应当利用和改造现有固体废物处置设

施和其他设施，对医疗废物集中处置，并达到基本的环境保护和卫生要求。医疗废物集中处置单位应当按照环境保护行政主管部门和卫生行政主管部门的规定，定期对医疗废物处置设施的环境污染防治和卫生学效果进行检测、评价，相关结果应当报有关部门备案审查。此外，该条例还明确了各级城市建立医疗废物集中处置设施的时间表。

2020 年新冠肺炎疫情的发生，暴露了我国医疗废物处置方面仍然存在着短板弱项。而 2020 年新修订的固体废物污染环境防治法针对疫情过程中产生的涉疫医疗物质处置问题，要求切实加强医疗废物特别是应对重大传染病疫情过程中医疗废物的管理，并增加了以下几个方面规定。

1. 明确医疗废物按照国家危险废物名录管理，要求县级以上地方人民政府应当加强医疗废物集中处置能力建设。

2. 明确县级以上人民政府卫生健康、生态环境等主管部门应当在各自职责范围内加强对医疗废物收集、贮存、运输、处置的监督管理，防止危害公众健康、污染环境。

3. 医疗卫生机构应当依法分类收集本单位产生的医疗废物，交由医疗废物集中处置单位处置。医疗废物集中处置单位应当及时收集、运输和处置医疗废物。医疗卫生机构和医疗废物集中处置单位应当采取有效措施，防止医疗废物流失、泄漏、渗漏、扩散。

4. 重大传染病疫情等突发事件发生时，县级以上人民政府应当统筹协调医疗废物等危险废物收集、贮存、运输、处置等工作，保障所需的车辆、场地、处置设施和防护物资。

5. 各级人民政府按照事权划分的原则安排必要的资金用于重大传染病疫情等突发事件产生的医疗废物等危险废物应急处置。

此外，针对疫情期间暴露的医疗废物处置相关问题，国家发展改革委员会、国家卫生健康委员会、生态环境部联合印发《医疗废物集中处置设施能力建设实施方案》（以下简称《实施方案》），就加快优化设施布局、积极推进备用能力建设、大力推进现有设施扩能提质、加快补齐设施缺口以及健全收集转运处置体系等工作作出具体安排。

河北省高度重视医疗废物集中处置问题，《实施方案》出台后，河北省积极响应落实，建立医疗废物集中处置多部门工作协调机制，指导企业办理项目规划选址、建设用地、环境影响评价批复等相关手续，协调解决项目建设中存在的困难和问题，推动项目尽快落地实施并建成投产。并要求各市尽快摸清医疗废物收集处置设施底数，合理布局医疗废物集中处置设施，积极推进现有医疗废物集中处置设施扩能提质、各市医疗废物集中处置设施应急备用能力建设、收转运体系建设等项目，努力做到处理设施和收转运体系全覆盖。抓紧组织谋划医疗废物处置设施建设项目。严格审核拟支持项目，做好规划选址，避免"邻避"效应。除省级层面外，沧州市为完善医疗废物分类收集处置体系建设，制订《沧州市医疗废物分类收集处置实施方案（2020—2022 年)》，分别就医疗废物收集转运体系与医疗废物收集转运体系建设作出规定，提出到 2020 年底，基层医疗卫生机构医疗废物收集暂存体系将基本建成，全市医疗废物集中收集率、处置率均达到 100%。

第五十六条　县级以上人民政府应当采取符合本地实际的分类方式，加强对生活垃圾的科学管理，引导全民参与，建立健全生活垃圾分类工作协调机制，加强生活垃圾分类管理能力建设。加快建立生活垃圾分类投放、分类收集、分类运输、分类处理的垃圾处理系统，通过回收利用、焚烧发电、生物处理等方式，提高生活垃圾的资源化利用率和无害化处理率。

县级以上人民政府及其有关部门应当建立建筑垃圾全过程管理制度，规范建筑垃圾产生、收集、贮存、运输、利用、处置行为，推进综合利用，加强建筑垃圾处置设施、场所建设，保障处置安全，防止污染环境。按照国家和本省规定，实施建筑垃圾资源化利用产品的强制使用制度，明确产品使用的范围、比例和质量等要求。

建设单位和施工单位应当采取措施，减少施工现场建筑垃圾的产生，并对建筑垃圾实施分类管理。

【条文主旨】

本条文是关于垃圾污染防治的规定。

【条文释义】

根据垃圾的来源不同，垃圾污染可以分为生活垃圾与建筑垃圾、城市垃圾与农村垃圾、工业垃圾与农业垃圾等。本《条例》第五十六条聚焦生活垃圾与建筑垃圾的污染防治，分别就生活垃圾的分类管理与资源化、无害化和建筑垃圾管理"两制度一体系"作出规定。

一、建立生活垃圾分类管理制度与资源化、无害化机制

生活垃圾分类，是指按照生活垃圾的不同性质将生活垃圾分类，并选择适宜而有针对性的方法对各类生活垃圾进行处理、处置或回收利用，以实现较好的综合效益。进行生活垃圾分类能够减少垃圾处置量、便于回收利用垃圾中的有用物质以及最大限度减少由垃圾引发的环境污染。目前，我国已经有多部立法就生活垃圾分类管理作出规定。其中，固体废物污染环境防治法提出，国家推行生活垃圾分类制度，针对生活垃圾分类管理明确了相关主体责任，包括生活垃圾分类的学校普及与教育义务以及政府及有关部门的生活垃圾分类管理职责、生活垃圾分类宣传职责、生活垃圾分类指导目录制定职责、生活垃圾分类示范带头职责、制定生活垃圾处理收费标准。循环经济促进法则从促进生活垃圾的资源化利用方面，提出县级以上人民政府应当统筹规划建设城乡生活垃圾分类收集和资源化利用设施，建立和完善分类收集和资源化利用体系，提高生活垃圾资源化率。此外，上海市、河北省、深圳市等地已经就生活垃圾分类管理制定了专门立法。

生活垃圾污染防治，前提在分类，抓手在管理，重点在资源化、无害化处理。因此，开展生活垃圾治理应当首先根据地方治理实践需要进行科学分类。根据《河北省城乡生活垃圾分类管理条例》，河北省将生活垃圾按照下列标准分为以下四类。

1. 可回收物，是指适宜回收、可循环利用的生活废弃物。

2. 有害垃圾，是指对人体健康或者自然环境造成直接或者潜在危害的生活废弃物。

3. 厨余垃圾，是指易腐的、含有机质的生活废弃物，包括居民家庭日

常生活中产生的家庭厨余垃圾；机关、企业事业等单位集体食堂和从事餐饮经营活动的企业在食品加工、饮食服务、单位供餐等活动中产生的餐厨垃圾；农贸市场、农产品批发市场等产生的其他厨余垃圾等。

4. 其他垃圾，是指除可回收物、有害垃圾、厨余垃圾以外的其他生活废弃物。

在明确基于本地实际开展生活垃圾分类的基础上，本《条例》第五十六条第一款对生活垃圾分类管理的规定包括以下方面。

1. 加强对生活垃圾的科学管理，坚持政府推动、全民参与、城乡统筹、因地制宜、简便易行的原则。

2. 引导公民参与生活垃圾分类管理，履行生活垃圾源头减量和分类投放义务，承担生活垃圾产生者责任。

3. 建立健全生活垃圾分类工作协调机制，加强和统筹生活垃圾分类管理能力建设。

加强生活垃圾污染防治的重点在于实现对生活垃圾的资源化、无害化处理，其中包括开展对生活垃圾的分类投放、收集、运输、处理以及资源化、无害化利用两个方面。根据《河北省城乡生活垃圾分类管理条例》的规定，在开展垃圾收集过程中，应当对厨余垃圾实行定时收集、运输，对其他垃圾根据实际需求实行定期收集、运输，对可回收物、有害垃圾实行定期或者预约收集、运输。对于分类后的各种垃圾，可回收物采用资源化回收、利用方式进行处理；从生活垃圾中分类并集中收集的有害垃圾按照危险废物有关规定进行无害化处理；厨余垃圾采用生化处理、焚烧等方式进行资源化利用或者无害化处理；其他垃圾采用焚烧、卫生填埋等方式进行无害化处理。

二、建立建筑垃圾管理的"两制度一体系"

建筑垃圾，是指建设、施工单位或个人对各类建筑物、构筑物、管网等进行建设、铺设或拆除、修缮过程中所产生的渣土、弃土、弃料、淤泥及其他废弃物。[1] 我国建筑垃圾存在存量大、增长快、资源化利用效率低

---

〔1〕《部门解读：郑州市城市垃圾污水处理工作方案的通知》，中国水网，http：//www.h2o‐china.com/news/view？id＝270633，最后访问时间：2020年9月17日。

等特点，根据《建筑垃圾处理行业 2018 年度发展报告》，从存量来看，全国过去 50 年间至少生产了 300 亿立方米的黏土砖，在未来 50 年大都会转化成建筑垃圾；全国现有 500 亿平方米建筑，未来 100 年内也将大都转化为建筑垃圾。但在建筑垃圾大量产生的同时，我国建筑废弃物资源化率却不足 5% [1] 针对我国目前存在的建筑垃圾污染问题，固体废物污染环境防治法对县级以上地方人民政府及主管部门的建筑垃圾管理从法律上提出了建立建筑垃圾分类、利用和管理的"两制度一体系"新要求。其中，"两制度一体系"分别包括：建筑垃圾分类管理制度、建筑垃圾全过程管理制度、建筑垃圾回收利用体系。建筑垃圾管理的"两制度一体系"将政府作为环保责任的第一主体，政府将会依法强制推动建筑垃圾的分类管理、回收利用和全过程管理。

1. 建立建筑垃圾分类管理制度。实现施工现场建筑垃圾分类管控和再利用，是推动建筑垃圾减量化技术和管理创新，推行精细化设计和施工的重要前提。固体废物污染环境防治法第六十条明确提出，县级以上地方人民政府应当加强建筑垃圾污染环境的防治，建立建筑垃圾分类处理制度。实现建筑垃圾分类管理，施工单位应当建立建筑垃圾分类收集与存放管理制度，实行分类收集、分类存放、分类处置。鼓励以末端处置为导向对建筑垃圾进行细化分类。严禁将危险废物和生活垃圾混入建筑垃圾。近年来，河北省不断严格建筑垃圾分类管理，根据建筑垃圾的属性与可资源化程度而对其细化分类。根据河北省住房和城乡建设厅、发展与改革委员会等 5 部门联合印发的《关于加强建筑垃圾管理和资源化利用工作的指导意见》，提出建筑垃圾将按工程渣土、混凝土、砌块砖瓦、路面沥青、轻物质料（木料、塑料、布料等）、金属材料等进行划分，实行分类存放、运输、消纳和利用。

2. 建立建筑垃圾回收利用制度。固体废物污染环境防治法第六十一条规定，国家鼓励采用先进技术、工艺、设备和管理措施，推进建筑垃圾源头减量，建立建筑垃圾回收利用体系。河北省在推动城市化建设的过程中，对于建筑垃圾的处置始终坚持减量化、无害化、资源化和谁产生谁付

---

[1] 《建筑垃圾资源化率不足 5% 有望形成万亿元产业》，第一财经网，https://www.yicai.com/news/100113675.html，最后访问时间：2020 年 9 月 17 日。

费的原则。根据河北省住房和城乡建设厅等 5 部门联合印发的《关于加强建筑垃圾管理和资源化利用工作的指导意见》（以下简称《指导意见》），提出河北省在 2020 年实现全省城市建筑垃圾资源化率达到 20% 以上，到 2025 年达到 25% 以上。对于具体实施路线，《指导意见》提出应当加强消纳管理，强化规划引导，合理布局建筑垃圾转运调配、消纳处置和资源化利用设施。加快设施建设，形成与城市发展需求相匹配的建筑垃圾处理体系。在有条件的地区，推进资源化利用，提高建筑垃圾资源化再生产品质量。积极推行建筑垃圾收集运输和处置市场化运作模式，从事建筑垃圾资源化利用活动的单位或者个人，按规定享受国家、省规定的有关资源综合利用、再生资源增值税等财税、用电优惠等政策。此外，本《条例》第五十六条第二款还就建筑垃圾资源化产品强制使用制度作出规定。目前，上海市、海口市等地方分别就强制使用建筑物资源化产品作出规定，其中，《上海市建筑废弃混凝土回收利用管理办法》明确提出，上海市 C25 及以下强度等级混凝土生产企业应当按照相关标准要求，在确保质量基础上合理使用再生骨料，再生骨料对同类材料的取代率不得低于 15%。河北省虽然并未就建筑物资源化产品利用提出强制性要求，但是根据《指导意见》，提出了制定建筑垃圾再生产品推广应用政策，例如，（1）在政府投资的市政基础设施、海绵城市建设、房屋建筑中，优先使用符合质量标准或取得绿色建材标识的再生产品。（2）将符合节能减排、安全便利和可循环要求的再生产品，纳入推广、限制和禁止使用建设工程材料设备产品目录，予以重点推广。

3. 建立建筑垃圾全过程管理制度。建筑垃圾管理是一项系统性工程，涉及生产、运输、处理、再利用等各个方面。固体废物污染环境防治法第六十二条明确提出，建立包括建筑垃圾产生、收集、贮存、运输、利用、处置等行为在内的全过程管理制度。同时，《关于加强建筑垃圾管理和资源化利用工作的指导意见》要求河北省不断规范建筑垃圾处置全过程监管机制，并对建筑垃圾产生、收集、贮存、运输、利用、处置行为予以细化规定，具体包括以下方面。

（1）推进源头减量化。在保证使用功能的前提下，尽可能延长建筑使用寿命。政府投资或者以政府投资为主的建筑物，未达到设计使用年限的，不得拆除。因公共利益需要，必须提前拆除的，应当向社会公示征求意见。切实加强历史文化街区和历史建筑保护。推广绿色建筑、装配式建筑以及商品房全装修等建设方式。

（2）实行分类管理。进一步完善建筑垃圾分类管理办法，按工程渣土、混凝土、砌块砖瓦等对建筑垃圾进行划分，实行分类存放、运输、消纳和利用。禁止将生活垃圾、工业垃圾等混入建筑垃圾，对含有危险废物纳入环境监管的建筑垃圾，按照环境保护相关规定予以处理。

（3）规范施工管理。在施工组织方案中，要制定现场建筑垃圾定点存放、分类管理、环境保护、清理运输等专项措施。城市市容环卫部门应当协调物业服务企业或街道办事处，加强装饰装修垃圾分类定点存放、统一清运等管理。

（4）严格运输管理。对车辆统一编号、统一标识、统一密闭改装、统一安装卫星定位装置，实现建筑垃圾无尘化运输和全程动态监管。

（5）加强资源利用。不断完善建筑垃圾资源化利用标准规范。重点开展垃圾分选工艺技术、再生骨料强化技术、再生建材生产技术等研发应用。鼓励各地因地制宜充分利用建筑垃圾，并加大再生产品推广，在政府投资的市政基础设施、海绵城市建设、房屋建筑中，优先使用符合质量标准或取得绿色建材标识的再生产品。

第五十七条 排放环境噪声的企业事业单位和其他生产经营者应当采取有效措施，使其排放的环境噪声符合国家和本省规定的排放标准。

在城市市区噪声敏感建筑物集中区域内，禁止夜间进行产生环境噪声污染的建筑施工作业，但抢修、抢险作业和因生产工艺上要求或者特殊需要必须连续作业的除外。因特殊需要必须连续作业的，应当有县级以上人民政府或者其有关主管部门的证明，并提前二日公告附近居民。

在高考、中考等特殊时期，各级人民政府应当采取措施，制止产生噪声污染的活动。

【条文主旨】

本条文是关于环境噪声污染防治的规定。

【条文释义】

根据环境噪声污染防治法的规定，环境噪声，是指工业生产、建筑施工、交通运输和社会生活中所产生的干扰周围生活环境的声音；环境噪声污染，是指所产生的环境噪声超过国家规定的环境噪声排放标准，并干扰他人正常生活、工作和学习的现象。城市中人口分布集中，人类生产生活活动强度高，噪声的影响较乡村地区更加严重，对人的身体健康和正常工作生活造成不良影响。随着城市的扩张，社会经济水平的提高，城市噪声污染的不良影响也愈发突出。因此，本《条例》第五十七条体现了对城市造成噪声污染防治的重视，明确了企业事业单位及其他生产经营者的噪声排放责任及要求。

一、环境噪声排放标准

本《条例》第五十七条第一款强调环境噪声污染防治应当符合国家及本省的环境噪声排放标准。从国家层面而言，环境噪声污染防治法第二十三条、第二十八条分别强调城市范围内的工业噪声与建筑施工噪声应当符合国家规定的工业企业厂界环境噪声排放标准以及建筑施工场界环境噪声排放标准。目前，我国已经针对噪声污染防治制定了一系列环境噪声标准。例如，《声环境质量标准》（GB 3096—2008）、《社会生活环境噪声排放标准》（GB 22337—2008）、《工业企业厂界环境噪声排放标准》（GB 12348—2008）、《建筑施工厂界环境噪声排放标准》（GB 12523—2011）等。目前，河北省针对噪声污染并未进行专门立法，但在原《条例》以及本《条例》中均对环境噪声污染防治专门作出规定。此外，秦皇岛市于 2017 年 5 月制定《秦皇岛市环境噪声污染防治条例》，成为河北省针对环境噪声污染防治制定的首部地方性法规。该条例将环境噪声污染分为工业噪声污染、建筑施工噪声污染、交通运输噪声污染、社会生活噪声污染，并分别提出了对于各种噪声污染的具体防治措施、相关主体的监督管理职责以及法律责任。邯郸市、石家庄市针对环境噪声污染防治也分别制定了政府规章，为今后河北省开展环境噪声污染防治立法提供了有益借鉴。

二、建筑施工作为环境噪声污染防治

本《条例》第五十七条第二款明确了企业事业单位及生产经营者防治噪声污染的责任。即在符合国家及河北相关噪声排放标准的前提下，城市市区噪声敏感建筑物集中区域内，禁止夜间进行产生环境噪声污染的建筑施工作业。这里需要强调两点，从噪声排放的地点看，本条第二款规定为城市市区中对噪声敏感的集中区域；从噪声的排放时间上看，本条第二款规定为夜间。对于"城市市区内噪声敏感区域"以及"夜间"，上位法作出了明确规定。根据环境噪声污染防治法第六十三条规定，"噪声敏感建筑物"是指医院、学校、机关、科研单位、住宅等需要保持安静的建筑物。"噪声敏感建筑物集中区域"是指医疗区、文教科研区和以机关或者居民住宅为主的区域；"夜间"是指晚二十二点至次日晨六点的期间。另外，本条第二款并未机械地禁止夜间建筑施工作业，规定了除外事由，即抢修、抢险作业和因生产工艺上要求或者特殊需要必须连续作业的除外。在此包含了四种情形：（1）抢修；（2）抢险作业；（3）生产工艺要求；（4）特殊需要。因特殊需要必须连续作业的，应当有县级以上人民政府或者其有关主管部门的证明，并提前2日公告附近居民，但究竟何种情形为特殊需要，需要相关部门灵活把握。具体而言，依据同类解释的原则，理应具有同抢修、抢险作业、生产工艺要求同种性质及程度的情形，以防止解释的扩张。

三、特殊时期的环境噪声污染防治

本《条例》第五十七条第三款规定重点包括两个方面的内容，一是在高考、中考等特殊时期应当制止产生噪声污染的活动。二是各级人民政府应当在特殊时期采取措施制止产生噪声污染的活动。为确保考生有安静的考试环境，各地在重要考试期间通过部门联动的方式开展了"绿色护考"行动，加强对学校、考场周围等噪声敏感区的巡查密度，严格控制建筑施工等噪声污染源作业时间，及时查处和制止噪声敏感区附近噪声污染源。目前，从国家以及河北省层面并未就高考、中考等特殊时期应当采取的制止产生噪声污染措施作出明确规定，但是根据《秦皇岛市人民政府关于加强中高考期间环境噪声管理的通告》可以看出：中考、高考休息时间，禁止任何建设工程作业（抢修抢险作业除外）；禁止在已竣工交付使用的住宅楼内进行产生噪声的装修作业。在中考、高考期间，考点周围500米范围内，禁止建筑工程作业和室内装修等所有产生噪声污染，影响考试的行为；禁止各类文化娱乐、餐饮等公共服务场所边界噪声超过国家规定的环境噪声排放标准；禁止单位和个人在商业经营活动中，使用高音广播喇叭或者采用其他发出高噪声的方法招揽顾客；严格控制在公共场所组织娱乐和集会等产生环境噪声污染的活动；所有机动车辆必须遵守城区禁鸣喇叭的规定。

第五章 信息公开和公众参与

【本章导读】

本章共由五个法律条文组成，分别对依法享有获取环境信息、参与和监督生态环境保护的权利、生态环境信息公开制度、排污单位信息公开义务、举报奖励制度、基层群众性自治组织、社会组织、生态环境保护志愿者参与以及生态环境损害赔偿诉讼制度等进行规定。本章以专章的形式对信息公开和公众参与制度进行规定，彰显了河北省对于这两项制度的重视程度。

> **第五十八条** 公民、法人和其他组织依法享有获取环境信息、参与和监督生态环境保护的权利。
>
> 各级人民政府生态环境主管部门和其他负有生态环境保护监督管理职责的部门，应当依法公开环境信息，完善公众参与程序和公众监督制度，向社会公布生态环境保护举报电话等监督方式，为公民、法人和其他组织参与和监督生态环境保护提供便利。

【条文主旨】

本条文是关于环境信息公开和公众参与的规定。

【条文释义】

随着公民权利意识的觉醒和生态保护的发展，公众参与生态环境保护工作的积极性日益增长，公民的生态环境保护权利也更加受到重视。2014年环境保护法修订时，首次以法律形式确定公民获取环境信息、参与环境保护和监督环境保护的权利。本条再次重申公民、法人和其他组织依法享有各项生态环境保护权利，并重点规定权利保障和实现机制。

　　一、公民、法人和其他组织依法享有获取环境信息、参与和监督生态环境保护的权利

　　保护公民的环境知情权、参与权和监督权是各国生态环境保护的共同经验总结。1992 年，联合国环境与发展大会通过的《里约环境与发展宣言》第十条明确规定："环保问题必须由有关心的民众针对各种城市问题积极参与，才能有效解决。国内部分，国民在有害物质、地区环保活动讯息以及公共机关所持有的环境相关讯息方面，都必须能充分取得，并且参与各种决定过程。各国也必须广泛交换相关情报，启发国民，奖励、促进其参与。政府更应协助民众建立寻求赔偿与救济等的完善行政手续，提供民众参与环保维护健康的有效管道。"[1]

　　（一）依法享有获取环境信息的权利

　　知情权是公民的一项基本权利，也是公民行使参与权和监督权的前提和基础。公民、法人和其他组织依法获取环境信息是保证公民有关环境信息知情权的需要。近些年，伴随着我国经济的快速发展和改革开放事业的不断推进，公民参与政治生活的积极性更高。面对严峻的环境污染问题，公众对环境保护工作的期望值、关注度日益提高。建立完善的环境信息公开制度，畅通政府与公民的沟通渠道，对于提高生态环境主管部门行政行为的透明度和办事效率，推动促进环保事业发展具有重要意义。

　　（二）依法享有参与和监督生态环境保护的权利

　　实践中，一些行政机关在工作中依然存在政策措施落实不到位、不作为、乱作为等情形，严重影响和制约生态环境保护工作顺利进行。公民、法人和其他组织依法参与和监督生态环境，将政府有关环境决策置于公众监督之下，能够提升公众对政府决策的认可度和满意度，从而有效预防和化解环境群体性事件，维护社会稳定，促进生态文明建设。具体而言，公众可以对环境决策、行政许可以及环境执法等表达意见和建议，对生态环境违法行为和生态环境保护工作中不依法履行职责的行为进行举报，寻求行政或者司法救济或者提起环境公益诉讼[2]。

---

〔1〕　吕忠梅：《中华人民共和国环境保护法释义》，中国计划出版社 2014 年版，第 173 页。
〔2〕　《河北省环境保护公众参与条例》第五条。

二、政府部门有关信息公开和公众参与的职责

（一）依法公开环境信息

环境信息公开不仅是公民知情权和监督权的重要保障，也是建设法治政府的重要推动力和保护生态环境的必然要求。各级人民政府生态环境主管部门和其他负有生态环境保护监督管理职责的部门，应当依法公开环境信息。

根据《中华人民共和国政府信息公开条例》的规定，公民可以通过政府主动公开和申请人依申请公开两种途径获取环境信息。（1）主动公开。各级人民政府生态环境主管部门和其他负有生态环境保护监督管理职责的部门应当依照国家和本省有关规定依法编制、公布环境信息公开指南和环境信息公开目录，并及时更新。环境信息公开指南中应当包括信息的分类、编排体系、获取方式、环境信息公开工作机构的名称、办公地址、办公时间、联系电话、传真号码、电子邮箱等内容，以便公众检索相关信息。（2）依申请公开。公众可以采取信函、传真和电子邮件等书面形式，向各级人民政府生态环境主管部门和其他负有生态环境保护监督管理职责的部门申请提供政府环境信息。政府应当不断加大环境信息公开的力度，针对实践中存在信息公开不及时、内容不完整、格式不规范的问题采取有效措施，进一步推进环境信息公开工作。

（二）完善公众参与程序

完善的公众参与程序能够促进公众依法有序参与，确保公众参与实效。依据《河北省环境保护公众参与条例》的有关规定，生态环境保护公众参与的程序包括如下。

1. 征求公众意见

制定环境保护地方性法规、规章、政策、规划、标准或者可能对环境造成影响的开发利用规划及经济、技术政策，起草机关及审查机关应当采取公众评议、召开专家论证会、公众代表座谈会、听证会等方式充分征求公众意见。征求公众意见的时间不得少于 15 个工作日。公众也可以采取信函、传真、电话、电子邮件和网站留言等方式提出意见和建议。

2. 听证会

有下列情形之一的，国家机关应当组织召开听证会听取公众意见：法律、法规、规章有关环境影响规定应当听证的；拟制定可能导致重大环境影响的政策或者规划的；拟对具有重大环境影响的建设项目进行立项的；建设项目涉及重大环境影响，应当进行听证的；对国家机关拟作出有关环境影响的决定有较大争议的；国家机关认为有关环境影响应当召开听证会的其他情形。

3. 公众意见的效力

征求有关环境影响公众意见的国家机关在决策过程中应当充分考虑公众意见，并将其作为修改和完善决策的重要参考。对于未采纳的相对集中的意见和建议，可以通过官方网站说明不予采纳的理由。

4. 公众建议

公众可以依法向当地人民政府及其有关部门提出保护和改善环境的建议。接到公众提出的保护和改善环境的建议后，当地人民政府及其有关部门应当认真研究，并自接到建议之日起 30 个工作日内，向公众反馈采纳或者不予采纳的意见。不予采纳的，应当说明理由。

三、为公众参与、监督生态环境保护提供便利

公众参与途径是否畅通是决定公众参与能否取得实效的前提。本条第二款规定，各级人民政府生态环境主管部门和其他负有生态环境保护监督管理职责的部门应向社会公布生态环境保护举报电话等监督方式，为公民、法人和其他组织参与和监督生态环境保护提供便利。

各级人民政府生态环境主管部门和其他负有生态环境保护监督管理职责的部门应当向社会公布举报受理办法、投诉电话、处理情况及反馈信息，并确定机构或者人员受理举报的事项。对举报的事项，受理举报的有关部门应当登记，并按下列规定处理，法律、行政法规另有规定的，从其规定：（1）对属于本部门职责范围内的举报事项，予以受理，依法调查处理，并在规定期限内将处理结果以书面形式告知举报人；（2）对不属于本部门职责范围内的举报事项，应当及时告知举报人依法向有关部门举报；（3）举报的事项应当通过行政复议和诉讼等途径解决的，应当及时告知举

报人依法向行政复议机关或者人民法院提起行政复议或者诉讼。公众对破坏生态、污染环境的单位和个人举报情况属实的，各级人民政府生态环境主管部门和其他负有生态环境保护监督管理职责的部门，应当对举报人予以奖励。受理举报的部门对举报人的姓名、工作单位、家庭住址等有关情况及举报的内容应当严格保密。任何单位和个人不得以任何借口和手段打击报复举报人及其亲属[1]。

第五十九条　省人民政府生态环境主管部门应当定期发布生态环境状况公报。

生态环境主管部门和其他负有生态环境保护监督管理职责的部门应当建立健全生态环境信息公开制度，通过政府网站、政务新媒体、公报、新闻发布会以及报刊、广播、电视等方式依法公开生态环境质量、生态环境监测、突发环境事件以及行政许可、行政处罚等信息。

【条文主旨】

本条文是关于生态环境信息公开的规定。

【条文释义】

生态环境信息公开是提高生态环境保护工作的透明度，切实保障公民的环境知情权、参与权和监督权的重要途径。本条规定了生态环境状况公报和生态环境信息公开两种制度。

一、生态环境状况公报

生态环境状况公报是政府进行生态环境信息公开的重要方式和途径。本条第一款规定，省人民政府生态环境主管部门应当定期发布生态环境状况公报。该规定与上位法环境保护法第五十四条有关规定相同。定期发布生态环境状况公报是省生态环境厅的一项法定职责。省生态环境厅通过发布公报的方式，主动公开本行政区域内环境信息等有关情况，便于保障公

---

[1]　《河北省环境保护公众参与条例》。

民的知情权，有助于公众了解本行政区域的环境质量现状及治理成效，有助于公民针对环境状况及早采取防范性措施，使公众免受已经或将要发生的环境污染事故的侵害，同时也有利于对生态环境主管部门和其他负有生态环境保护监督管理职责的部门进行监督[1]。

河北省高度重视生态环境质量状况公报工作。河北省生态环境质量状况公报指出，2019 年，河北省 PM2.5 平均浓度为 50.2 微克/立方米，比 2018 年下降 5.8%，提前实现《蓝天保卫战三年行动方案》和"十三五"规划确定的 2020 年目标（55 微克/立方米），空气质量为 6 年来最好。河北省空气质量总体改善。2019 年全省设区市平均优良天数为 226 天，同比增加 18 天，达标天数比例为 61.9%，优于省考核目标 1.9 个百分点。全省 11 个设区市中，承德、张家口两个设区市的优良天数均为 308 天，其余各设区市全年优良天数在 165—274 天。5—9 月连续 5 个月 PM2.5 平均浓度达到国家空气质量二级标准（35 微克/立方米），为有监测记录以来历史最好水平；秋冬季（10 月 1 日至 12 月 31 日）PM2.5 平均浓度 55 微克/立方米，同比下降 16.7%。2019 年，全省主要污染物 PM2.5、二氧化硫平均浓度同比均明显下降，其中 PM2.5 平均浓度为 50.2 微克/立方米，同比下降 5.8%；二氧化硫平均浓度为 15 微克/立方米，同比下降 21.1%，全省主要污染物 PM2.5、二氧化硫、氮氧化物总体空间分布呈现南高北低特征[2]。

二、生态环境信息公开

生态环境信息指行政机关在履行生态环境保护行政管理职能过程中制作或者获取的，以一定形式记录、保存的信息。生态环境信息公开能够保障公民、法人和其他组织依法获取生态环境信息，提高政府工作的透明度，促进依法行政，充分发挥政府信息对人民群众生产、生活和经济社会活动的服务作用。

---

[1] 吕忠梅：《中华人民共和国环境保护法释义》，中国计划出版社 2014 年版，第 175 页。

[2] 《2019 年河北省生态环境质量状况公报发布》，新浪河北，http://hebei.sina.com.cn/news/2020 - 06 - 06/detail - iirczymk5525041. shtml? from = hebei_ ydph，最后访问时间：2020 年 6 月 6 日。

（一）生态环境信息公开主体

生态环境信息公开主体，是指生态环境主管部门和其他负有生态环境保护监督管理职责的部门。在生态环境领域，生态环境主管部门负责对生态环境保护工作实施统一监督管理，因此，其负有信息公开义务。其他负有生态环境保护监督管理如农业农村、公安、国土等部门也负有信息公开义务。信息公开遵循"谁制作，谁公开；谁获取，谁公开"的原则，即行政机关制作的政府信息，由制作该政府信息的行政机关负责公开。行政机关从公民、法人和其他组织获取的政府信息，由保存该政府信息的行政机关负责公开；行政机关获取的其他行政机关的政府信息，由制作或者最初获取该政府信息的行政机关负责公开。法律、法规对政府信息公开的权限另有规定的，从其规定。两个以上行政机关共同制作的政府信息，由牵头制作的行政机关负责公开。行政机关应当建立健全政府信息公开协调机制。行政机关公开政府信息涉及其他机关的，应当与有关机关协商、确认，保证行政机关公开的政府信息准确一致。行政机关公开政府信息依照法律、行政法规和国家有关规定需要批准的，经批准予以公开[1]。

（二）信息公开的范围

本条第二款规定，生态环境主管部门和其他负有生态环境保护监督管理职责的部门依法公开生态环境质量、生态环境监测、突发环境事件以及行政许可、行政处罚等信息。从立法技术上分析，本条第二款采取列举式规定，将生态环境保护领域重要且为公众所重点关注的事项纳入信息公开的范围。

1. 生态环境质量、生态环境监测信息公开

生态环境主管部门公开环境空气质量等生态环境质量，以及集中式生活饮用水水源水质状况等生态环境监测信息，便于公民知晓当地环境质量状况，同时也有助于监督企业履行生态环境保护义务。

2. 突发环境事件信息公开

突发环境事件，是指由于污染物排放或者自然灾害、生产安全事故等因素，导致污染物或者放射性物质等有毒有害物质进入大气、水体、土壤

---

[1]《中华人民共和国政府信息公开条例》（2019 年修订）。

等环境介质，突然造成或者可能造成环境质量下降，危及公众身体健康和财产安全，或者造成生态环境破坏，或者造成重大社会影响，需要采取紧急措施予以应对的事件。突发环境事件按照事件严重程度，分为特别重大、重大、较大和一般四级[1]。突发环境事件信息公开包括突发环境事件的应急预案、发生和处置等情况以及需要提示公众防护或规避的信息。近年来，突发环境事件频发且日益威胁公众的生命健康和安全，突发环境事件信息公开的重要性也得以凸显。2005 年，松花江水污染事件为突发事件信息公开敲响了警钟。突发事件发生时，政府在第一时间真实、准确、及时公开相关信息。

3. 行政许可、行政处罚等信息公开

行政许可和行政处罚这类信用信息实行"双公示"。政府应当坚持"公开为常态、不公开为例外"的原则，依法将行政许可和行政处罚等信用信息及时、准确、无遗漏地向社会公开，应示尽示。根据国家和河北省三项制度的有关规定，有关生态环境的行政许可和行政处罚自作出行政执法决定之日起 7 个工作日内上网公开，法律、行政法规另有规定的除外。

此外，有些信息也应当主动公开，具体包括但不限于：环境保护法律、法规、规章、标准和其他规范性文件；环境保护规划、计划；经调查核实的公众对环境问题或者对企业污染环境的信访、投诉案件及其处理结果；发生重大、特大环境污染事故或者事件的企业名单，超标排污、拒不执行已生效的环境行政处罚决定的企业名单；全省重点排污单位名录，重金属污染防控重点企业名单，强制性清洁生产审核企业名单及清洁生产审核情况；环境税征收的项目、依据、标准、程序及数额核定情况；部门预算、决算，"三公"经费预决算，专项资金管理，采购与招投标情况等。

需要注意，行政机关公开生态环境信息，应当坚持以"公开为常态、不公开为例外"，遵循公正、公平、便民的原则，不得危及国家安全、公共安全、经济安全和社会稳定。公开与例外为一个硬币的两面。有些信息

---

[1] 《突发环境事件应急管理办法》第二条、第三条。

属于不予公开的信息，具体包括：依法确定为国家秘密的政府信息，法律、行政法规禁止公开的政府信息，以及公开后可能危及国家安全、公共安全、经济安全、社会稳定的政府信息，不予公开。涉及商业秘密、个人隐私等公开会对第三方合法权益造成损害的政府信息，行政机关不得公开。但是，第三方同意公开或者行政机关认为不公开会对公共利益造成重大影响的，予以公开。行政机关的内部事务信息，包括人事管理、后勤管理、内部工作流程等方面的信息，可以不予公开。行政机关在履行行政管理职能过程中形成的讨论记录、过程稿、磋商信函、请示报告等过程性信息以及行政执法案卷信息，可以不予公开。法律、法规、规章规定上述信息应当公开的，从其规定。

（三）信息公开方式

环境信息公开应当通过政府网站、政务新媒体、公报、新闻发布会以及报刊、广播、电视等多种渠道，确保公民获悉相关信息。政府也要积极适应互联网时代的发展需求，充分发挥微信公众号等网络媒体的作用，及时更新政府信息，确保信息的时效性和真实性。我国幅员辽阔，公民文化程度参差不齐，政府选择何种方式公开，不能"一刀切"，需要因地制宜。对于偏远地区和公民文化程度相对较低的地区，政府可以采取宣传栏、广播、电视等传统方式发布信息。

> 第六十条　重点排污单位应当按照规定如实向社会公开其主要污染物的名称、排放方式、执行标准、排放浓度和总量、超标排放情况，以及防治污染设施的建设和运行情况、突发环境事件应急预案等环境信息，接受社会监督，并对公开信息的真实性、准确性和完整性负责。
>
> 鼓励和支持非重点排污单位自愿向社会公开其排污信息以及防治污染设施的建设和运行情况等环境信息。
>
> 建立完善上市公司和发债企业强制性环境治理信息披露制度。

【条文主旨】

本条文是关于单位生态环境信息公开的规定。

【条文释义】

单位生态环境信息，是指单位以一定形式记录、保存的，与单位经营活动产生的环境影响和单位环境行为有关的信息。单位环境信息公开是环境信息公开的重要组成部分。单位环境信息公开能够促进企业自觉减少排污、履行生态环境保护义务，更好地维护公民、法人和其他组织依法享有获取环境信息的权利，也有利于生态环境监管部门的有效监管，进而实现环境质量的根本好转。企业事业单位应当按照强制公开和自愿公开相结合的原则，及时、如实地公开其环境信息。

一、重点排污单位的信息公开义务

将环境信息公开作为重点排污单位的法定义务，推行重点排污单位信息公开，能够增强排污行为的透明度，遏制排污行为，也便于政府监管和公众监督。从技术操作层面来看，重点排污单位需要依法安装使用监测设备，具有获取相关排污数据的能力，因此，要求其进行信息公开具有可操作性。

（一）重点排污单位的范围

科学、合理界定重点排污单位的范围，才能明确政府的监管对象。设区的市级人民政府环境保护主管部门应当于每年3月底前确定本行政区域内重点排污单位名录，并通过政府网站、报刊、广播、电视等便于公众知晓的方式公布。环境保护主管部门确定重点排污单位名录时，应当综合考虑本行政区域的环境容量、重点污染物排放总量控制指标的要求，以及企业事业单位排放污染物的种类、数量和浓度等因素。具备下列条件之一的企业事业单位，应当列入重点排污单位名录：（1）被设区的市级以上人民政府环境保护主管部门确定为重点监控企业的；（2）具有试验、分析、检测等功能的化学、医药、生物类省级重点以上实验室、二级以上医院、污染物集中处置单位等污染物排放行为引起社会广泛关注的或者可能对环境敏感区造成较大影响的；（3）3年内发生较大以上突发环境事件或者因环境污染问题造成重大社会影响的；（4）其他有必要列入的情形[1]。

---

[1]《企业事业单位环境信息公开办法》第七条、第八条。

（二）重点排污单位信息公开的内容

企业环境信息涉及企业在环保方面的诸多信息，范围非常广泛。本法规定，重点排污单位应当按照规定如实向社会公开其主要污染物的名称、排放方式、执行标准、排放浓度和总量、超标排放情况，以及防治污染设施的建设和运行情况、突发环境事件应急预案等环境信息。上述信息属于企业环境信息中的核心部分，也是政府实行环境监管的重点和社会关注的焦点所在。

此外，重点排污单位还应当公开下列信息：（1）基础信息，包括单位名称、组织机构代码、法定代表人、生产地址、联系方式，以及生产经营和管理服务的主要内容、产品及规模；（2）建设项目环境影响评价及其他环境保护行政许可情况；（3）其他应当公开的环境信息。列入国家重点监控企业名单的重点排污单位还应当公开其环境自行监测方案[1]。

（三）公开方式

重点排污单位应当通过其网站、企业事业单位环境信息公开平台或者当地报刊等便于公众知晓的方式公开环境信息，同时可以采取以下一种或者几种方式予以公开：（1）公告或者公开发行的信息专刊；（2）广播、电视等新闻媒体；（3）信息公开服务、监督热线电话；（4）本单位的资料索取点、信息公开栏、信息亭、电子屏幕、电子触摸屏等场所或者设施；（5）其他便于公众及时、准确获得信息的方式。

（四）接受监督

重点排污单位应当接受社会监督，并对公开信息的真实性、准确性和完整性负责。这些信息不得造假或者篡改。公民、法人和其他组织发现重点排污单位未依法公开环境信息的，有权向生态环境保护主管部门举报。接受举报的生态环境保护主管部门应当对举报人的相关信息予以保密，保护举报人的合法权益。环境保护主管部门有权对重点排污单位环境信息公开活动进行监督检查。被检查者应当如实反映情况，提供必要的资料。

---

[1]《企业事业单位环境信息公开办法》第九条。

二、非重点排污单位信息公开

本条第二款规定，鼓励和支持非重点排污单位自愿向社会公开其排污信息以及防治污染设施的建设和运行情况等环境信息。有关本款理解适用，需要注意以下几点：一是非强制性。非重点排污单位可以根据自己的意愿，自愿公开有利于保护生态、防治污染、履行社会环境责任的相关信息。二是河北省采用鼓励和支持措施促进该制度推行。三是信息公开的范围包括公开其主要污染物的名称、成分、排放方式、排放浓度、排放总量、超标排放情况，污染防治设施建设和运行情况，突发环境事件应急预案等信息[1]。四是非重点排污单位之外的企业信息公开的内容和方式可以参照《企业事业单位环境信息公开办法》第九条、第十条和第十一条有关重点排污单位的规定公开其环境信息。

三、上市公司和发债企业强制性环境治理信息披露制度

2016 年 8 月 31 日，中国人民银行、财政部、国家发展改革委、原环境保护部、银监会、证监会、保监会印发的《关于构建绿色金融体系的指导意见》专门明确要"逐步建立和完善上市公司和发债企业强制性环境信息披露制度"。2017 年 6 月 12 日，生态环境部政策法规司、证监会上市公司监管部联合签署《关于共同开展上市公司环境信息披露工作的合作协议》。该协议旨在推动建立和完善上市公司强制性环境信息披露制度，督促上市公司履行环境保护社会责任，进一步提升上市公司质量、资本市场稳健发展和环境质量的改善。实践中，由于上市公司和发债企业的环境信息披露并非强制性要求，且缺乏完善的环境信息披露制度，导致上市公司和发债企业信息披露的积极性不高、公开程度不足和选择性公开等问题。《中国上市公司环境责任信息披露评价报告（2017 年）》显示，2017 年上市公司发布环境责任报告、社会责任报告及可持续发展报告等有效样本企业共计 857 家，相比 2016 年增加 47 家，占沪深股市上市公司总量的24.59%，占两市市值之和的 56%（以沪深市值 2017 年 12 月 31 日计算）。

---

〔1〕《河北省环境保护公众参与条例》。

发布报告的上市公司环境信息披露总体平均约为33.57分，相比2016年整体略有提升，达到二星级水平，处于发展阶段[1]。因此，本次立法专门强调建立完善上市公司和发债企业强制性环境治理信息披露制度。

> **第六十一条** 公民、法人和其他组织发现任何单位和个人有污染环境和破坏生态行为的，有权向生态环境主管部门或者其他负有生态环境保护监督管理职责的部门举报。经查证属实的，按照有关规定对举报人给予奖励。
>
> 公民、法人和其他组织发现各级人民政府、生态环境主管部门和其他负有生态环境保护监督管理职责的部门不依法履行职责的，有权向其上级机关或者监察机关举报。接受举报的机关应当对举报人的相关信息予以保密，保护举报人的合法权益。

【条文主旨】

本条文是关于环境生态保护举报制度的规定。

【条文释义】

举报是我国公民依法享有的基本权利，是公民自发对违法违纪行为向有关机关反映的制度。我国宪法第四十一条规定："中华人民共和国公民对于任何国家机关和国家工作人员，有提出批评和建议的权利；对于任何国家机关和国家工作人员的违法失职行为，有向有关国家机关提出申诉、控告或者检举的权利，但是不得捏造或者歪曲事实进行诬告陷害。对于公民的申诉、控告或者检举，有关国家机关必须查清事实，负责处理。任何人不得压制和打击报复。由于国家机关和国家工作人员侵犯公民权利而受到损失的人，有依照法律规定取得赔偿的权利。"举报制度是公民依法参与国家和社会治理和行使监督权的重要途径。

---

[1]《中国上市公司环境责任信息披露评价报告（2017年）》。

一、有关污染环境和破坏生态行为的举报

生态环境保护事关公民的切身利益，举报制度充分体现了发动群众、依靠群众的光荣传统。我国 2014 年修订的环境保护法专门增加了举报制度，强调公民在环境保护领域的举报权利。公民、法人和其他组织的举报权从实质上分析，属于公众参与的范畴，也是公民行使监督权的重要体现。

（一）举报主体

本条规定举报主体很广泛，没有资格限制，包括所有公民、法人和其他组织。从理论上进行分析，举报主体包括两类：一是环境污染和破坏生态行为直接针对的行政相对人。行政相对人如果认为自己的合法权益受到侵害，既可以提起诉讼，也可以举报。二是行政相对人以外的其他公民、法人或者组织。这些主体如果认为存在环境污染和破坏生态行为，侵害到国家、社会公共利益或者自己的合法权益，可通过举报的方式向生态环境主管部门或者其他负有生态环境保护监督管理职责的部门举报。需要注意的是，公民要依法行使权利，不能滥用举报权，不能捏造或者诬告。

（二）举报对象

举报对象包括有污染环境和破坏生态行为的任何单位和个人。任何单位和个人只要存在违法排污等行为，公民、法人或者其他组织均可依照本条规定进行举报。

（三）举报方式

政府应当及时向社会公布投诉举报方式，这是保障投诉举报监督取得实效的重要环节。具体的公布方式可以采取多种形式，比如，通过门户网站、新闻报纸、微信微博、公示栏展示等，将投诉举报的电话、信箱、邮箱、传真等联系方式予以公布，接受社会监督。环保举报热线应当使用"12369"特服电话号码，各地名称统一为"12369"环保举报热线。政府承担"12369"环保举报热线工作的机构依法受理的举报事项，称举报件。环保举报热线工作应当遵循下列原则：（1）属地管理、分级负责，谁主管、谁负责；（2）依法受理，及时办理；（3）维护公众对环境保护工作的

知情权、参与权和监督权；（4）调查研究，实事求是，妥善处理，解决问题。对举报人提出的举报事项，环保举报热线工作人员能当场决定受理的，应当当场告知举报人；不能当场告知是否受理的，应当在 15 日内告知举报人，但举报人联系不上的除外。属于本级环境保护主管部门办理的举报件，承担环保举报热线工作的机构受理后，应当在 3 个工作日内转送本级环境保护主管部门有关内设机构。

二、举报奖励

本条专门规定经查证属实的，按照有关规定对举报人给予奖励。为了加强环保举报热线工作的规范化管理，畅通群众举报渠道，维护和保障人民群众的合法环境权益，2010 年，原环境保护部专门出台《环保举报热线工作管理办法》，要求环保举报热线要做到有报必接、违法必查、事事有结果、件件有回音[1]。

2018 年，生态环境部颁布实施的《生态环境部贯彻落实〈全国人民代表大会常务委员会关于全面加强生态环境保护 依法推动打好污染防治攻坚战的决议〉实施方案》指出，继续完善全国环保举报管理平台功能，加强对各级环保举报工作规范化管理，督促各地做好群众举报受理、查处、反馈工作。完善公众监督、举报反馈机制，保护举报人的合法权益，鼓励有条件的地区实施有奖举报，鼓励群众用法律的武器保护生态环境，形成崇尚生态文明、保护生态环境的社会氛围。

河北省在制度建设层面，为鼓励社会公众积极参与环境保护监督管理，鼓励公众提供污染线索，严厉打击环境违法行为，推动生态环境问题的有效解决，改善河北省环境质量，河北省生态环境厅于 2018 年专门出台《河北省环境保护厅环境污染举报奖励办法》，以建立举报奖励长效机制，加大奖励力度，褒扬公民举报的积极性。

实践中，河北省大力推进环境污染举报奖励工作，鼓励社会积极参与环境污染治理与环境保护监督管理，营造全社会积极参与生态环境治理的新局面。许多环保组织与环保部门通力合作，通过微博、举报热线

---

[1] 《环保举报热线工作管理办法》。

"12369"等渠道向环保部门举报超标排放企业。绿色江南工作人员因向河北省生态环境厅监督举报河北省某企业在线数据超标的环境问题获得500元奖励[1]。

三、有关各级政府及其部门不依法履行职责的举报

（一）举报对象

各级人民政府、生态环境部门和其他负有生态环境保护监督管理职责的部门负有依法履行生态环境保护的职责。如果上述机关不依法履行法定职责，在生态环境保护工作中存在越权、乱作为、不作为、慢作为或者存在执法粗暴、态度蛮横、吃、喝、拿、卡、要等情形，公民、法人和其他组织都可以依法举报。

（二）接受举报的机关

公民、法人和其他组织发现各级人民政府、生态环境主管部门和其他负有生态环境保护监督管理职责的部门不依法履行职责的，有权向其上级机关或者监察机关举报。

1. 向上级机关举报

如果各级人民政府、生态环境主管部门和其他负有生态环境保护监督管理职责的部门未依法履行职责，举报人可以向其上级机关进行举报。这是基于层级监督关系而产生。在我国，上下级人民政府、上下级行政机关之间为领导与被领导关系，上级政府及其工作部门有权对下级政府及其工作部门的行为依法进行监督。上级生态环境部门开展环保督察和强化监督时非常注重举报线索，"每次接到举报后，我们第一时间核查和纠正，查处以后公开曝光，以起到警示作用"[2]。

2. 向监察机关举报

《中华人民共和国监察法》规定，各级监察委员会是行使国家监察职能的专责机关，依照本法对所有行使公权力的公职人员（以下称公职人

---

〔1〕《举报环境污染真的有奖了！为河北省生态环境厅点赞!》，搜狐网"绿色江南"，https：// www. sohu. com/a/390695415_ 660355，最后访问时间：2020 年 6 月 27 日。

〔2〕《中央领导带我们看生态环境保护热点问题》，搜狐网"一往向前"，https：//www.sohu. com/a/301520436_ 100263095，最后访问时间：2020 年 6 月 27 日。

员）进行监察，调查职务违法和职务犯罪，开展廉政建设和反腐败工作，维护宪法和法律的尊严。因此，监察机关有权对各级人民政府、生态环境主管部门和其他负有生态环境保护监督管理职责的部门不依法履行职责的行为进行监察。监察机关对于公民、法人和其他组织的举报，应当接受并按照有关规定处理。对于不属于本机关管辖的，应当移送主管机关处理。监察机关应当严格按照程序开展工作，建立问题线索处置、调查、审理各部门相互协调、相互制约的工作机制。监察机关应当加强对调查、处置工作全过程的监督管理，设立相应的工作部门履行线索管理、监督检查、督促办理、统计分析等管理协调职能。监察机关对监察对象的问题线索，应当按照有关规定提出处置意见，履行审批手续，进行分类办理。线索处置情况应当定期汇总、通报，定期检查、抽查。需要采取初步核实方式处置问题线索的，监察机关应当依法履行审批程序，成立核查组。初步核实工作结束后，核查组应当撰写初步核实情况报告，提出处理建议。承办部门应当提出分类处理意见。初步核实情况报告和分类处理意见报监察机关主要负责人审批。经过初步核实，对监察对象涉嫌职务违法犯罪，需要追究法律责任的，监察机关应当按照规定的权限和程序办理立案手续。监察机关主要负责人依法批准立案后，应当主持召开专题会议，研究确定调查方案，决定需要采取的调查措施。

四、接受举报的机关的保密义务

根据本条第二款规定，接受举报的机关应当对举报人的相关信息予以保密，保护举报人的合法权益。

接受举报的机关对受理的举报信息负有保密义务。建立举报人保护机制是完善举报制度的重要保障。该规定旨在保护举报人的合法权益，防止被举报人打击报复举报人。唯有举报人的信息不泄露，举报人才能毫无后顾之忧地行使举报权利。接到举报的部门应当对举报人的姓名、工作单位、联系方式、家庭信息等相关信息予以保密。对于举报的内容，应当由专人负责拆阅、负责审查，不得将举报材料转给被举报人及其他与案件无关的单位和个人。对泄露举报人信息，情节严重或造成严重后果的，应当依纪依法追究其责任，涉嫌犯罪的，应当移送相关司法机关处理。

> 　　第六十二条　鼓励基层群众性自治组织、社会组织、生态环境保护志愿者参与生态环境保护教育、科普和实践，推动环境信息公开，监督环境违法行为。
>
> 　　污染环境、破坏生态损害国家利益、社会公共利益的，检察机关和社会组织可以依法向人民法院提起生态环境公益诉讼。有关机关可以依照国家规定向人民法院提起生态环境损害赔偿诉讼。

【条文主旨】

本条文是关于生态环境保护公众参与和生态环境公益诉讼的规定。

【条文释义】

我国宪法第二条第三款规定："人民依照法律规定，通过多种途径和形式，管理国家事务，管理经济和文化事业，管理社会事务。"保护环境是每个公民的义务，仅依靠政府力量无法实现生态环境保护治理目标，加强生态环境保护需要全社会的共同参与。基层群众性自治组织、社会组织、生态环境保护志愿者都是我国生态文明建设和绿色发展的重要力量。本条专门规定了公众参与生态环境保护和生态环境公益诉讼制度，以构建政府、企业、社会多元共治的生态环境治理体系。

一、公众参与生态环境保护

党的十八大报告中指出，要加快形成"党委领导、政府负责、社会协同、公众参与、法治保障"的社会管理体制。公众参与是现代民主的重要形式，已在公共决策等领域得以广泛应用。公众参与作为"合作治理模式"的重要内容，可以有效克服政府监管能力不足、监管盲区等弊端，也能够有效避免市场失灵。

（一）主体

本条规定鼓励基层群众性自治组织、社会组织、生态环境保护志愿者参与生态环境保护。

基层群众性自治组织是根据我国宪法及有关法律规定依法设立的社会

组织，包括村民委员会和居民委员会。基层群众性自治组织充分体现出国家尊重基层的自治权，政府还权、放权于社会，将基层事务交给群众自我管理。《中华人民共和国村民委员会组织法》第二条第一款规定："村民委员会是村民自我管理、自我教育、自我服务的基层群众性自治组织，实行民主选举、民主决策、民主管理、民主监督。"村民委员会、居民委员会直接与老百姓打交道，具有参与生态环境保护教育、科普和实践得天独厚的优势，因此政府应当积极探索依托村（居）两委，鼓励公众积极参与共同推进生态环境治理。

环保社会组织指以中国公民自愿组成，为实现会员共同意愿，按照其章程开展环境保护活动的非营利性社会组织。以环保社会团体、环保基金会和环保社会服务机构为主体组成的环保社会组织作为政府和社会之间的桥梁和纽带，在我国生态环境保护中具有重要作用。鼓励环保社会组织参与生态环境保护教育、科普和实践，对于推进生态环境保护工作大有裨益。目前，各种环保社会组织处于发展活跃期，在资金募集、项目开展等方面展现新面貌。但是，由于法规制度建设滞后、管理体制不健全、培育引导力度不够、社会组织自身建设不足等原因，环保社会组织依然存在管理缺乏规范、质量参差不齐、作用发挥有待提高等问题。因此，要坚持政府引导、有序参与、规范透明的方针，加强对环保社会组织的政治引领和示范带动，优化发展环境，激发环保社会组织内在活力和发展动力，支持环保社会组织发挥积极作用。依照社会组织相关法律法规，完善环保社会组织的管理制度，规范环保社会组织行为，加强业务指导和行业监管，注重部门协调配合，引导环保社会组织健康有序发展[1]。

生态环境保护志愿者指不计物质报酬，无偿、自愿、志愿从事环境保护公益活动的人员。志愿服务活动反映出国家和社会文明的程度。近些年，越来越多的人加入环保志愿者队伍。这支环境保护领域的生力军，富有活力，具有创新性、积极性、主动性。实践中，河北省志愿者组织和协调各方面的社会资源，共同参与环境事业，努力维护公众环境权益，在生态环境保护工作中起到重要作用。2020 年，河北省 5 人获评全国 2020 年

---

〔1〕 原环境保护部、民政部《关于加强对环保社会组织引导发展和规范管理的指导意见》。

百名最美生态环保志愿者。

（二）内容

公众参与的内容为生态环境保护教育、科普和实践，推动环境信息公开，监督环境违法行为。

群众性自治组织、环保社会组织、志愿者等与公民联系密切的组织具有宣传、普及环保知识、培养公众环保意识的独特优势。近年来，在党和政府高度重视和引导下，基层群众性自治组织、环保社会组织、志愿者在提升公众环保意识、促进公众参与环保、开展环境维权与法律援助、参与环保政策制定与实施、监督企业环境行为、促进环境保护国际交流与合作等方面作出了积极贡献。

二、生态环境公益诉讼

本条规定检察机关和社会组织可以针对污染环境、破坏生态损害国家利益、社会公共利益的行为提起生态环境公益诉讼。

（一）检察机关向人民法院提起生态环境公益诉讼

检察院是专门法律监督机关，公益诉讼则是法律赋予检察机关的一项新的职能。《中共中央关于全面推进依法治国若干重大问题的决定》（以下简称《决定》）指出，"探索建立检察机关提起公益诉讼制度"。2015 年 7月，十二届全国人大常委会第十五次会议通过决定，授权最高人民检察院在北京等 13 个省、自治区、直辖市开展为期两年的公益诉讼试点。2015年 12 月 16 日，最高人民检察院第十二届检察委员会第四十五次会议通过《人民检察院提起公益诉讼试点工作实施办法》。2017 年，行政诉讼法修订时第二十五条第四款专门规定："人民检察院在履行职责中发现生态环境和资源保护、食品药品安全、国有财产保护、国有土地使用权出让等领域负有监督管理职责的行政机关违法行使职权或者不作为，致使国家利益或者社会公共利益受到侵害的，应当向行政机关提出检察建议，督促其依法履行职责。行政机关不依法履行职责的，人民检察院依法向人民法院提起诉讼。"

从法理上分析，检察院是专门法律监督机关，当行政机关违法行使权力或者怠于行使权力时，检察机关有责任、有义务以原告的身份提起行政公益诉讼。检察机关作为行政公益诉讼的提起主体具有优势：首先，检察机关具有独立性。检察院在人事、组织等多方面独立于行政机关，由其提起公益诉讼，可以避免各种干扰。其次，调查取证能力较强。检察机关作为公权力机关，在调查取证方面具有独特优势，在查清事实、固定证据方面具有优势。检察机关作为原告提起行政公益诉讼，可以有效解决实践中行政公益诉讼主体缺位的困境，具有非常重要的意义和价值。一是督促行政机关履行职责。检察机关通过提起行政公益诉讼的方式，可以督促行政机关履行职责，推进行政执法的公平、公开和公正，进而实现依法行政和依法治国的目标。检察机关在提起行政公益诉讼之前有诉前程序。该诉前程序可以有效实现对于行政机关的监督，提醒、督促行政机关履职。如果行政机关在收到检察建议后及时纠正违法行为，那么检察机关已经达到监督的目的，无须再行提起行政公益诉讼。二是有利于实现对公共利益的保护。检察机关提起行政公益诉讼，可以有效制止行政机关的违法行为，督促其履行职责，进而实现公共利益的保护。三是实现法律监督职责。检察院具有法律监督职能，行政公益诉讼可以为检察机关实现法律监督职能增强刚性和约束力，增加和丰富了法律监督手段和措施。检察机关通过行政公益诉讼开辟了法律监督的新领域。总而言之，"通过督促行政机关或相关社会组织履行职责，推动侵害公益问题的解决，是公益诉讼制度价值的重要体现"[1]。

检察机关需要严把立案关口，防止滥诉。检察机关发现违法线索是办理案件的源头和前提。违法线索来源于以下途径：一是公民举报。公民在日常生产、生活中会经常遇到行政机关不作为或者怠于履行职责的情形。这些举报材料成为检察机关据以提起行政公益诉讼的宝贵线索。二是探索建立业务部门之间线索移送机制。检察院各个业务部门在履行职责过程中，都有可能发现属于行政公益诉讼的案件线索，这时应当将相关材料移送民事行政检察部门处理。在提起行政公益诉讼之前，人民检察院应当先行向相关行政机关提出检察建议，督促其纠正违法行为或者依法履行职

---

〔1〕 曹建明：《积极探索具有中国特色公益诉讼制度》，中华人民共和国最高人民检察院，https://www.spp.gov.cn/spp/tt/201611/t20161107_171817.shtml，最后访问日期：2022 年 1 月 20 日。

责。经过诉前程序，行政机关拒不纠正违法行为或者不履行法定职责，导致国家和社会公共利益仍然处于受侵害状态的，人民检察院可以提起行政公益诉讼。

河北省检察机关综合运用刑事打击、民事、行政检察监督等手段，全力推进生态环境和资源保护领域公益诉讼工作。现已构建起以行政公益诉讼为主体，以刑事附带民事公益诉讼为支撑，以民事公益诉讼和支持起诉为补充的生态环境和资源保护领域公益诉讼格局[1]。检察机关先后办理唐山迁安棒磨山铁矿矿山修复治理、保定涞源滑雪场非法占有林地等一批行政公益诉讼典型案件，有效督促行政机关依法履行职责，为保护生态环境保驾护航，成效卓著。

（二）社会组织向人民法院提起生态环境公益诉讼

社会组织作为依法成立的参与环境保护事业的非营利性社团组织，有权提起环境公益诉讼。依照法律、法规的规定，在设区的市级以上人民政府民政部门登记的社会团体、民办非企业单位以及基金会等，可以认定为环境保护法中规定的社会组织。社会组织章程确定的宗旨和主要业务范围是维护社会公共利益，且从事环境保护公益活动的，可以认定为专门从事环境保护公益活动。社会组织提起环境民事公益诉讼的，应当提交社会组织登记证书、章程、起诉前连续5年的年度工作报告书或者年检报告书，以及由其法定代表人或者负责人签字并加盖公章的无违法记录的声明[2]。实践中，社会组织提起生态环境公益诉讼的案例逐渐增多。例如，江苏省泰州市环保联合会诉泰兴锦汇化工有限公司等水污染民事公益诉讼案。该案由社会组织作为原告、检察机关支持起诉，被选为最高人民法院发布的环境公益诉讼典型案例。

三、生态环境损害赔偿诉讼

本条规定，有关机关可以依照国家规定向人民法院提起生态环境损害赔偿诉讼。

---

〔1〕《河北省公益诉讼护航生态环境治理》，人民网，http：//he. people. cn/GB/n2/2019/0421/c192235 - 32864597. html，最后访问时间：2020 年 6 月 27 日。
〔2〕《最高人民法院关于审理环境民事公益诉讼案件适用法律若干问题的解释》。

（一）有关机关

依据《最高人民法院关于审理生态环境损害赔偿案件的若干规定（试行）》，有关机关指省级、市地级人民政府及其指定的相关部门、机构，或者受国务院委托行使全民所有自然资源资产所有权的部门。

（二）承担生态环境损害赔偿责任的情形

具有下列情形之一的，按照河北省生态环境厅《关于推进落实生态环境损害赔偿制度的指导意见》的要求，依法追究生态环境损害赔偿责任：（1）发生较大及以上突发环境事件的；（2）在国家和省级主体功能区规划中划定的重点生态功能区、禁止开发区及生态保护红线区，发生环境污染、生态破坏事件的；（3）受到环境污染或生态破坏，导致国家重要水功能区水质下降或不达标、饮用水水源水质下降的；（4）因污染或生态破坏致使基本农田、国有防护林地、特种用途林地5亩以上，一般农田10亩以上，国有草原或草地20亩以上基本功能丧失或遭受永久性破坏的；致使国有森林或其他林木死亡50立方米以上，或幼树死亡2500株以上的；（5）向环境非法排放、倾倒和处置有放射性的废物、含传染病病原体的废物、有毒物质或其他危险废物，造成严重生态环境损害的；（6）发生其他严重影响生态环境后果的。

第六章　生态环境协同保护

【本章导读】

作为《条例》第六章，"生态环境协同保护"一章共由五个法律条文组成，分别对京津冀生态环境协同保护联动协作机制、协同执法、应急联动、生态补偿、科研合作等问题进行了规定。巍巍太行，莽莽燕山，汤汤海河，同处燕山之南、太行之东、海河之系的京津冀，山同脉，水同源，民相亲，地相连。2014年2月26日，习近平总书记在北京主持召开京津冀协同发展座谈会并作重要讲话，不仅将京津冀协同发展明确为重大国家战略，而且就推进京津冀协同发展提出了七项重点任务，其中之一，就是"要着力扩大环境容量生态空间，加强生态环境保护合作，在已经启动大气污染防治协作机制的基础上，完善防护林建设、水资源保护、水环境治理、清洁能源使用等领域合作机制"。2015年3月5日，李克强总理在《政府工作报告》中强调指出，要"推进京津冀协同发展，在交通一体化、生态环保、产业升级转移等方面率先取得实质性突破"。本章即是对京津冀生态环境协同保护的立法回应，不仅是《条例》的立法亮点之一，而且是京津冀协同立法的重要成果之一。

第六十三条　本省与北京市、天津市及周边地区建立污染防治联动协作机制，定期协商区域污染防治重大事项，协调跨界污染纠纷，共同做好区域污染治理和生态环境保护工作。

【条文主旨】

本条文是关于京津冀区域污染防治联动协作机制的规定。

【条文释义】

实践证明，联动协作是有效防治京津冀区域污染和其他公害、顺利推进京津冀生态环境保护的关键所在。因此，本条文明确规定，要建立京津冀区域污染防治联动协作机制，该机制的直接目的就在于"共同做好区域污染治理和生态环境保护工作"，该机制的核心内容在于"定期协商区域污染防治重大事项"，该机制的重要任务在于"协调跨界污染纠纷"。

京津冀虽在行政区域划分上同为相互独立的省级行政区域，但同处燕山之南、太行之东、海河之系，山同脉，水同源，属于同一生态单元，在生态环境呈现出显著的一体性特征，在生态系统构成、生物物种分布等方面具有高度一致性，生态因子交互作用明显。[1] 京津冀三地山水相连，生态相依，你中有我、我中有你，是一个相互依存的生态共同体、利益共同体和命运共同体。[2] 尤其是河北北部地区的张家口市和承德市，其从西、北两个方向环绕京津，构成了京津的天然屏障，在防风固沙、涵养水源等方面发挥了至关重要的作用。与生态环境一体性相伴生的是环境污染的跨界性。例如，20 世纪 90 年代，因上游污染所致，官厅水库水质恶化而不得已从北京市生活饮用水体系退出，而潘家口、大黑汀水库水质的一度恶化则直接危及作为下游地区的天津市饮用水安全。跨界纠纷的解决、区域协作的启动是解决区域生态环境问题的关键所在，于京津冀区域污染防治而言，亦是如此。因此，本条文明确规定，"本省与北京市、天津市及周边地区建立污染防治联动协作机制"，其意味着河北省各级人民政府及其有关部门应当围绕京津冀区域污染防治这一核心议题与北京市、天津市及周边地区积极沟通、有效对接，以建立区域污染防治联动协作机制。

> **第六十四条** 本省与北京市、天津市及周边地区建立定期会商、联动执法、信息共享等机制，联合排查、协同处置跨区域重点污染企业、环境污染行为、环境违法案件或者突发环境事件。

---

〔1〕 刘广明、尤晓娜：《京津冀区际生态补偿制度构建》，法律出版社 2018 年版，第 40 页。

〔2〕 郭隆：《京津冀生态一体化 统一布局恪守"红线"》，《北京观察》2015 年第 6 期。

【条文主旨】

本条文是关于京津冀区域污染防治协同执法机制的规定。

【条文释义】

由生态环境的一体性、环境污染的跨界性所决定，区域协同执法系保护区域生态环境、解决区域环境问题的重要抓手所在。京津冀区域生态环境治理实践亦已证明区域污染防治协同执法的重要价值和突出优势。2015 年 11 月 27 日，首届"京津冀环境执法与环境应急联动工作机制联席会议"在北京市召开。在此次会议上，三省市环境保护主管部门对京津冀生态环境治理协同执法问题展开深入研讨，三方就定期会商、联动执法、联合检查、重点案件联合后督察和信息共享等协同执法事项形成高度共识，并决定建立京津冀生态环境协同执法组织机构、京津冀生态环境执法定期会商制度、京津冀生态环境治理联动执法制度、京津冀生态环境治理重点案件联合后督察制度、建立京津冀生态环境治理联合检查制度和京津冀生态环境执法信息共享制度。此外，此次会议还确定了 2015 年冬天至 2016 年春天期间京津冀生态环境协同执法重点工作安排。这次会议标志着京津冀环境执法联动工作机制的正式建立。为有效应对 2015 年 12 月 7 日至 9 日在京津冀地区可能出现的空气重污染问题，京津冀生态环境治理联合执法行动于 2015 年 12 月 6 日正式启动。此后，京津冀三省市环境保护（生态环境）部门在三地连续多次召开京津冀生态环境联动执法工作联席会议，京津冀生态环境联动执法由此得以不断深化。因此，《条例》对京津冀区域污染防治协同执法机制予以了正式确立，以"联合排查、协同处置跨区域重点污染企业、环境污染行为、环境违法案件或者突发环境事件"，进而助力京津冀区域环境污染的有效防治，促进京津冀区域生态环境质量的不断改善。

依据本条文规定，京津冀区域污染防治协同执法机制内容包括定期会商[1] 联动执法、信息共享[2]等。其中，联动执法是关键环节所在。所

---

[1] 首届"京津冀环境执法与环境应急联动工作机制联席会议"决定，围绕京津冀生态环境治理协同执法所涉问题，京津冀环保执法联动工作领导小组每半年会商研究一次，领导小组办公室每季度会商一次，会商根据环境监察年度工作重点和阶段性工作重点，由三省市轮流组织。

[2] 首届"京津冀环境执法与环境应急联动工作机制联席会议"决定，建立信息共享制度，相互共享本辖区环境监察执法信息。

谓联动执法，是指京津冀三省市生态环境（环境保护）主管部门在沟通协商的基础上，在同一时间段内对本行政区域内发生的某类或某些环境违法行为进行分别执法。2015年，首届"京津冀环境执法与环境应急联动工作机制联席会议"决定，三省市环境保护部门定期或不定期统一人员调配、统一执法时间、统一执法重点开展联动执法。联动执法将主要包括四个方面内容：排查与处置跨行政区域、流域重污染企业及环境污染问题、环境违法案件或突发环境污染事件；排查与处置位于区域饮用水源保护地、自然保护区等重要生态功能区内的排污企业；在国家重大活动保障、空气重污染、秸秆禁烧等特殊时期，联动排查与整治大气污染源；调查处理上级交办的重点案件。2019年7月，在河北省廊坊市召开的京津冀生态环境联动执法工作联席会议提出，纵深推进生态环境执法联动工作机制，健全执法联动层级，加大对重点时期、重点区域、重点行业的执法检查力度，共同打击区域违法行为。此外，会议还决定要设立联动执法下沉试点以深化生态环境执法联动工作机制。所谓联动执法下沉，是指在已经建立的京津冀三省市政府环境保护（生态环境）部门联动执法机制的基础上，将这一机制下沉一级，推动下一级政府生态环境部门建立京津冀区域间的联动执法机制。按照此次会议安排，在2019年8月底前，北京市房山区与保定市、沧州市与天津市滨海新区、承德市与北京市密云区、通武廊地区、张家口市冬奥餐饮油烟监管，以及冬奥项目落实"三同时"制度情况建立生态环境执法联动工作机制，并开展联合执法行动，完成联动执法下沉试点工作；2019年10月底前，京津冀相邻的周边地区建立生态环境执法联动工作机制并开展联合执法行动。

> **第六十五条** 本省与北京市、天津市及周边地区建立环境应急联动机制，及时通报重污染天气、环境污染事故等预警和应急响应的有关信息，并可以根据需要，商请有关省市采取相应的应对措施。

【条文主旨】

本条文是关于京津冀生态环境保护应急联动机制的规定。

【条文释义】

作为环境污染的极端表现形式，重污染天气、环境污染事故等对人体健康、社会发展的危害最为严重。国家卫生健康委员会曾指出，重污染天气对人体健康的危害包括急性和慢性两个方面：以 PM2.5 为首要污染物的重污染天气的急性危害，主要表现为短时间内吸入污染物引起的咳嗽、咽喉痛、眼部刺激等症状，重污染天气还可诱发支气管哮喘、慢性阻塞性肺疾病、心脑血管疾病等慢性疾病的急性发作或病情加重；慢性危害主要包括对呼吸系统和心血管系统的影响，长期持续的重污染天气可增加哮喘、支气管炎、慢性阻塞性肺疾病、肺癌等呼吸系统疾病及高血压、冠心病、脑卒中等心血管疾病的发病和死亡风险，还会影响人的情绪。[1] 与重污染天气相同，环境污染事故的危害性也十分严重，松花江污染事件就是一个典型例子。2005 年 11 月 13 日，中石油吉林石化公司双苯厂发生爆炸事故，造成大量苯类污染物进入松花江水体，引发重大水环境污染事件，给松花江沿岸特别是大中城市人民群众生活和经济发展带来严重影响，涉及哈尔滨、松原、佳木斯等多个市县，哈尔滨市因此停水数日，沿岸数百万居民的生产、生活受到极大影响。实践证明，必须采取有效应对措施，方能将重污染天气、环境污染事故对人体健康和社会发展的危害降到最低，而应急联动则是有效措施之一。

京津冀生态环境保护实践亦证明，应急联动是有效降低重污染天气、环境污染事故所致危害的关键举措之一。2015 年 12 月 3 日，京津冀三地环保部门正式签署《京津冀区域环境保护率先突破合作框架协议》（以下简称《协议》），《协议》明确以大气、水、土壤污染防治为重点，以联合立法、统一规划、统一标准、统一监测、协同治污等十个方面为突破口，联防联控，共同改善区域生态环境质量。其中，针对跨区域的环境污染事件以及区域性、大范围的空气重污染，三地将建立应急联动工作机制。[2]

---

〔1〕《国家卫健委：重污染天气对健康的危害包括急性和慢性两种，做好个人防护很重要》，中青在线，http://news.cyol.com/yuanchuang/2018-11/14/content_17784701.htm，最后访问时间：2020 年 8 月 31 日。

〔2〕《遇重污染京津冀将应急联动》，人民网，http://bj.people.com.cn/n/2015/1203/c82840-27239581.html，最后访问时间:?

而在此之前，京津冀区域污染防治应急联动工作已经启动并取得了良好成效。例如，2014 年 10 月，京津冀三省（市）环保部门主管领导在北京市环保局的倡议下，召开了京津冀水污染突发事件联防联控机制第一次联席会议。会议上共同签署了《京津冀水污染突发事件联防联控机制合作协议》，为提升京津冀三地应对突发水污染环境事件协同指挥与处置能力，探索研究三地协同应急处置方式方法，以及跨界水污染突发事件的妥善处置奠定了坚实基础。[1] 2017 年 9 月 15 日上午，首次京津冀突发环境事件联合实战研究性演练在廊坊市经济技术开发区举行。演练以交通事故引发危险化学品泄漏流入凤河，造成河流污染和区域性空气污染为背景，重点演练属地政府先期处置、京津冀三地省、市两级应急联动机制的启动、现场三地专业处置队伍的协同处置及社会应急处置力量的共享调度使用。[2] 2018 年 1 月 10 日，京津冀水污染突发事件联防联控工作协调小组组织召开了 2018 年首次京津冀环境应急区域联动联席会议。北京、天津、河北三省市一致同意建立京津冀突发环境事件应急联动指挥会商平台，大力支持三地环境应急共同发展，实现信息共享互通，并签订了《京津冀突发环境事件应急联动指挥平台数据共享协议》。[3] 总之，本条对京津冀生态环境保护应急联动机制的规定有着坚实的实践基础，而可以预见的是，本条从法律层面对京津冀生态环境保护应急联动机制的正式确立，必将进一步推动京津冀生态环境保护应急联动工作的更好开展。

> **第六十六条** 本省建立健全与北京市、天津市等周边地区横向生态保护补偿机制，共同推进区域生态环境协同保护。

---

〔1〕《京津冀联合应急演练共同处置突发环境事件》，环球网，https://china. huanqiu. com/article/9CaKrnK5ecR，最后访问时间：2020 年 8 月 31 日。
〔2〕《京津冀首次联合举行突发环境事件应急演练》，新华网，http://www. xinhuanet. com/local/2017-09/16/c_ 129705487. htm，最后访问时间：2020 年 8 月 31 日。
〔3〕《2018 年首次京津冀环境应急区域联动联席会议顺利召开》，生态环境部官网，http://www. mee. gov. cn/xxgk/gzdt/201802/t20180205_ 430874. shtml，最后访问时间：2020 年 8 月 31 日。

【条文主旨】

本条文是关于京津冀横向生态补偿机制的规定。

【条文释义】

一般认为，所谓横向生态补偿，又称区际生态补偿、跨区域生态补偿、区域间生态补偿，是指由生态利益受益者向生态利益受损者或生态环境建设者支付相应经济对价以矫正二者在生态利益分享或自然资源配置上的不公，进而促进区域生态环境治理与改善的制度安排，其具有补偿方向的横向性、生态关系的依存性、主体的平等性和多元性等显著特征。区际环境关系的凸显、环境问题的跨区域性及区域环境问题的恶化、区际生态利益分享或环境资源分配不公的存在及冲突的加剧、区域间社会经济发展差距的扩大、生态补偿的深入、生态补偿意识的强化、中央政府的力有不逮等是横向（区际）生态补偿得以提出的主要原因所在。[1] 横向（区际）生态补偿的实施具有重要意义，主要体现在两个层面：从直接意义上讲，横向生态补偿的实施有助于矫正区际生态利益分享的不公、有助于促进区域整体生态环境的治理与改善、有助于推动生态补偿制度体系的完善；从间接意义上讲，横向生态补偿的实施，有助于促进区域社会经济的协调发展、有助于缩小区域间社会经济发展的差距。[2]

就京津冀而言，亦应构建正式的横向（区际）生态补偿制度，其必要性主要体现在以下方面：京津冀区域生态环境的一体性为京津冀横向（区际）生态补偿制度构建提供了客观性基础；京津冀区域生态利益分享的不公性为京津冀横向（区际）生态补偿制度构建了合理性基础；京津冀区域生态空间的狭小性及局部生态环境的恶化之势，为京津冀横向（区际）生态补偿制度构建了紧迫性基础；京津冀区域社会经济发展差距过大及区域协调不力，为京津冀横向（区际）生态补偿制度的构建提供了现实性基础；京津冀区域生态环境治理效益显著的地区差别，为京津冀横向（区

〔1〕 刘广明、尤晓娜：《京津冀区际生态补偿制度构建》，法律出版社 2018 年版，第 16—29 页。
〔2〕 刘广明、尤晓娜：《京津冀区际生态补偿制度构建》，法律出版社 2018 年版，第 36—39 页。

际）生态补偿制度的构建提供了经济性基础。[1] 从实践来看，京津冀横向（区际）生态补偿在 20 世纪 90 年代中期就已初露端倪。例如，1995 年，北京市与承德市共同组建经济技术合作协调小组及水源保护合作等 7 个专业合作小组，建立对口支援关系。京津冀横向（区际）生态补偿制度虽早有实践，但在正式制度层面上迟迟未能正式"破题"，主要表现如下：从适用范围来看，京津冀横向（区际）生态补偿以水资源保护和利用为核心，涉及农业节水、水污染治理、小流域治理、水源涵养、水资源节约与水环境治理等多个项目，同时在风沙源治理方面也有所实践；从实践主体来看，京津冀横向（区际）生态补偿实践主要存在京冀之间，津冀之间的实践起步较晚，补偿项目较少、补偿规模较小；从补偿方向来看，在京津冀横向（区际）生态补偿实践中，由京津冀三地之间生态功能定位及自然资源输送方向等因素所决定，无一例外的是由北京、天津向河北的"单向"补偿。[2] 同时，京津冀已有横向（区际）生态补偿实践更是存在以下突出问题：（1）补偿期限较短。多属于"短期工程"，没有建立长效机制，基本上处于"今天补，明天不补"的尴尬状况，存在以"一次性补偿替代持续性补偿"的导向。生态建设是一项长期的综合系统工程，不可能一蹴而就，无论是前期推进还是后期深化都需要持久。基于保持生态环境健康持续发展的要求，当前亟须从根本上改变"今天补，明天不补"的状况，探索建立一种生态补偿的长效机制。[3] 目前对此虽有所探索，但主要采取三省市政府协商或签订合作备忘录等方式，对相关问题予以规制的多为政府部门所公布的一些通知与办法，临时性、短期性的弊病并未从根本上改变，且具有多变性的特点，这显然不利于生态补偿机制的真正建立与完善，由此造成京津冀横向（区际）生态补偿工作难以稳定有效的开展。[4]（2）补偿标准太低。没有充分考虑生态系统恢复或生态环境保护所需的实际成本，不能从根本上解决问题，与合理的补偿标准差距甚远，"以象征性补偿回避实质性补偿"的现象明显。作为生态利益受益者的京

---

〔1〕 刘广明、尤晓娜：《京津冀区际生态补偿制度构建》，法律出版社 2018 年版，第 40—56 页。
〔2〕 刘广明、尤晓娜：《京津冀区际生态补偿制度构建》，法律出版社 2018 年版，第 58—59 页。
〔3〕 张淑会：《合作共建维护京津冀区域生态环境》，《河北日报》2009 年 8 月 7 日，第 2 版。
〔4〕 王芳芳：《浅析京津冀地区资源生态补偿实践探索》，《法制与经济》2012 年第 10 期。

津两市，对生态利益受损地区或生态环境建设地区的索取远大于投入。[1]
以京津冀横向（区际）水资源补偿为例，京津两市虽在此方面进行了一定
补偿，但其为保护水源而作出的补偿微乎其微，根本无法弥补损失的成
本，更远不及贫困带为京津的发展所作出的生态贡献。例如，潘家口水库
修建30年来，库区广大农民饱尝了淹没之苦，每人平均占地仅有22m²，
更有34414人舍下"鱼米之乡"，远迁异地，为引滦入津作出了巨大的牺
牲。且广大库区农民移民他乡的失落、挫折与孤独，更是水源补偿项目
所没有考虑到的。环首都贫困带水源补偿的实践标准以及根据成本法计
算的补偿目标值，实际补偿值与目标值之间的差异充分体现了水源保护
补偿的不公平性。[2] 生态补偿标准太低的一个严重后果就是，使生态补
偿效率和效果打了折扣。[3] 例如，在水源林保护合作项目的开展中，因补
偿标准低，而不得已营造了很多低质低效林。有数据显示，在承德市3310
万亩有林地中，中幼林面积达2900多万亩。[4]（3）补偿领域过窄。京津
冀横向（区际）生态补偿实践主要集中于流域、森林领域，对于大气、
固体废物处置等领域并未涉及。适用领域过窄在很大程度上抑制了京津
冀横向（区际）生态补偿应有功效的充分发挥，无法改变京津冀区际生
态利益分享和环境资源配置中所存在的不公现象，难以调动生态利益受
损地区、生态环境建设（保护）地区以及环境资源输出地区的积极性，
不仅直接影响京津冀区域生态环境的治理与改善，而且严重制约京津冀
区域社会经济的持续健康协调发展。

　　本条文明确规定，"本省建立健全与北京市、天津市等周边地区横向
生态保护补偿机制，共同推进区域生态环境协同保护"，这意味着河北省
从法律层面上对京津冀横向生态补偿制度予以正式确立。可以预见的是，
这必将推动京津冀横向生态补偿实践走向深入，必将促进京津冀横向生态
补偿现存问题的顺利解决。

〔1〕　刘娟、刘守义：《京津冀区域生态补偿模式及制度框架研究》，《改革与战略》2015年第2期。
〔2〕　白丽、王健、刘晓东、张前：《环首都贫困带生态补偿标准探析》，《广东农业科学》2013
　　　年第5期。
〔3〕　巩志宏：《京津冀生态补偿多是临时性政策》，《经济参考报》2015年7月13日，第7版。
〔4〕　巩志宏：《京津冀生态补偿多是临时性政策》，《经济参考报》2015年7月13日，第7版。

第六十七条 本省加强与北京市、天津市及周边地区的污染防治科研合作，组织开展环境污染成因、溯源和污染防治政策、标准、措施等重大问题的联合科研，开展区域性、流域性生态环境问题研究，提高区域生态环境保护科技水平。

【条文主旨】

本条文是关于京津冀污染防治科研合作的规定。

【条文释义】

科学技术是第一生产力，科技创新是生态环境保护工作顺利开展、污染和其他公害有效防治、生态环境质量不断改善的关键支撑。治理大气污染、改善空气质量，是群众所盼、民生所系，近日就大气污染防治问题，李克强总理明确提出，"要进一步加强大气污染科学防治、促进绿色发展"。〔1〕为深入贯彻第八次全国生态环境保护大会精神，落实《中共中央国务院关于全面加强生态环境保护 坚决打好污染防治攻坚战的意见》，2018 年 11 月，中共科学技术部党组印发《关于科技创新支撑生态环境保护和打好污染防治攻坚战的实施意见》（以下简称《实施意见》），《实施意见》不仅强调指出，要"充分发挥创新驱动是打好污染防治攻坚战、建设生态文明基本动力的重要作用，统筹推进技术研发、应用推广和带动产业发展，探索环境科技创新与环境政策管理创新协同联动，支撑引领生态环境保护和打好污染防治攻坚战，培育和壮大环保科技产业，引领美丽中国建设"，而且明确提出了"科技创新支撑生态环境保护和打好污染防治攻坚战"的八项重点任务，其中之一就是，"探索环境科技创新与政策管理创新协同机制"。〔2〕所谓科研协同，或称为科研协作、科研合作，是指

---

〔1〕 《李克强开会部署：加强大气污染科学防治促进绿色发展》，中国政府网，http：//www. gov. cn/guowuyuan/2020 - 09/03/content_ 5539780. htm，最后访问时间：2020 年 8 月 31 日。

〔2〕 参见《中共科学技术部党组印发〈关于科技创新支撑生态环境保护和打好污染防治攻坚战的实施意见〉》，中华人民共和国科学技术部官网，中华人民共和国 http：//www. most. gov. cn/kjbgz/201810/t20181011_ 142060. htm，最后访问时间：2020 年 8 月 30 日。

科研人员之间、科研团体之间、科研部门之间为完成同一科研任务而彼此按照计划协同合作的劳动形态。合作于科研工作开展、科学技术创新具有重要意义，这是由科研活动的特性所决定的。科研是一项复杂、艰巨的智力劳动，离不开人与人之间的相互支持，随着现代科学研究的深入，这一特性愈发凸显，科研合作的范围不仅涉及团队内部、团队外部，而且涉及部门之间与地区之间，开展科研合作已成为攻克科学难关、促进科技进步的必要条件。

就京津冀生态环境保护科技支撑而言，科研合作亦十分重要，尤其是体现为跨地区之间的合作与协同。这已为实践所证明。因区域污染底数不清、形成机理不明、环境质量监测预报预警不准、源头治理技术不足等原因，尤其是受限于区域科研合作滞后所影响，如数据共享难、重复研究多、成果转化低、研究重复多等，京津冀区域生态环境质量状况一度堪忧。近年来，尤其是随着京津冀协同发展重大国家战略的落地与实施，京津冀三地围绕包括生态环境保护在内的多个方面深入开展科研合作，建立健全跨学科、跨行业、跨部门的三地科研合作机制，围绕环境污染成因、溯源和污染防治政策、标准、措施等重大问题开展合作研究，为京津冀生态环境保护、污染（公害）防治提供了重要的科技支撑，推动京津冀生态环境质量不断改善。由此可见，本条文对京津冀污染防治科研合作制度的明确规定不仅十分必要，而且具有实践基础。并且，可以预见的是，京津冀污染防治科研合作制度的法治化必将进一步推动京津冀生态环境保护、污染（公害）防治科研合作的顺利、有效开展，进而更好地助力京津冀生态环境治理、促进京津冀生态环境质量不断改善。

第七章　法律责任

【本章导读】

　　本章是《条例》分则中的法律责任部分内容，共十三条，是对前章所规定的事项对应设置的法律责任。只有设置全面的法律责任形式、加大违法行为的处罚力度、提高违法者的违法成本、有效威慑层出不穷的违法行为，才能全面、彻底、有效地扭转河北省目前依然严峻的生态环境污染形势，改善河北省的整体生态环境质量。为此，本章按照"违法后果严惩"的思路，设置了体系严密、体例严谨、法条严格、罚则严厉的法律责任条款。一方面，本章采用列举的方式，对破坏生态环境的各类违法行为规定了严格的法律责任。对无证排污、超标排污、违规排放以及偷排偷放逃避监管等严重破坏生态环境的行为，加大行政处罚力度，实行按日处罚，提高了罚款数额。另一方面，细化并加重了国家机关及其工作人员不作为、乱作为的法律责任。

　　第六十八条　各级人民政府、生态环境主管部门和其他有关部门未依照本条例规定履行职责，有滥用职权、玩忽职守、徇私舞弊行为的，对直接负责的主管人员和其他直接责任人员依法给予处分；构成犯罪的，依法追究刑事责任。

【条文主旨】

本条文是关于政府、生态环境和其他主管部门的法律责任的规定。

【条文释义】

各级人民政府、生态环境主管部门以及其他有关部门负有大气环境保护监督管理职责，在防治大气污染，保障公众健康，推进生态文明建设，促进经济社会可持续发展中居于关键地位。存在玩忽职守、滥用职权、徇私舞弊等违法行为的，必须严格追究其法律责任。

一、违法行为

《条例》第四条第一款、第二款对各级人民政府的生态环境保护职责进行了规定，各级人民政府对本行政区域的生态环境质量负责。乡镇人民政府和街道办事处应当明确承担生态环境保护职责的机构，根据实际工作需要配备生态环境保护工作人员，落实生态环境保护相关要求。《条例》第五条对各个主管部门的生态环境保护职责进行了规定，生态环境主管部门对本行政区域生态环境保护工作实施统一监督管理。发展改革、公安、自然资源、住房城乡建设、交通运输、工业和信息化、水行政、农业农村、卫生健康、文化旅游、市场监督管理、林业草原、城市管理、行政审批、气象、海洋、邮政管理、海事管理机构等部门应当按照各自职责做好生态环境保护的相关工作。

《条例》第二章"监督管理"各条文分别对生态环境保护规划的编制、修改和内容构成，环境质量标准和污染物排放标准的制定与备案，有关规划与项目应当进行环境影响评价，人民政府、生态环境主管部门的生态环境质量监测、调查评价和考核工作开展，推进生态环境保护综合行政执法改革，生态环境主管部门和其他负有生态环境保护监督管理职责的部门对排放污染物的企业事业单位和其他生产经营者的监督检查，建立健全生态环境信用管理制度，建立健全生态环境保护督察机制，对环境违法案件挂牌督办，部门生态环境保护责任清单的制定、生态文明建设目标评价考核体系的建立、领导干部自然资源资产离任审计和生态环境损害责任终身追究制，以及人民代表大会或者人民代表大会常务委员会对人民政府的监督等内容进行了明确的规定。

各级人民政府、生态环境主管部门和其他有关部门未依照本《条例》规定履行职责，有滥用职权、玩忽职守、徇私舞弊行为的，构成此类违法行为。

二、政府以及生态环境保护等机关工作人员的法律责任

（一）处分

处分是行政机关内部，上级机关对有隶属关系的下级机关及工作人员违反纪律的行为或者对尚未构成犯罪的轻微违反纪律的行为所给予的纪律制裁。对公务员实施处分的主要法律依据是公务员法和行政机关公务员处分条例。根据公务员法第六十二条的规定，处分具体分为：警告、记过、记大过、降级、撤职、开除。根据公务员法第六十四条和《行政机关公务员处分条例》第七条、第八条，公务员在受处分期间不得晋升职务、职级和级别，其中受记过、记大过、降级、撤职处分的，不得晋升工资档次。受处分的期间为：警告，六个月；记过，十二个月；记大过，十八个月；降级、撤职，二十四个月。受撤职处分的，按照规定降低级别。根据公务员法第六十五条和《行政机关公务员处分条例》第九条的规定，公务员受开除以外的处分，在受处分期间有悔改表现，并且没有再发生违纪违法行为的，处分期满后自动解除。解除处分后，晋升工资档次、级别和职务、职级不再受原处分的影响。但是，解除降级、撤职处分的，不视为恢复原级别、原职务、原职级。

（二）刑事责任

刑事责任，是指刑事法律规定的，因实施犯罪行为而产生，由司法机关强制犯罪者承受的刑事惩罚的责任。

第一，滥用职权罪、玩忽职守罪。刑法第三百九十七条规定，国家机关工作人员滥用职权或者玩忽职守，致使公共财产、国家和人民利益遭受重大损失的，处三年以下有期徒刑或者拘役；情节特别严重的，处三年以上七年以下有期徒刑。本法另有规定的，依照规定。国家机关工作人员徇私舞弊，犯前款罪的，处五年以下有期徒刑或者拘役；情节特别严重的，处五年以上十年以下有期徒刑。本法另有规定的，依照规定。

《最高人民法院最高人民检察院关于办理渎职刑事案件适用法律若干问题的解释（一）》（法释〔2012〕18号）第一条规定，国家机关工作人员滥用职权或者玩忽职守，具有下列情形之一的，应当认定为刑法第三百九十七条规定的"致使公共财产、国家和人民利益遭受重大损失"：（1）造成死亡1人以上，或者重伤3人以上，或者轻伤9人以上，或者重

伤 2 人、轻伤 3 人以上，或者重伤 1 人、轻伤 6 人以上的；（2）造成经济损失 30 万元以上的；（3）造成恶劣社会影响的；（4）其他致使公共财产、国家和人民利益遭受重大损失的情形。具有下列情形之一的，应当认定为刑法第三百九十七条规定的"情节特别严重"：（1）造成伤亡达到前款第（1）项规定人数 3 倍以上的；（2）造成经济损失 150 万元以上的；（3）造成前款规定的损失后果，不报、迟报、谎报或者授意、指使、强令他人不报、迟报、谎报事故情况，致使损失后果持续、扩大或者抢救工作延误的；（4）造成特别恶劣社会影响的；（5）其他特别严重的情节。

第二，环境监管失职罪。刑法第四百零八条规定，负有环境保护监督管理职责的国家机关工作人员严重不负责任，导致发生重大环境污染事故，致使公私财产遭受重大损失或者造成人身伤亡的严重后果的，处三年以下有期徒刑或者拘役。

根据《最高人民法院、最高人民检察院关于办理环境污染刑事案件适用法律若干问题的解释》（法释〔2016〕29 号）第二条的规定，实施刑法第四百零八条规定的行为，致使公私财产损失三十万元以上，或者具有本解释第一条第十项至第十七项规定情形之一的，应当认定为"致使公私财产遭受重大损失或者造成人身伤亡的严重后果"，即：（10）造成生态环境严重损害的；（11）致使乡镇以上集中式饮用水水源取水中断十二小时以上的；（12）致使基本农田、防护林地、特种用途林地五亩以上，其他农用地十亩以上，其他土地二十亩以上基本功能丧失或者遭受永久性破坏的；（13）致使森林或者其他林木死亡五十立方米以上，或者幼树死亡二千五百株以上的；（14）致使疏散、转移群众五千人以上的；（15）致使三十人以上中毒的；（16）致使三人以上轻伤、轻度残疾或者器官组织损伤导致一般功能障碍的；（17）致使一人以上重伤、中度残疾或者器官组织损伤导致严重功能障碍的。

第六十九条　违反本条例规定，企业事业单位和其他生产经营者未取得排污许可证排放污染物的，由生态环境主管部门责令改正或者责令限制生产、停产整治，并处十万元以上一百万元以下的罚款；情节严重的，报经有批准权的人民政府批准，责令停业、关闭。

> 实行排污登记管理的企业事业单位和其他生产经营者未按照本条例规定办理排污登记排放污染物的，由生态环境主管部门责令限期改正，处五千元以上五万元以下的罚款。

【条文主旨】

本条文是关于生产经营者违反排污许可管理行为法律责任的规定。

【条文释义】

控制污染物排放许可制是依法规范企业事业单位和其他生产经营者排污行为的基础性环境管理制度，生态环境主管部门通过发放排污许可证并依证监管实施排污许可制。排污许可制度既是排污单位的守法文书，也是生态环境部门的执法依据。因此，对于企业事业单位和其他生产经营者未取得排污许可证排放污染物以及未取得排污许可排放污染物等行为，必须严格追究其法律责任。

一、违法行为

（一）未取得排污许可证排放污染物

《条例》第三十八条规定，本省实施以排污许可制为核心的固定污染源监管制度。依法对企业事业单位和其他生产经营者实行排污许可重点管理、简化管理和登记管理。依法实行排污许可重点管理和简化管理的企业事业单位和其他生产经营者应当如实填报排污许可证申请材料，按照排污许可证规定的污染物种类、浓度、排放去向和许可排放量等要求排放污染物；未取得排污许可证的，不得排放污染物。违反上述规定的，构成此类违法行为。

（二）未按照本条例规定办理排污登记排放污染物

《条例》第三十八条规定，实行排污登记管理的企业事业单位和其他生产经营者应当依法进行排污登记，未登记前不得排放污染物。违反上述规定的，构成此类违法行为。

二、法律责任

(一) 责令改正或者责令限制生产、停产整治

责令改正或者责令限制生产、停产整治，是指通过责令违法生产经营者停止违法行为、限制生产、停止生产等方式，改正其违法行为，使其排放行为符合法律规定。

(二) 责令停业、关闭

责令停业，是指行政机关对违反行政管理秩序的企业事业单位和其他生产经营者，责令其停止相关生产经营活动的一类行政处罚。关闭，是指行政机关对违反行政管理的企业事业组织或者其他组织，通过吊销执照或者相关许可证、停止供水供电、封闭生产经营场所等方式，禁止其继续从事相关生产经营活动的行政处罚。责令停业、关闭是较为严厉的行政处罚，限于情节严重的违法行为，需要报请有批准权限的人民政府批准。

(三) 罚款

环境保护法第五十九条规定，企业事业单位和其他生产经营者违法排放污染物，受到罚款处罚，被责令改正，拒不改正的，依法作出处罚决定的行政机关可以自责令改正之日的次日起，按照原处罚数额按日连续处罚。前款规定的罚款处罚，依照有关法律法规按照防治污染设施的运行成本、违法行为造成的直接损失或者违法所得等因素确定的规定执行。地方性法规可以根据环境保护的实际需要，增加第一款规定的按日连续处罚的违法行为的种类。大气污染防治法第九十九条规定的罚款幅度是十万元以上一百万元以下。本条规定的罚款幅度为十万元以上一百万元以下。同时，《条例》第三十八条规定，实行排污登记管理的企业事业单位和其他生产经营者应当依法进行排污登记，未登记前不得排放污染物。实行排污登记管理的企业事业单位和其他生产经营者未按照本条例规定办理排污登记排放污染物的，处五千元以上五万元以下的罚款。

第七十条 违反本条例规定，企业事业单位和其他生产经营者有下列行为之一的，受到罚款处罚，被责令改正拒不改正的，依法作出处罚决定的行政主管部门可以自责令改正之日的次日起，按照原处罚数额按日连续处罚：

（一）未依法取得排污许可证排放污染物的；

（二）超过污染物排放标准或者超过重点污染物排放总量控制指标排放污染物的；

（三）未按照国家和本省的要求建设、安装、使用防治污染设施直接排放污染物的；

（四）通过暗管、渗井、渗坑、灌注或者篡改、伪造监测数据，或者不正常运行防治污染设施等逃避监管的方式排放污染物的；

（五）法律法规规定的其他实施按日连续处罚的行为

【条文主旨】

本条文是关于生产经营者违法排污行为拒不改正实施按日连续处罚法律责任的规定。

【条文释义】

实施按日连续处罚是加强环境保护工作的迫切需要，即按照违法排污行为拒不改正的天数累计每天的处罚额度，违法时间越长，罚款数额越高，从而实现过罚相当，有效解决"守法成本高，违法成本低"的问题，达到督促违法行为及时改正的目的。本条文在环境保护法第五十九条的基础上对法律责任进行了细化。

一、违法行为

（一）未依法取得排污许可证排放污染物

《条例》第三十八条规定，本省实施以排污许可制为核心的固定污染源监管制度。依法对企业事业单位和其他生产经营者实行排污许可重点管理、简化管理和登记管理。依法实行排污许可重点管理和简化管理的企业事业单位和其他生产经营者应当如实填报排污许可证申请材料，按照排污许可证规定的污染物种类、浓度、排放去向和许可排放量等要求排放污染物；未取得排污许可证的，不得排放污染物。违反上述规定的，构成此类违法行为。

（二）超过污染物排放标准或者超过重点污染物排放总量控制指标排放污染物

《条例》第三十六条规定，省人民政府生态环境主管部门应当根据国务院下达的重点污染物排放总量控制指标，制订本省重点污染物排放总量控制计划，报省人民政府批准后组织实施。设区的市人民政府应当按照省人民政府重点污染物排放总量控制计划的要求，制定本行政区域重点污染物排放总量控制实施方案。对超过国家重点污染物排放总量控制指标或者未完成国家确定的生态环境质量目标的地区，省人民政府生态环境主管部门应当依法暂停审批其新增重点污染物排放总量的建设项目环境影响评价文件。《条例》第三十七条规定，企业事业单位和其他生产经营者应当采取措施，防治在生产建设或者其他活动中产生的废气、废水、固体废物以及噪声、辐射等对生态环境的污染和危害，不得超过排放标准和重点污染物排放总量控制指标排放污染物。违反上述规定的，构成此类违法行为。

（三）未按照国家和本省的要求建设、安装、使用防治污染设施直接排放污染物

《条例》第四十条第一款、第二款规定，排放污染物的企业事业单位和其他生产经营者应当按照国家和本省的要求建设、安装、使用防治污染设施，严格控制污染物排放，未经处理不得直接排放污染物。对于生产过程中产生的粉尘和气态污染物的无组织排放，应当加强精细化管理，依法采取措施，严格控制粉尘和气态污染物的排放。企业事业单位和其他生产经营者应当保障防治污染设施正常运行，因故障、不可抗力等紧急情况停运防治污染设施的，应当立即向当地生态环境主管部门报告。停运防治污染设施应当同时停运相应的生产设施，确因公共利益需要不能同时停运的，应当采取有效措施，减少污染物排放。违反上述规定的，构成此类违法行为。

（四）通过暗管、渗井、渗坑、灌注或者篡改、伪造监测数据，或者不正常运行防治污染设施等逃避监管的方式排放污染物

《条例》第四十条第三款规定，严禁通过暗管、渗井、渗坑、灌注或者篡改、伪造监测数据，或者不正常运行防治污染设施等逃避监管的方式违法排放污染物。违反上述规定的，构成此类违法行为。

（五）法律法规规定的其他实施按日连续处罚的行为

这是一个兜底性条款，包括上述 4 类行为之外的其他依法按日连续处罚的生产经营者违法排污行为。

二、法律责任

环境保护法第五十九条规定，企业事业单位和其他生产经营者违法排放污染物，受到罚款处罚，被责令改正，拒不改正的，依法作出处罚决定的行政机关可以自责令改正之日的次日起，按照原处罚数额按日连续处罚。前款规定的罚款处罚，依照有关法律法规按照防治污染设施的运行成本、违法行为造成的直接损失或者违法所得等因素确定的规定执行。地方性法规可以根据环境保护的实际需要，增加第一款规定的按日连续处罚的违法行为的种类。根据上述规定，为了有效保护河北省生态环境，防止生态环境质量遭受损害，加大对生产经营者违法排污行为的处罚力度，对受到罚款处罚，被责令改正拒不改正的，《条例》对上述几类违法行为增加了按日连续处罚的规定。生态环境主管部门在进行连续处罚之时，应当按照《环境保护主管部门实施按日连续处罚办法》（以下简称《处罚办法》）实施。《处罚办法》详细规定了实施按日连续处罚的依据、原则、范围、程序和计罚方式，以及与其他环境保护制度的并用关系。具体包括：明确了适用按日连续处罚的违法行为种类；规范了实施按日连续处罚的程序；明确了责令改正的内容和形式；确定了拒不改正违法排放污染物行为的评判标准；规定了按日连续处罚的计罚方式；明确了按日连续处罚制度与其他相关环保制度的并用关系，规定环境保护主管部门针对违法排放污染物行为实施按日连续处罚的，可以同时适用责令排污者限制生产、停产整治或者采取查封、扣押等措施；因采取上述措施使排污者停止违法排污行为的，不再实施按日连续处罚。

第七十一条　违反本条例规定，建设单位未依法报批建设项目环境影响评价报告书、报告表，或者未依法重新报批或者报请重新审核环境影响报告书、报告表，擅自开工建设的，由生态环境主管部门责令停止建设，根据违法情节和危害后果，处建设项目总投资额百分之一以上百分之五以下的罚款，并可以责令恢复原状；对建设单位直接负责的主管人员和其他直接责任人员，依法给予处分。

建设项目环境影响报告书、报告表未经批准或者未经原审批部门重新审核同意，建设单位擅自开工建设的，依照前款的规定处罚、处分。

建设单位未依法备案建设项目环境影响登记表的，由生态环境主管部门责令备案，处五万元以下的罚款。

【条文主旨】

本条文是关于建设单位未依法报批建设项目环境影响评价报告书、报告表等违法行为法律责任的规定。

【条文释义】

建设单位施工会对周边的生态环境造成不同程度的影响，生态环境保护主管部门需要在事前对建设单位提交的环境影响评价报告书、报告表进行审批，以防止对生态环境造成不可预知的损害，是非常重要的事前预防性措施。实践中，一些建设单位未依法报批建设项目环境影响评价报告书、报告表等违法行为的问题比较突出。因此，《条例》规定了此类违法行为的法律责任。

一、违法行为

（一）建设单位未依法报批建设项目环境影响评价报告书、报告表，或者未依法重新报批或者报请重新审核环境影响报告书、报告表，擅自开工建设

环境保护法第六十一条规定，建设单位未依法提交建设项目环境影响评价文件或者环境影响评价文件未经批准，擅自开工建设的，由负有环境保护监督管理职责的部门责令停止建设，处以罚款，并可以责令恢复原状。环境影响评价法第三十一条规定，建设单位未依法报批建设项目环境影响报告书、报告表，或者未依照本法第二十四条的规定重新报批或者报请重新审核环境影响报告书、报告表，擅自开工建设的，由县级以上生态环境主管部门责令停止建设，根据违法情节和危害后果，处建设项目总投资额百分之一以上百分之五以下的罚款，并可以责令恢复原状；对建设单

位直接负责的主管人员和其他直接责任人员，依法给予行政处分。《条例》
第十三条规定，编制土地利用有关规划和区域、流域、海域建设和开发利
用规划以及有关专项规划，新建、改建、扩建对环境有影响的项目，应当
依法进行环境影响评价。未依法进行环境影响评价的开发利用规划，不得
组织实施；未依法进行环境影响评价的建设项目，不得开工建设。建设单
位应当依法编制环境影响报告书、环境影响报告表或者填报环境影响登记
表，并按照国家规定报有审批权的生态环境主管部门审批或者备案。建设
项目发生法定变动情形的，其环境影响评价文件应当依法重新报批或者审
核。在项目建设、运行过程中产生不符合经批准的环境影响评价文件的情
形的，建设单位应当依法组织环境影响后评价，采取改进措施，并报原环
境影响评价文件审批部门和建设项目审批部门备案；原环境影响评价文件
审批部门也可以责成建设单位进行环境影响的后评价，采取改进措施。违
反上述规定的，构成此类违法行为。

（二）建设项目环境影响报告书、报告表未经批准或者未经原审
批部门重新审核同意，建设单位擅自开工建设

建设单位虽然提交了建设项目环境影响报告书、报告表，但是其所报
批的建设项目环境影响报告书、报告表未经批准或者未经原审批部门重新
审核同意，建设单位禁止擅自开工建设。《条例》第十三条规定，未依法
进行环境影响评价的建设项目，不得开工建设。违反上述规定的，构成此
类违法行为。

（三）建设单位未依法备案建设项目环境影响登记表

本《条例》第十三条规定，建设单位应当依法填报环境影响登记表，
并按照国家规定报有审批权的生态环境主管部门备案。在项目建设、运行
过程中产生不符合经批准的环境影响评价文件的情形的，建设单位应当依
法组织环境影响后评价，采取改进措施，并报原环境影响评价文件审批部
门和建设项目审批部门备案。违反上述规定的，构成此类违法行为。

二、法律责任

环境保护法第六十一条规定，建设单位未依法提交建设项目环境影响
评价文件或者环境影响评价文件未经批准，擅自开工建设的，由负有环境

保护监督管理职责的部门责令停止建设，处以罚款，并可以责令恢复原状。《条例》第七十一条是对环境保护法的进一步细化。

1. 建设单位未依法报批建设项目环境影响评价报告书、报告表，或者未依法重新报批或者报请重新审核环境影响报告书、报告表，或者建设项目环境影响报告书、报告表未经批准或者未经原审批部门重新审核同意，擅自开工建设的违法行为，建设单位需要承担以下法律责任：（1）生态环境主管部门责令停止建设；（2）生态环境主管部门根据违法情节和危害后果，处建设项目总投资额百分之一以上百分之五以下的罚款；（3）生态环境主管部门同时可以责令恢复原状；（4）对建设单位直接负责的主管人员和其他直接责任人员，依法给予处分。

2. 建设单位未依法备案建设项目环境影响登记表的违法行为，承担以下法律责任：（1）由生态环境主管部门责令备案；（2）同时处五万元以下的罚款。

> 第七十二条　违反本条例规定，重点排污单位有下列行为之一的，由生态环境主管部门责令改正，处二万元以上二十万元以下的罚款；拒不改正的，责令停产整治：
>
> （一）未按照规定安装使用自动监测设备，或者未与生态环境主管部门的监控设备联网的；
>
> （二）不正常运行自动监测设备的；
>
> （三）破坏、损毁或者擅自拆除、闲置自动监测设备的；
>
> （四）未按照规定向社会公开自动监测数据的。

【条文主旨】

本条文是关于重点排污单位未按照规定，安装使用自动监测设备等违法行为法律责任的规定。

【条文释义】

按照国家和本省有关规定安装使用污染物排放自动监测设备，并与生态环境保护主管部门的监控设备联网，保证监测设备正常运行，如实公开监测数据等，是重点排污单位应当履行的法定义务。实践中，一些单位未按照规定安装使用自动监测设备，或者未与生态环境主管部门的监控设备联网，不正常运行自动监测设备，破坏、损毁或者擅自拆除、闲置自动监测设备的问题比较突出。因此，本条规定了此类违法行为的法律责任。

一、违法行为

（一）未按照规定安装使用自动监测设备，或者未与生态环境主管部门的监控设备联网

环境保护法第四十二条第三款规定，重点排污单位应当按照国家有关规定和监测规范安装使用监测设备，保证监测设备正常运行，保存原始监测记录。《条例》第四十条第一款规定，排放污染物的企业事业单位和其他生产经营者应当按照国家和本省的要求建设、安装、使用防治污染设施，严格控制污染物排放，未经处理不得直接排放污染物。对于生产过程中产生的粉尘和气态污染物的无组织排放，应当加强精细化管理，依法采取措施，严格控制粉尘和气态污染物的排放。《条例》第四十三条第一款规定，重点排污单位应当按照国家和本省有关规定以及相关监测规范安装使用污染物排放自动监测设备，与生态环境主管部门的监控设备联网，保障自动监测设备正常运行，并向社会公开自动监测数据。违反上述规定的，构成此类违法行为。

（二）不正常运行自动监测设备

《条例》第四十三条第一款、第二款规定，设区的市人民政府生态环境主管部门应当商有关部门依法确定重点排污单位名录并向社会公布。重点排污单位应当按照国家和本省有关规定以及相关监测规范安装使用污染物排放自动监测设备，与生态环境主管部门的监控设备联网，保障自动监测设备正常运行，并向社会公开自动监测数据。重点排污单位自动监测设备应当安装独立、不可修改、规范统一的数据存储模块，实时记录设备工作参数、运行情况，实现所有操作全程留痕记录。违反上述规定的，构成此类违法行为。

（三）破坏、损毁或者擅自拆除、闲置自动监测设备

《条例》第四十三条第三款规定，重点排污单位不得破坏、损毁或者

擅自拆除、闲置自动监测设备。违反上述规定的，构成此类违法行为。

（四）未按照规定向社会公开自动监测数据

环境保护法第六十二条规定，违反本法规定，重点排污单位不公开或者不如实公开环境信息的，由县级以上地方人民政府环境保护主管部门责令公开，处以罚款，并予以公告。《条例》第六十条第一款规定，重点排污单位应当按照规定如实向社会公开其主要污染物的名称、排放方式、执行标准、排放浓度和总量、超标排放情况，以及防治污染设施的建设和运行情况、突发环境事件应急预案等环境信息，接受社会监督，并对公开信息的真实性、准确性和完整性负责。《条例》第四十三条第一款、第二款规定，设区的市人民政府生态环境主管部门应当商有关部门依法确定重点排污单位名录并向社会公布。重点排污单位应当按照国家和本省有关规定以及相关监测规范安装使用污染物排放自动监测设备，与生态环境主管部门的监控设备联网，保障自动监测设备正常运行，并向社会公开自动监测数据。重点排污单位自动监测设备应当安装独立、不可修改、规范统一的数据存储模块，实时记录设备工作参数、运行情况，实现所有操作全程留痕记录。违反上述规定的，构成此类违法行为。

二、法律责任

对于重点排污单位存在的上述违法行为，环境保护法第六十二条的规定是，由县级以上地方人民政府环境保护主管部门责令公开，处以罚款，并予以公告。本条规定：（1）由生态环境主管部门责令改正，同时处二万元以上二十万元以下的罚款；（2）拒不改正的，责令停产整治。

> 第七十三条　违反本条例规定，生态环境监测机构篡改、伪造监测数据或者出具虚假监测报告的，由生态环境主管部门责令改正，处十万元以上五十万元以下的罚款；情节严重的，移送相关资质认定部门依法撤销其资质认定证书。

【条文主旨】

本条文是关于生态环境监测机构篡改、伪造监测数据或者出具虚假监测报告的违法行为法律责任的规定。

【条文释义】

生态环境监测机构是提供生态环境监测信息的主体，是信息真实性、准确性、及时性的重要保障。实践中，部分生态环境监测机构篡改、伪造监测数据或者出具虚假监测报告的问题比较突出，会对生态环境监测信息的真实性、准确性、及时性造成严重影响，进而干扰和影响政府的决策及威信。因此，本条规定了此类违法行为的法律责任。

一、违法行为

水污染防治法第一百条规定，因水污染引起的损害赔偿责任和赔偿金额的纠纷，当事人可以委托环境监测机构提供监测数据。环境监测机构应当接受委托，如实提供有关监测数据。固体废物污染环境防治法第五十六条规定，生活垃圾处理单位应当按照国家有关规定，安装使用监测设备，实时监测污染物的排放情况，将污染排放数据实时公开。监测设备应当与所在地生态环境主管部门的监控设备联网。《条例》第十四条第四款规定，生态环境监测机构应当依法取得检验检测机构资质认定证书，使用符合国家标准的监测设备，加强监测人员生态环境保护法律法规和专业知识培训，遵守监测规范，建立质量管理体系，按照规定保存监测原始记录和监测报告，接受生态环境等部门的监督管理。生态环境监测机构及其负责人对其出具的监测数据的真实性和准确性负责，不得违规操作或者篡改、伪造监测数据，不得出具虚假监测报告。违反上述规定的，构成此类违法行为。

二、法律责任

环境保护法第六十五条规定，环境影响评价机构、环境监测机构以及从事环境监测设备和防治污染设施维护、运营的机构，在有关环境服务活动中弄虚作假，对造成的环境污染和生态破坏负有责任的，除依照有关法律法规规定予以处罚外，还应当与造成环境污染和生态破坏的其他责任者承担连带责任。根据上述规定，有相关违法行为的，生态环境监测机构应当承担相应的法律责任，本条对生态环境监测机构应当承担的法律责任进一步细化为：（1）由生态环境主管部门责令改正，处十万元以上五十万元以下的罚款；（2）情节严重的，移送相关资质认定部门依法撤销其资质认定证书。此外，《条例》第十四条第四款规定，生态环境监测机构应当依法取得检验检测机构资质认定证书。依法撤销资质认定证书，意味着有上述情节严重的违法行为，生态环境监测机构将无法继续从事生态环境监测活动。

> 第七十四条 违反本条例规定，排放污染物的企业事业单位和其他生产经营者未按照规定建立、保存环境管理台账或者台账记录内容不完整、弄虚作假的，由生态环境主管部门责令改正，处二万元以上二十万元以下的罚款；拒不改正的，责令停产整治。
>
> 纳入生态环境保护统计调查范围的企业事业单位和其他生产经营者拒绝提供环境统计资料、提供不真实或者不完整的环境统计资料的，由县级以上人民政府统计机构责令改正，依照《中华人民共和国统计法》予以处理。

【条文主旨】

本条文是关于排放污染物的企业事业单位和其他生产经营者，未按照规定建立、保存环境管理台账或者台账记录内容不完整、弄虚作假等违法行为法律责任的规定。

【条文释义】

环境管理台账是排污单位记录日常环境管理信息的载体，是排污单位在排污许可管理过程中自证守法的主要原始依据，也是环保部门依证监管的主要手段。生态环境部于2018年3月27日发布《排污单位环境管理台账及排污许可证执行报告技术规范总则（试行）》（HJ 944—2018），该标准规定了排污单位环境管理台账记录形式、记录内容、记录频次和记录保存的一般要求。排放污染物的企业事业单位和其他生产经营者不按照规定实施环境管理台账制度的，应当依法承担法律责任。

一、违法行为

（一）未按照规定建立、保存环境管理台账或者台账记录内容不完整、弄虚作假

《条例》第四十四条第一款、第二款规定，排放污染物的企业事业单位和其他生产经营者应当按照国家和本省有关规定建立环境管理台账，记录防治污染设施运行管理、监测记录以及其他环境管理等信息，并对台账的真实性和完整性负责。台账的保存期限不得少于三年，法律法规另有规定的除外。违反上述规定的，构成此类违法行为。

（二）拒绝提供环境统计资料、提供不真实或者不完整的环境统计资料

《条例》第四十四条第三款规定，企业事业单位和其他生产经营者应当依法真实、准确、完整、及时填报环境统计报表，不得提供不真实或者不完整的统计资料，不得拒报、迟报。违反上述规定的，构成此类违法行为。

二、法律责任

1. 排放污染物的企业事业单位和其他生产经营者，未按照规定建立、保存环境管理台账或者台账记录内容不完整、弄虚作假的，应当承担相应的法律责任：（1）由生态环境主管部门责令改正，处二万元以上二十万元以下的罚款；（2）拒不改正的，责令停产整治。

2. 纳入生态环境保护统计调查范围的企业事业单位和其他生产经营者拒绝提供环境统计资料、提供不真实或者不完整的环境统计资料的，本条第二款的法律责任设置了指向性条款，其法律责任适用统计法的相关规定。

统计法第四十一条规定，作为统计调查对象的国家机关、企业事业单位或者其他组织有下列行为之一的，由县级以上人民政府统计机构责令改正，给予警告，可以予以通报；其直接负责的主管人员和其他直接责任人员属于国家工作人员的，由任免机关或者监察机关依法给予处分：（1）拒绝提供统计资料或者经催报后仍未按时提供统计资料的；（2）提供不真实或

者不完整的统计资料的；（3）拒绝答复或者不如实答复统计检查查询书的；（4）拒绝、阻碍统计调查、统计检查的；（5）转移、隐匿、篡改、毁弃或者拒绝提供原始记录和凭证、统计台账、统计调查表及其他相关证明和资料的。企业事业单位或者其他组织有前款所列行为之一的，可以并处五万元以下的罚款；情节严重的，并处五万元以上二十万元以下的罚款。

因此，本条上述违法行为需要承担的法律责任有：（1）由县级以上人民政府统计机构责令改正。（2）给予警告。（3）可以予以通报。通报是国家机关、社会团体、企业事业单位用以表彰先进、批评错误，传达重要精神或通报有关情况的公文。此处的通报用于批评错误，总结教训，告诫、警惕类似问题的发生。（4）统计调查对象的国家机关、企业事业单位或者其他组织的直接负责的主管人员和其他直接责任人员属于国家工作人员的，由任免机关或者监察机关依法给予处分。（5）可以并处五万元以下的罚款。（6）情节严重的，并处五万元以上二十万元以下的罚款。

第七十五条　违反本条例规定，突发环境事件发生后，企业事业单位未及时启动突发环境事件应急预案，采取有关必要措施的，由生态环境主管部门责令改正；情节严重的，处二万元以上十万元以下的罚款；造成严重环境污染、生态破坏或者重大不良社会影响的，除承担生态环境损害赔偿责任外，依法追究直接负责的主管人员和其他直接责任人员的责任。

【条文主旨】

本条文是关于企业事业单位未及时启动突发环境事件应急预案的违法行为法律责任的规定。

【条文释义】

突发环境事件应急预案是通过管理手段预防、控制突发环境事件和环境风险等手段，减缓和控制环境影响后果的最主要管理工具。突发环境事件发生后，企业事业单位应当立即启动突发环境事件应急预案，并采取有关必要措施。对于未及时启动突发环境事件应急预案，采取有关必要措施的，必须严格追究其法律责任。

一、违法行为

环境保护法第四十七条第三款规定，企业事业单位应当按照国家有关规定制定突发环境事件应急预案，报环境保护主管部门和有关部门备案。在发生或者可能发生突发环境事件时，企业事业单位应当立即采取措施处理，及时通报可能受到危害的单位和居民，并向环境保护主管部门和有关部门报告。《条例》第四十五条第二款规定，企业事业单位应当依法制定突发环境事件应急预案，并报生态环境主管部门和有关部门备案。在发生或者可能发生突发环境事件时，应当立即启动应急预案，采取切断或者控制污染源以及其他防止危害扩大的必要措施，及时通报可能受到危害的单位和居民，并向生态环境主管部门和有关部门报告。违反上述规定的，构成此类违法行为。

二、法律责任

有上述违法行为的，应当承担相应的法律责任：（1）由生态环境主管部门责令改正。（2）情节严重的，处二万元以上十万元以下的罚款。对于造成严重环境污染、生态破坏或者重大不良社会影响的，承担生态环境损害赔偿责任。民法典第一百七十九条规定，承担民事责任的方式主要有：（1）停止侵害；（2）排除妨碍；（3）消除危险；（4）返还财产；（5）恢复原状；（6）修理、重作、更换；（7）继续履行；（8）赔偿损失；（9）支付违约金；（10）消除影响、恢复名誉；（11）赔礼道歉。法律规定惩罚性赔偿的，依照其规定。本条规定的承担民事责任的方式，可以单独适用，也可以合并适用。生态环境损害赔偿责任具有公益性，与一般的民事责任有所区别。民法典第一千二百二十九条规定，因污染环境、破坏生态造成他人损害的，侵权人应当承担侵权责任。民法典第一千二百三十四条规定，违反国家规定造成生态环境损害，生态环境能够修复的，国家规定的机关或者法律规定的组织有权请求侵权人在合理期限内承担修复责任。侵权人在期限内未修复的，国家规定的机关或者法律规定的组织可以自行或者委托他人进行修复，所需费用由侵权人负担。民法典第一千二百三十五条规定，违反国家规定造成生态环境损害的，国家规定的机关或者法律规定的组织有权请求侵权人赔偿下列损失和费用：（1）生态环境受到损害至修复完成期间服务功能丧失导致的损失；（2）生态环境功能永久性损害造成的损失；（3）生态环境损害调查、鉴定评估等费用；（4）清除污染、修复生态环境费用；（5）防止损害的发生和扩大所支出的合理费用。（3）依法追究直接负责的主管人员和其他直接责任人员的责任。突发事件应对法第六十四条规定，有关单位有下列情形之一的，由所在地履行统一领导职责的人民政府责令停产停业，暂扣或者吊销许可证或者营业执照，并处五万元以上二十万元以下的罚款；构成违反治安管理行为的，由公安机关依法给予处罚：（1）未按规定采取预防措施，导致发生严重突发事件的；（2）未及时消除已发现的可能引发突发事件的隐患，导致发生严重突发事件的；（3）未做好应急设备、设施日常维护、检测工作，导致发生严重突发事件或者突发事件危害扩大的；（4）突发事件发生后，不及时组织开展应急救援工作，造成严重后果的。前款规定的行为，其他法律、行政法规规定由人民政府有关部门依法决定处罚的，从其规定。《突发环境事件应急预案管理暂行办法》第二十五条规定，应当编制或者修订环境应急预案的企业事业单位不编制环境应急预案、不及时修订应急预案或者不按规定进行应急预案评估和备案的，由县级以上人民政府环境保护主管部门责令限期改正；逾期不改正的，依据有关法律、法规给予处罚。该办法第二十六条规定，环境保护主管部门或者企业事业单位不编制环境应急预案或者不执行环境应急预案，导致突发环境事件发生或者危害扩大的，依据国家有关规定对负有责任的主管人员和其他直接责任人员给予处分；构成犯罪的，依法追究刑事责任。

第七十六条　违反本条例规定，在城市市区噪声敏感建筑物集中区域内，夜间进行禁止进行的产生环境噪声污染的建筑施工作业的，由城市管理部门责令改正，可以处五万元以上十万元以下的罚款。

【条文主旨】

本条文是夜间进行的产生环境噪声污染的建筑施工作业的违法行为法

律责任的规定。

【条文释义】

"噪声敏感建筑物集中区域",是指医疗区、文教科研区和以机关或者居民住宅为主的区域。对于上述区域,夜间应当确保其安静,避免由建筑施工作业噪声引发环境噪声污染。对于该区域内的夜间建筑施工行为应当严格追究其法律责任。

一、违法行为

环境保护法第四十二条第一款规定,排放污染物的企业事业单位和其他生产经营者,应当采取措施,防治在生产建设或者其他活动中产生的废气、废水、废渣、医疗废物、粉尘、恶臭气体、放射性物质以及噪声、振动、光辐射、电磁辐射等对环境的污染和危害。噪声污染防治法第三十条第一款规定,在城市市区噪声敏感建筑物集中区域内,禁止夜间进行产生环境噪声污染的建筑施工作业,但抢修、抢险作业和因生产工艺上要求或者特殊需要必须连续作业的除外。《条例》第五十七条规定,排放环境噪声的企业事业单位和其他生产经营者应当采取有效措施,使其排放的环境噪声符合国家和本省规定的排放标准。在城市市区噪声敏感建筑物集中区域内,禁止夜间进行产生环境噪声污染的建筑施工作业,但抢修、抢险作业和因生产工艺上要求或者特殊需要必须连续作业的除外。因特殊需要必须连续作业的,应当有县级以上人民政府或者其有关主管部门的证明,并提前二日公告附近居民。违反上述规定的,构成此类违法行为。

二、法律责任

噪声污染防治法第五十六条规定,建筑施工单位违反在城市市区噪声敏感建筑物集中区域内,夜间进行禁止进行的产生环境噪声污染的建筑施工作业的,由工程所在地县级以上地方人民政府生态环境主管部门责令改正,可以并处罚款。根据上述规定,本条就噪声污染行为规定了其应当承担的法律责任:(1)由城市管理部门责令改正。(2)可以处五万元以上十万元以下的罚款。

> **第七十七条** 违反本条例规定，重点排污单位未按照要求公开环境信息的，由生态环境主管部门责令公开，处十万元以下的罚款，并予以公告。

【条文主旨】

本条文是关于重点排污单位未按照要求公开环境信息的违法行为法律责任的规定。

【条文释义】

重点排污单位环境信息公开是推进企业自觉守法、落实企业环境保护主体责任的重要措施，也是环境监管部门加强重点污染源监管、提升环境执法效能的重要手段之一。为此，重点排污单位应当通过其网站、企业事业单位环境信息公开平台、政府网站或者当地报刊等便于公众知晓的方式，如实向社会公开其基础信息、排污信息，包括主要污染物的名称、排放方式、排放浓度和总量、超标排放情况，以及防治污染设施的建设和运行情况、突发环境事件应急预案等内容，接受社会及公众的监督。对于重点排污单位未按照要求公开环境信息等行为，必须严格追究相关单位法律责任。

一、违法行为

《条例》第六十条第一款规定，重点排污单位应当按照规定如实向社会公开其主要污染物的名称、排放方式、执行标准、排放浓度和总量、超标排放情况，以及防治污染设施的建设和运行情况、突发环境事件应急预案等环境信息，接受社会监督，并对公开信息的真实性、准确性和完整性负责。违反上述规定的，构成此类违法行为。

二、法律责任

环境保护法第六十二条规定，违反本法规定，重点排污单位不公开或者不如实公开环境信息的，由县级以上地方人民政府环境保护主管部门责令公开，处以罚款，并予以公告。根据上述规定，本条进一步明确了重点排污单位未按照要求公开环境信息的违法行为应当承担相应的法律责任，具体包括：（1）由生态环境主管部门责令公开。（2）处十万元以下的罚款，并予以公告。

> **第七十八条　违反本条例规定，大气污染物排放重点企业不执行重污染天气应急减排措施的，由生态环境主管部门责令改正；拒不改正的，处十万元以上五十万元以下的罚款。**

【条文主旨】

本条文是关于大气污染物排放重点企业不执行重污染天气应急减排措施的违法行为法律责任的规定。

【条文释义】

2013年以来，河北省多地多次出现大范围、高浓度的重污染天气，重污染天气治理成为社会关注的焦点问题。针对重污染天气，河北省先后制定《河北省重污染天气应急预案》《重污染天气应急响应操作方案编制指南（试行）》。大气污染物排放重点企业作为重污染天气产生的主要来源，应当积极承担重污染天气应对责任，坚决执行重污染天气应急减排措施。对于大气污染物排放重点企业不执行重污染天气应急减排措施等行为，应当严格追究其法律责任。

一、违法行为

《条例》第四十七条规定，县级以上人民政府应当制定重污染天气应急预案，依据重污染天气的预警等级，及时启动应急预案并向社会公布。根据应急需要，责令有关企业采取应急减排措施，并可以采取限制部分机动车行驶、禁止燃放烟花爆竹、停止工地土石方作业和建筑物拆除施工、停止工程爆破作业、停止混凝土搅拌、停止喷涂粉刷和护坡喷浆作业、停止露天烧烤、停止幼儿园和学校组织的户外活动、组织开展人工影响天气作业等应急管控措施。根据重污染天气应急预案，对大气污染物排放重点行业企业按照其污染治理水平、污染物排放强度、企业管理水平、交通运输方式等进行评价和绩效分级，实施应急减排差异化管控；鼓励企业结合行业生产特点和对空气质量的影响，采取季节性生产调控措施。大气污染物排放重点企业根据重污染天气应急预案，编制重污染天气应急响应操作方案，执行重污染天气应急减排措施。大气污染物排放重点企业清单，由生态环境主管部门向社会公布。违反上述规定的，构成此类违法行为。

二、法律责任

有上述违法行为的，应当承担相应的法律责任：（1）由生态环境主管部门责令改正。（2）拒不改正的，处十万元以上五十万元以下的罚款。

> 第七十九条　违反本条例规定，造成环境污染或者生态破坏的，应当依法承担生态环境损害赔偿责任，并负担清除污染、修复生态环境、修复期间服务功能的损失、生态环境功能永久性损害造成的损失以及生态环境损害赔偿调查、鉴定评估等费用。
>
> 因环境污染、生态破坏受到损害的单位和个人，有权依法要求污染者承担停止侵害、排除妨碍、消除危险、恢复原状、赔偿损失等民事侵权责任。

【条文主旨】

本条是关于造成环境污染或者生态破坏的违法行为法律责任的规定。

【条文释义】

因环境污染、生态破坏受到损害的单位和个人不仅应当承担行政责任，还可能承担生态环境损害赔偿责任和民事侵权责任。其中，本条款就生态环境损害赔偿责任方式予以细化规定，体现了环境资源生态功能价值，促使赔偿义务人对受损的生态环境进行修复。生态环境损害无法修复的，实施货币赔偿，用于替代修复。此外，生态环境损害发生后，赔偿权利人组织开展生态环境损害调查、鉴定评估、修复方案编制等工作，或者负担由上述活动产生的费用。主动与赔偿义务人磋商，磋商未达成一致，赔偿权利人可依法提起诉讼。本条款实现了由环境污染、生态破坏产生的行政责任、生态环境损害赔偿责任以及民事侵权责任的有限衔接。

一、违法行为

造成环境污染或者生态破坏。环境保护法第六条第一款、第三款规定，一切单位和个人都有保护环境的义务。企业事业单位和其他生产经营者应当防止、减少环境污染和生态破坏，对所造成的损害依法承担责任。本《条例》第六条第一款、第二款也同样就上述内容作出规定。违反上述规定的，构成此类违法行为。

二、法律责任

（一）生态环境损害赔偿责任

民法典第一千二百三十四条规定，违反国家规定造成生态环境损害，生态环境能够修复的，国家规定的机关或者法律规定的组织有权请求侵权人在合理期限内承担修复责任。侵权人在期限内未修复的，国家规定的机关或者法律规定的组织可以自行或者委托他人进行修复，所需费用由侵权人负担。根据民法典第一千二百三十五条规定，违反国家规定造成生态环境损害的，国家规定的机关或者法律规定的组织有权请求侵权人赔偿下列损失和费用：（1）生态环境受到损害至修复完成期间服务功能丧失导致的损失；（2）生态环境功能永久性损害造成的损失；（3）生态环境损害调查、鉴定评估等费用；（4）清除污染、修复生态环境费用；（5）防止损害的发生和扩大所支出的合理费用。《最高人民法院关于审理生态环境损害赔偿案件的若干规定（试行）》第十一条规定，被告违反法律法规污染环境、破坏生态的，人民法院应当根据原告的诉讼请求以及具体案情，合理判决被告承担修复生态环境、赔偿损失、停止侵害、排除妨碍、消除危险、赔礼道歉等民事责任。

该规定第十二条规定，受损生态环境能够修复的，人民法院应当依法判决被告承担修复责任，并同时确定被告不履行修复义务时应承担的生态环境修复费用。生态环境修复费用包括制定、实施修复方案的费用，修复期间的监测、监管费用，以及修复完成后的验收费用、修复效果后评估费用等。原告请求被告赔偿生态环境受到损害至修复完成期间服务功能损失的，人民法院根据具体案情予以判决。

该规定第十三条规定，受损生态环境无法修复或者无法完全修复，原告请求被告赔偿生态环境功能永久性损害造成的损失的，人民法院根据具体案情予以判决。

该规定第十四条规定，原告请求被告承担下列费用的，人民法院根据具体案情予以判决：（1）实施应急方案以及为防止生态环境损害的发生和扩大采取合理预防、处置措施发生的应急处置费用；（2）为生态环境损害赔偿磋商和诉讼支出的调查、检验、鉴定、评估等费用；（3）合理的律师费以及其他为诉讼支出的合理费用。

（二）民事侵权责任

民法典"侵权责任编"第七章对"环境污染和生态破坏责任"设置专章进行了专门性的规定，其中包括生态环境损害赔偿责任和民事侵权责任。关于民事侵权责任，民法典第一千二百二十九条规定，因污染环境、破坏生态造成他人损害的，侵权人应当承担侵权责任。第一千二百三十条规定，因污染环境、破坏生态发生纠纷，行为人应当就法律规定的不承担责任或者减轻责任的情形及其行为与损害之间不存在因果关系承担举证责任。

关于免责和减责事由。根据民法典第一千一百七十三条、第一千一百七十四条、第一千一百七十五条的规定，被侵权人对同一损害的发生或者扩大有过错的，可以减轻侵权人的责任。损害是因受害人故意造成的，行为人不承担责任。损害是因第三人造成的，第三人应当承担侵权责任。

承担侵权责任的方式。民法典第一千一百六十七条规定，侵权行为危及他人人身、财产安全的，被侵权人有权请求侵权人承担停止侵害、排除妨碍、消除危险等侵权责任。《最高人民法院关于审理生态环境损害赔偿案件的若干规定（试行）》第十一条规定，被告违反法律法规污染环境、破坏生态的，人民法院应当根据原告的诉讼请求以及具体案情，合理判决被告承担修复生态环境、赔偿损失、停止侵害、排除妨碍、消除危险、赔礼道歉等民事责任。本《条例》第七十九条第二款专门规定，因环境污染、生态破坏受到损害的单位和个人，有权依法要求污染者承担停止侵害、排除妨碍、消除危险、恢复原状、赔偿损失等民事侵权责任，以列举的方式，明确了污染者停止侵害、排除妨碍、消除危险、恢复原状、赔偿损失的承担侵权责任的方式，在此五类侵权责任方式之外，也适用民法典"侵权责任编"所列举的责任方式。同时，违反本《条例》规定需要承担侵权责任的，以上承担侵权责任的方式，可以单独适用，也可以合并适用。

其一，停止侵害。

停止侵害，是指污染者正在实施的违法行为，受害人可以依法请求其停止侵害行为的措施，这实际上是要求污染者停止实施环境污染或者生态破坏侵害行为。

其二，排除妨碍。

排除妨碍，是指权利人行使其权利因污染者环境污染、生态破坏的违法行为而受到不法阻碍或妨害时，要求污染者排除或请求人民法院强制排除，以保障权利正常行使的措施。

其三，消除危险。

消除危险，是指消除对国家、集体财产或者他人人身、财产造成损害的危险来源的民事责任措施。污染者实施造成环境污染或者生态破坏的违法行为会造成国家、集体财产或者他人人身、财产损害的危险。危险指造成人身或财产损害的可能性。只要污染者的违法行为有造成损害的可能时，权利人即有权请求污染者消除或请求人民法院强制其消除，以防止环境污染或者生态破坏所造成损害后果的发生。

其四，恢复原状。

恢复原状，是指将损坏的财物恢复到原来的状态，是承担民事责任的一种方式。这种责任形式也适用于污染或破坏环境的行为。其中包括：（1）将被污染或破坏的环境恢复到原来的状态，即应当治理或修复被污染或破坏的环境；（2）将因污染或破坏环境而损害的国家、集体或者他人财产予以修复。适用这种责任形式的条件是，恢复原状要有事实上和经济上的可能性和必要性，否则需要选用其他责任方式。

其五，赔偿损失。

赔偿损失，是指污染者以支付金钱的方式弥补受害方因其侵权行为所造成的财产或者利益减少的一种责任形式。赔偿损失是一种重要的民事侵权责任方式，具有明显的救济功能。赔偿损失的数额，根据民法典第一千二百三十五条规定，违反国家规定造成生态环境损害的，国家规定的机关或者法律规定的组织有权请求侵权人赔偿下列损失和费用：（1）生态环境受到损害至修复完成期间服务功能丧失导致的损失；（2）生态环境功能永久性损害造成的损失；（3）生态环境损害调查、鉴定评估等费用；（4）清除污染、修复生态环境费用；（5）防止损害的发生和扩大所支出的合理费用。

第八十条　违反本条例规定，法律法规对法律责任已有规定的，从其规定。

【条文主旨】

本条文是关于法律法规已有规定的违法行为应当承担法律责任的规定。

【条文释义】

虽然本法采用列举的方式对违法生态环境行为进行了规定，但是由于法律本身的固定性而就具有了相对的滞后性。当大气、水、噪声、扬尘、机动车等专门性污染防治法律法规及河北省地方性法规就新出现的生态环境破坏行为而进行新的规定之时，能够通过本条而适用其他与生态环境保护相关法律法规，使得作出破坏生态环境的违法行为主体承担相应的法律责任，进而实现对生态环境的保护。本条的功能与意义有以下几个方面：（1）指引性功能，当其他法律法规就破坏生态环境违法行为设置法律责任之时，能够通过本条加以适用；（2）衔接性功能，生态环境保护是一项系统性工程，其涉及环境保护法、刑法、行政处罚法、大气污染防治法、水污染防治法、环境噪声污染防治法等法律及河北省地方性法规的综合适用，通过本条使得《条例》能够衔接到我国生态环境保护的法律体系之中；（3）兜底性功能，一旦出现新的生态环境保护问题，相关法律法规就新问题进行修订或是出台新法之时，使得出现在河北省范围之内的违法行为可以通过本条而适用相关法律法规，对新问题进行兜底性的规范。鉴于本书已经对现有的违法行为进行了全面的规范，此处仅就生态环境保护违法行为的刑事责任的适用进行阐述。

第一，污染环境罪。

《条例》第六条规定，一切单位和个人都有保护生态环境的义务。企业事业单位和其他生产经营者应当防止、减少环境污染和生态破坏，对所造成的损害依法承担责任。公民应当增强生态环境保护意识，践行绿色消费理念，采取低碳、节俭的生活方式，自觉履行生态环境保护义务。《条例》第四十九条规定，排放污染物的企业事业单位和其他生产经营者应当采取措施，防治在生产建设或者其他活动中产生的扬尘、餐饮油烟、放射性物质等对环境的污染和危害。有违反本条的违法行为，法律法规对法律责任已有规定的，需要按照法律法规进行处理。刑法第三百三十八条规定，违反国家规定，排放、倾倒或者处置有放射性的废物、含传染病病原体的废物、有毒物质或者其他有害物质，严重污染环境的，处三年以下有期徒刑或者拘役，并处或者单处罚金；后果特别严重的，处三年以上七年以下有期徒刑，并处罚金。

1. 违法行为

排放、倾倒或者处置有放射性的废物、含传染病病原体的废物、有毒物质或者其他有害物质的违法行为。

2. 法律责任

有上述违法行为的，应当承担相应的法律责任：严重污染环境的，（1）处三年以下有期徒刑或者拘役；（2）并处或者单处罚金。后果特别严重的，（1）处三年以上七年以下有期徒刑；（2）并处罚金。

第二，非法处置进口的固体废物罪、擅自进口固体废物罪。

根据《条例》第三十九条规定，排放污染物的企业事业单位和其他生产经营者是污染防治的责任主体，应当建立以下生态环境保护责任制度，明确负责人和相关人员的责任：（1）确定生态环境保护工作机构或者生态环境保护工作人员；（2）制定、完善生态环境保护管理制度和防治污染设施操作规程；（3）保证各生产环节符合生态环境保护法律法规和技术规范的要求；（4）建立健全生态环境保护工作档案；（5）法律法规规定的其他生态环境保护责任。有违反本条的违法行为，法律法规对法律责任已有规定的，需要按照法律法规进行处理。《条例》第五十五条第一款规定，产生固体废物的企业事业单位和其他生产经营者应当防止或者减少固体废物对生态环境的污染，不得擅自倾倒、堆放、丢弃、遗撒固体废物。刑法第三百三十九条第一款规定，违反国家规定，将境外的固体废物进境倾倒、堆放、处置的，处五年以下有期徒刑或者拘役，并处罚金；造成重大环境污染事故，致使公私财产遭受重大损失或者严重危害人体健康的，处五年以上十年以下有期徒刑，并处罚金；后果特别严重的，处十年以上有期徒刑，并处罚金。刑法第三百三十九条第二款规定，未经国务院有关主管部门许可，擅自进口固体废物用作原料，造成重大环境污染事故，致使公私财产遭受重大损失或者严重危害人体健康的，处五年以下有期徒刑或者拘役，并处罚金；后果特别严重的，处五年以上十年以下有期徒刑，并处罚金。

1. 违法行为

非法处置进口的固体废物以及擅自进口固体废物的违法行为。

2. 法律责任

非法处置进口的固体废物的违法行为，应当承担相应的法律责任：违反国家规定，将境外的固体废物进境倾倒、堆放、处置的，（1）处五年以下有期徒刑或者拘役，（2）并处罚金；造成重大环境污染事故，致使公私财产遭受重大损失或者严重危害人体健康的，（1）处五年以上十年以下有期徒刑，（2）并处罚金；后果特别严重的，（1）处十年以上有期徒刑，（2）并处罚金。有擅自进口固体废物的违法行为，应当承担相应的法律责任：造成重大环境污染事故，致使公私财产遭受重大损失或者严重危害人体健康的，处五年以下有期徒刑或者拘役；（1）并处罚金。后果特别严重的，（2）处五年以上十年以下有期徒刑；并处罚金。

第三，非法猎捕、杀害珍贵、濒危野生动物罪、非法狩猎罪。

《条例》第二十五条第三款规定，各级人民政府应当构建生物多样性保护制度。依照国家和本省规定，全面禁止猎捕、杀害、交易、运输、加工和食用陆生野生动物。刑法第三百四十一条规定，非法猎捕、杀害国家重点保护的珍贵、濒危野生动物的，或者非法收购、运输、出售国家重点保护的珍贵、濒危野生动物及其制品的，处五年以下有期徒刑或者拘役，并处罚金；情节严重的，处五年以上十年以下有期徒刑，并处罚金；情节特别严重的，处十年以上有期徒刑，并处罚金或者没收财产。违反狩猎法规，在禁猎区、禁猎期或者使用禁用的工具、方法进行狩猎，破坏野生动物资源，情节严重的，处三年以下有期徒刑、拘役、管制或者罚金。

1. 违法行为

非法猎捕、杀害国家重点保护的珍贵、濒危野生动物，或者非法收购、运输、出售国家重点保护的珍贵、濒危野生动物及其制品，或者违反狩猎法规，在禁猎区、禁猎期或者使用禁用的工具、方法进行狩猎，破坏野生动物资源的违法行为。

2. 法律责任

有上述违法行为的，应当承担相应的法律责任：非法猎捕、杀害珍贵、濒危野生动物罪，（1）处五年以下有期徒刑或者拘役，并处罚金；（2）情节严重的，处五年以上十年以下有期徒刑，并处罚金；（3）情节特别严重的，处十年以上有期徒刑，并处罚金或者没收财产。非法狩猎罪，情节严重的，处三年以下有期徒刑、拘役、管制或者罚金。

第四，非法采伐、毁坏国家重点保护植物罪、非法收购、运输、加工、出售国家重点保护植物、国家重点保护植物制品罪。

《条例》第二十五条第三款规定，保护野生植物及其生长环境，禁止任何单位和个人非法采集野生植物或者破坏其生长环境。刑法第三百四十四条规定，违反国家规定，非法采伐、毁坏珍贵树木或者国家重点保护的其他植物的，或者非法收购、运输、加工、出售珍贵树木或者国家重点保护的其他植物及其制品的，处三年以下有期徒刑、拘役或者管制，并处罚金；情节严重的，处三年以上七年以下有期徒刑，并处罚金。

1. 违法行为

非法采伐、毁坏珍贵树木或者国家重点保护的其他植物或者非法收购、运输、加工、出售珍贵树木或者国家重点保护的其他植物及其制品的违法行为。

2. 法律责任

有上述违法行为的，应当承担相应的法律责任：（a）处三年以下有期徒刑、拘役或者管制，并处罚金；（b）情节严重的，处三年以上七年以下有期徒刑，并处罚金。

第五，投放危险物质罪。

刑法第一百一十四条规定，放火、决水、爆炸以及投放毒害性、放射性、传染病病原体等物质或者以其他危险方法危害公共安全，尚未造成严重后果的，处三年以上十年以下有期徒刑。刑法第一百一十五条规定，放火、决水、爆炸以及投放毒害性、放射性、传染病病原体等物质或者以其他危险方法致人重伤、死亡或者使公私财产遭受重大损失的，处十年以上有期徒刑、无期徒刑或者死刑。

1. 违法行为

投放毒害性、放射性、传染病病原体等物质的违法行为。

2. 法律责任

有上述违法行为的，应当承担相应的法律责任：尚未造成严重后果的，处三年以上十年以下有期徒刑；致人重伤、死亡或者使公私财产遭受重大损失的，处十年以上有期徒刑、无期徒刑或者死刑。

第六，过失投放危险物质罪。

刑法第一百一十五条规定，放火、决水、爆炸以及投放毒害性、放射性、传染病病原体等物质或者以其他危险方法致人重伤、死亡或者使公私财产遭受重大损失的，处十年以上有期徒刑、无期徒刑或者死刑。

过失犯前款罪的，处三年以上七年以下有期徒刑；情节较轻的，处三年以下有期徒刑或者拘役。

1. 违法行为

过失投放毒害性、放射性、传染病病原体等物质的违法行为。

2. 法律责任

有上述违法行为的，应当承担相应的法律责任：处三年以上七年以下有期徒刑；情节较轻的，处三年以下有期徒刑或者拘役。

第七，非法制造、买卖、运输、储存危险物质罪。

刑法第一百二十五条规定，非法制造、买卖、运输、储存毒害性、放射性、传染病病原体等物质，危害公共安全的，依照前款的规定处罚。单位犯前两款罪的，对单位判处罚金，并对其直接负责的主管人员和其他直接责任人员，依照第一款的规定处罚。

1. 违法行为

非法制造、买卖、运输、储存毒害性、放射性、传染病病原体等物质的违法行为。

2. 法律责任

有上述违法行为的，应当承担相应的法律责任：处三年以上十年以下有期徒刑；情节严重的，处十年以上有期徒刑、无期徒刑或者死刑。

第八，危险物品肇事罪。

刑法第一百三十六条规定，违反爆炸性、易燃性、放射性、毒害性、腐蚀性物品的管理规定，在生产、储存、运输、使用中发生重大事故，造成严重后果的，处三年以下有期徒刑或者拘役；后果特别严重的，处三年以上七年以下有期徒刑。

1. 违法行为

违反爆炸性、易燃性、放射性、毒害性、腐蚀性物品的管理规定，在生产、储存、运输、使用中发生重大事故，造成严重后果的违法行为。

2. 法律责任

有上述违法行为的，应当承担相应的法律责任：处三年以下有期徒刑或者拘役；后果特别严重的，处三年以上七年以下有期徒刑。

第九，非法经营罪。

根据地刑法第二百二十五条规定，违反国家规定，有下列非法经营行为之一，扰乱市场秩序，情节严重的，处五年以下有期徒刑或者拘役，并处或者单处违法所得一倍以上五倍以下罚金；情节特别严重的，处五年以上有期徒刑，并处违法所得一倍以上五倍以下罚金或者没收财产：（1）未经许可经营法律、行政法规规定的专营、专卖物品或者其他限制买卖的物品的；（2）买卖进出口许可证、进出口原产地证明以及其他法律、行政法规规定的经营许可证或者批准文件的；（3）未经国家有关主管部门批准非法经营证券、期货、保险业务的，或者非法从事资金支付结算业务的；（4）其他严重扰乱市场秩序的非法经营行为。

1. 主要涉及破坏生态环境的违法行为

未经许可经营法律、行政法规规定的专营、专卖物品或者其他限制买卖的物品的，以及买卖进出口许可证、进出口原产地证明以及其他法律、行政法规规定的经营许可证或者批准文件的违法行为。

2. 法律责任

有上述违法行为的，应当承担相应的法律责任：处五年以下有期徒刑或者拘役，并处或者单处违法所得一倍以上五倍以下罚金；情节特别严重的，处五年以上有期徒刑，并处违法所得一倍以上五倍以下罚金或者没收财产。

第十，提供虚假证明文件罪、出具证明文件重大失实罪。

根据刑法第二百二十九条规定，承担资产评估、验资、验证、会计、审计、法律服务、保荐、安全评价、环境影响评价、环境监测等职责的中介组织的人员故意提供虚假证明文件，情节严重的，处五年以下有期徒刑或者拘役，并处罚金；有下列情形之一的，处五年以上十年以下有期徒刑，并处罚金：（1）提供与证券发行相关的虚假的资产评估、会计、审计、法律服务、保荐等证明文件，情节特别严重的；（2）提供与重大资产交易相关的虚假的资产评估、会计、审计等证明文件，情节特别严重的；（3）在涉及公共安全的重大工程、项目中提供虚假的安全评价、环境影响评价等证明文件，致使公共财产、国家和人民利益遭受特别重大损失的。有前款行为，同时索取他人财物或者非法收受他人财物构成犯罪的，依照处罚较重的规定定罪处罚。第一款规定的人员，严重不负责任，出具的证明文件有重大失实，造成严重后果的，处三年以下有期徒刑或者拘役，并处或者单处罚金。

1. 主要涉及破坏生态环境的违法行为

在涉及公共安全的重大工程、项目中提供虚假的安全评价、环境影响评价等证明文件，致使公共财产、国家和人民利益遭受特别重大损失的，以及严重不负责任，出具的证明文件有重大失实，造成严重后果的违法行为。

2. 法律责任

提供虚假证明文件的违法行为，应当承担相应的法律责任：处五年以下有期徒刑或者拘役，并处罚金。

出具证明文件重大失实的违法行为，应当承担相应的法律责任：处三年以下有期徒刑或者拘役，并处或者单处罚金。

第十一，妨害公务罪。

刑法第二百七十七条规定，以暴力、威胁方法阻碍国家机关工作人员依法执行职务的，处三年以下有期徒刑、拘役、管制或者罚金。以暴力、威胁方法阻碍全国人民代表大会和地方各级人民代表大会代表依法执行代表职务的，依照前款的规定处罚。在自然灾害和突发事件中，以暴力、威胁方法阻碍红十字会工作人员依法履行职责的，依照第一款的规定处罚。故意阻碍国家安全机关、公安机关依法执行国家安全工作任务，未使用暴力、威胁方法，造成严重后果的，依照第一款的规定处罚。暴力袭击正在依法执行职务的人民警察的，处三年以下有期徒刑、拘役或者管制；使用枪支、管制刀具，或者以驾驶机动车撞击等手段，严重危及其人身安全的，处三年以上七年以下有期徒刑。

1. 主要涉及破坏生态环境的违法行为

在自然灾害和突发事件中，以暴力、威胁方法阻碍红十字会工作人员依法履行职责的违法行为。

2. 法律责任

有上述违法行为的，应当承担相应的法律责任：处三年以下有期徒刑、拘役、管制或者罚金；暴力袭击正在依法执行职务的人民警察的，处三年以下有期徒刑、拘役或者管制；使用枪支、管制刀具，或者以驾驶机动车撞击等手段，严重危及其人身安全的，处三年以上七年以下有期徒刑。

第十二，破坏计算机信息系统罪。

刑法第二百八十六条规定，违反国家规定，对计算机信息系统功能进行删除、修改、增加、干扰，造成计算机信息系统不能正常运行，后果严重的，处五年以下有期徒刑或者拘役；后果特别严重的，处五年以上有期徒刑。违反国家规定，对计算机信息系统中存储、处理或者传输的数据和应用程序进行删除、修改、增加的操作，后果严重的，依照前款的规定处罚。故意制作、传播计算机病毒等破坏性程序，影响计算机系统正常运行，后果严重的，依照第一款的规定处罚。单位犯前三款罪的，对单位判处罚金，并对其直接负责的主管人员和其他直接责任人员，依照第一款的规定处罚。

1. 违法行为

破坏计算机信息系统的违法行为。

2. 法律责任

有上述违法行为的，应当承担相应的法律责任：处五年以下有期徒刑或者拘役；后果特别严重的，处五年以上有期徒刑。

单位有上述违法行为的，对单位判处罚金，并对其直接负责的主管人员和其他直接责任人员，处五年以下有期徒刑或者拘役；后果特别严重的，处五年以上有期徒刑。

第十三，走私废物罪。

刑法第一百五十二条规定，逃避海关监管将境外固体废物、液态废物和气态废物运输进境，情节严重的，处五年以下有期徒刑，并处或者单处罚金；情节特别严重的，处五年以上有期徒刑，并处罚金。单位犯前两款罪的，对单位判处罚金，并对其直接负责的主管人员和其他直接责任人员，依照前两款的规定处罚。

1. 违法行为

逃避海关监管将境外固体废物、液态废物和气态废物运输进境的违法行为。

2. 法律责任

有上述违法行为的，应当承担相应的法律责任：情节严重的，处五年以下有期徒刑，并处或者单处罚金；情节特别严重的，处五年以上有期徒刑，并处罚金。

单位有上述违法行为的，对单位判处罚金，并对其直接负责的主管人员和其他直接责任人员，情节严重的，处五年以下有期徒刑，并处或者单处罚金；情节特别严重的，处五年以上有期徒刑，并处罚金。

第十四，非法占用农用地罪。

刑法第三百四十二条规定，违反自然保护地管理法规，在国家公园、国家级自然保护区进行开垦、开发活动或者修建建筑物，造成严重后果或者有其他恶劣情节的，处五年以下有期徒刑或者拘役，并处或者单处罚金。

1. 违法行为

违反自然保护地管理法规，在国家公园、国家级自然保护区进行开垦、开发活动或者修建建筑物，造成严重后果或者有其他恶劣情节的违法行为。

2. 法律责任

有上述违法行为的，应当承担相应的法律责任：处五年以下有期徒刑或者拘役，并处或者单处罚金。

第十五，非法引进外来入侵物种罪。

刑法第三百四十四条规定，违反国家规定，非法引进、释放或者丢弃外来入侵物种，情节严重的，处三年以下有期徒刑或者拘役，并处或者单处罚金。

1. 违法行为

违反国家规定，非法引进、释放或者丢弃外来入侵物种，情节严重的违法行为。

2. 法律责任

有上述违法行为的，应当承担相应的法律责任：处三年以下有期徒刑或者拘役，并处或者单处罚金。

第十六，环境监管失职罪。

刑法第四百零八条规定，负有环境保护监督管理职责的国家机关工作人员严重不负责任，导致发生重大环境污染事故，致使公私财产遭受重大损失或者造成人身伤亡的严重后果的，处三年以下有期徒刑或者拘役。

1. 违法行为

负有环境保护监督管理职责的国家机关工作人员严重不负责任，导致发生重大环境污染事故，致使公私财产遭受重大损失或者造成人身伤亡的严重后果的违法行为。

2. 法律责任

有上述违法行为的，应当承担相应的法律责任：处三年以下有期徒刑或者拘役。

第八章 附 则

第八十一条 本条例自 2020 年 7 月 1 日起施行。(1994 年 11 月 2 日河北省第八届人民代表大会常务委员会第十次会议通过,2005 年 3 月 25 日河北省第十届人民代表大会常务委员会第十四次会议修订通过,2016 年 9 月 22 日河北省第十二届人民代表大会常务委员会第二十三次会议修正,2005 年 5 月 1 日起施行的《河北省环境保护条例》同时废止。)

【条文主旨】

本条文是关于《条例》生效日期的规定。

【条文释义】

本条文规定了《条例》的生效日期为 2020 年 7 月 1 日,同时规定了《河北省环境保护条例》于同日失效。